김수현 드라마 전집

김수현 드라마 전집

07

불꽃 3

솔

| 편집자 일러두기 |

1. 대사 문장에는 띄어쓰기 원칙을 적용하지 않았다.

가장 먼저, 김수현 극본의 대사에는 마치 악보처럼 리듬이 존재한다는 것을 알면 이해가 한층 쉬워진다. 대사의 리듬과 더불어 대사의 타이밍, 대사의 전환점, 호흡의 완급, 감정선의 절제 또는 연장 등이 대본 자체에서 표현되고 있다. 따라서 문법적 원칙보다 대사의 리듬, 장단이 우선하는 이유로 띄어쓰기 원칙은 간혹 무시되고 있으며 이러한 작가의 의도를 손상시키지 않기 위해 띄어쓰기 문법을 적용시키지 않고 원본 그대로 실었다.

2. 대사에는 맞춤법을 적용하지 않은 경우가 적지 않다.

김수현 극작품의 대사는 구어체에 가까운 것으로 한글, 곧 '소리 나는 대로 읽기-쓰기'에 충실하다. 사투리가 대사에 적용될 때, 캐릭터의 어투나 억양을 강조하기 위한 수단으로 쓰일 때에도 그러하다. 곧 모든 대사의 바탕은 실제 생활 속 일상 언어의 발성이며, 때문에 공식적인 맞춤법이 적용되지 않은 경우가 많다. 외래어 또한 대부분 표기법을 적용해 사용하지 않았고, 문장부호의 사용 또한 일부 맞춤법을 적용하지 않았다.

> 예) "가께 오빠"("갈게 오빠") "늘구지 마세요 선생님"("늘리지 마세요 선생님") "택시 타구 갈께요"("택시 타고 갈게요.") "어뜩해. 들으셨어요?"("어떡해. 들으셨어요?") "잔소리 피할려 그러지."("잔소리 피하려 그러지.") "친구 잘못 사겨 착한 내 아들 버렸다는 거랑 같아"("친구 잘못 사귀어 착한 내 아들…") "납쁜 자식"("나쁜 자식") "이제 여덜시야"("이제 여덟 시야") "키이"("키key")

마침표(.)를 넣지 않은 대사 문장에 대해
마침표의 유무에 따라 호흡과 말투, 대사와 대사와의 연결, 뉘앙스에서 차이가 있음

4

을 지시하는 것으로 원본 그대로 실었다.

3. 의성어 및 의태어의 사용은 김수현 작가만의 언어를 반영하여 최대한 수정하지 않은 원문을 싣거나, 부분 삭제하였다.

예) '식닥식닥'(화나거나 흥분해 가만히 있지 못 하고 숨을 헐떡거리는 상태), '채뜰 듯'(낚아채서 빠르게 들어 올리는 모양)

4. 작품에 쓰인 용어의 설명은 다음과 같다.

S#: S: Scene의 약자. / #: Number를 의미하는 기호.

E: Effect의 약자.
E는 여러 쓰임새가 있다. 이번 전집에서는 대체로 다음 두 가지로 쓰인다.
① 화면상에서 A의 얼굴 위로 B의 목소리를 나오게 할 때
② 특별한 음향효과를 지시할 때
이번 전집에서는 ①에서처럼 화면 연출상의 기법을 위한 경우로 쓰일 경우에는 전후 문맥상 반드시 필요한 경우를 제외하고 부분 생략하였다. 그러나 ②에서처럼 전화벨이나 음향효과를 위한 장면에서는 원문 그대로 E라고 표기하였다.

예) E 전화벨 울리고 있고 / E 볼륨 줄여놓은 피아노 연주곡.

F: Filter의 약자.
이것은 예를 들면 A와 B가 통화를 할 때, A가 화면에 나와 있는 상태에서 B의 전화 목소리를 들려줘야 하는 경우, 상대방의 목소리를 전화 저편에서 말하는 것처럼 들리게 하는 음향적 효과를 지시하는 부호이다.

오버랩: Overlap.

앞의 장면과 뒤에 연결되는 장면이 겹쳐지며 다음 화면으로 넘어가게 할 때 쓰는 부호이다. 대본에서의 오버랩은 앞 사람의 대사가 끝나기 전에 다음 사람의 대사를 겹쳐서 말하게 할 때 주로 쓰이고 있다.

인서트: Insert.

일련의 화면에 글자나 필름을 삽입하는 것을 뜻한다. 이 대본에서는 대부분의 경우이 지시 사항은 생략되었고, 건물의 외경이나 풍경 등의 씬을 삽입할 때 주로 쓰였다.

디졸브: Dissolve.

한 화면의 밀도가 점점 감소되어 사라짐과 동시에 점차 다른 화면의 밀도가 높아져나타나는 장면 전환 기법 중 하나. 대본에서의 디졸브는 시간이나 장소의 변화를 보여주기 위해 사용되었다.

페이드 인: Fade in.

영상이 검정색 상태에서 다음 이미지가 점차 선명하게 나타나는 장면 전환 효과를말하는 것으로 대본에서는 'F.I'로 표기했다.

페이드 아웃: Fade out.

화면이 어두워져 완전히 꺼지는 상태. 장면의 전환, 또는 시간을 건너뛸 때 주로 쓰인다. 대본에서는 'F.O'로 표기했다.

스니크 인: Sneak in.

해설이나 대사 등이 진행되고 있는 사이에 음악이나 효과음을 서서히 삽입시키면서 점점 확대해가는 오디오 연출 용어이다.

5. 기호와 지시문에 대한 설명은 다음과 같다.

/ : 대사 속의 / 부호와 지문 속의 / 부호가 있다.

　① 대사 속의 / 부호

　대사 도중에 나오는 / 부호는 말투, 억양을 바꿀 때, 텀term 혹은 호흡을 지시 할 때 쓰인다. 그 길이는 길 수도, 짧을 수도 있으며 바로 전 대사의 호흡을 끊고 바로 다음 대사로 빠르게 연결해야 할 때도 쓰인다.

　　예) **수정**　(일어나 아들 앞으로 가 서며)너 어떻게/어디 아파? 돌았어?

　② 지문 속의 / 부호

　연출할 화면을 나열, 혹은 순서대로 지시하는 부호이다.

　　예) **서연**　???(허둥지둥 다른 손으로 무릎에 놓은 가방 휘저으며 전화 찾는/도저히 전화가 손에 안 잡힌다/브러시질 멈추고 아예 가방 내용물을 무릎에 몽땅 쏟아버린다/지갑 수첩 필통 손수건 콤팩트 립스틱 선글라스 두통약병 등등/그러나 전화는 없다/설마 하는 얼굴로 내용물들 다시 손으로 움직이며 체크/역시 없다)

　③ 지문과 대사 속의 //

　/ 부호를 겹쳐 사용한 것은 대사와 지문 모두 호흡을 위해 그대로 표기하였다. 행동이나 대사를 완전히 끊고 마무리할 때 사용되었다.

　　예) 지문: (대화 시작되고 유창하게 응답하는 이모//매일 전화로 학습시키는
　　　　　　영어 회화)
　　　대사: …그럼 // 충격받을 준비해.

( ): 배우의 연기에 대한 지시 사항.

[ ]: 작중 정황을 지시하는 지문.
설정, 행동, 환경, 동선 등을 지시하는 부호이다.

…: 말줄임표
　① 대사의 말줄임표: 배우의 대사에서의 감정선에 따른 호흡의 길이를 지시하는 부호.
　② S#의 말줄임표: 도입되는 장면에 대한 연출의 길이를 조절하라는 뜻이다.
　③ [ ]의 말줄임표: 해당 장면에 대한 추가 연출이 필요하다는 뜻으로 쓰인다.

(오버랩의 기분): 오버랩처럼 대사가 완전히 겹치지 않고 앞 대사가 마무리될 때쯤 대사를 시작하는 것을 말한다.

　　예) **이여사**　글쎄 기분 나쁜 이유가
　　　　영주　(오버랩의 기분)엄마 내가 말하구 싶지 않은 거 그래서 알아
　　내본 적 있수?

(에서): 장면의 마지막 대사 뒤에 붙여 대사 후 화면이 바로 전환됨을 나타낸다. 간혹 대사 후 바로 화면 전환을 하지 않고 그대로 두어 여운을 줄 때도 사용한다.

　　예) **채린**　어머니 꿈꾸셨어요?(에서)
　　　　S# 준모의 침실

6. 배우의 연기나 대사, 작중 정황 등 대본의 서술과 실제 방영된 드라마 방송분이 다를 경우 대본을 우선으로 한다.

주요 인물

박지현　드라마 작가. 종혁의 배우자.

이강욱　성형외과의. 민경의 배우자.

허민경　피부과의. 강욱과 결혼.

최종혁　그룹 상속자. 지현과 결혼.

지현네 가족

지현부　지현의 아버지.

지현모　지현의 어머니.

박지태　지현의 오빠.

초희　지태의 아내.

박한수　지현의 남동생.

진이　한수의 아내.

박현식　지태와 초희의 아들.

지현의 동료들

소유자　동료 작가.

나현경　동료 작가.

정감독　드라마 감독.

종혁네 가족

최회장   종혁의 아버지. 세기그룹 회장.

노여사   종혁의 어머니.

민경네 가족

서여사   민경의 어머니.

이모   민경과 민지의 이모.

허민지   민경의 여동생.

강욱네 가족

강욱부   강욱의 아버지.

강욱모   강욱의 어머니.

차례

제23회

S# 지하 주차장(연결)

두 사람 (지난 회 끝난 그 상태로)…

강욱 ··잠깐 ··차 한잔 같이 하면 안되겠소?

지현 ·····

강욱 크게··나쁜 일 같아요?

지현 (고개 돌려 보는)…

S# 근처 카페

　　　[두 사람 앉아 있고…지현…둘 다 말없이 앉아서/안 보는 채]

　　　[놓이는 찻잔…]

강욱 (찻잔 내려다보며)…일년이 넘었어요··

지현 …(잠깐 보고 시선 내리며 조금 웃는)그래요····

강욱 (보며 조금 웃으며)지현 씨가 나를 보기 전에는…어떡해야할지 작정이 안 섰었어요…아는 척 해야 할지 그대로 있어야 할지…나를 봤을 때도…결정이 안됐어요 그런데/도망치니까 (다시 조금 웃으며) 잡아야할 거 같았어요····놓치는 줄 알았어요··

지현 (녹차 봉지 꺼내면서)당황했었어요…(보며)그 서점/..다니세요?

강욱 (끄덕이며)평균 일주일에 한번/주 중반에 수요일이나 목요일 점심 시간 전에…오늘은 좀 늦었었죠. 목욕하구 점심 먹구 들렸으니까…지현씨두 거기 다녀요?..

지현 (끄덕이며)이 쪽에서는요….강북에서는 다른 데 다니구요..

강욱 (스푼 집어 설탕 뜨는데 후들후들 떨리는 손)

지현 ….(그것을 보며)

강욱 (혼자 무안하게 웃으며 스푼 도로 놓으며)미안해요..수전증은 아니에요..수전증이면 수술 못해요…

지현 (보고 잠깐 웃고 찻잔 들면서)애기가..백일이 지났다면서요..

강욱 (잠깐 보고 끄덕이며 시선 내려 찻잔 들면서) 그랬어요…

지현 아들이에요 딸이에요.

강욱 딸이에요.

지현 예쁘겠네요..

강욱 (끄덕이고 마시고 내려놓으면서)나는 그쪽 소식..몰라요…작년에..여성지에 난 건 봤어요..시부모님하구 같이..

지현 네에..

강욱 애기는..

지현 작년 여름에….실패했어요.

강욱 ?…

지현 보기 보다두 훨씬..부실한가봐요..

강욱 (안 보는 채)어떻게 그렇게…상심이 컸겠네요..

지현 (오버랩의 기분)애기 엄마는..안녕하세요?

강욱 (끄덕이며)잘 있죠..잘 있어요…

14

지현   (찻잔 든다)

강욱   경제 신문 보는데…부군 하는 일도 잘 풀리는 거 같대요··

지현   (끄덕이며)잘 하나봐요··나는 잘 모르지만··(마신다)

강욱   ····(보다가)잘 대해줘요?

지현   (내리다가)?····네 그럼요…애기 엄마는 잘 대해 줘요?(조금 웃으며)

강욱   (웃으며)뭐…그럭저럭····아이 때문에 힘들어하죠…병원 일도 바쁘고····그저··남들 사는 것처럼 살아요··그런데…왜 애기가 그렇게 됐는지··유감이네요…이쁜 아이였을 텐데…

지현   세상에 나오기 싫었나부죠 뭐··(안 보는 채)

강욱   ······(보며)

지현   (시선 내린 채)…

강욱   (좀 가볍게 바꿔서)그런데 작품 활동은 왜 안해요…작년에 쓰던 거…방송하나··물론 볼수는 없지만 /신문 볼 때마다 챙겼는데

지현   (오버랩의 기분)그거 쓰다말구 결혼했잖아요…시어른들께서 못하게 하세요··

강욱   ····(보면서)그래서…안해요?

지현   (웃으며)못하는 거죠…

강욱   재능 썩히는 거/아깝네요.

지현   별루 재능있는 것두 아니니까…나 혼자 아쉬워 그렇지 아까울 건 없어요··

강욱   좋은 작품 쓰기··기대했었는데····아깝군요…(보며)아깝네요··

지현   그렇게 말해주는 사람/··없어요··(보며)

강욱   (보며)····(보다가 찻잔으로 시선 내리며)나는 늘 한귀퉁이가 허전하구 쓸쓸해요…

지현   ….(보는)

강욱   자격없지만…많이 생각해요.(안 보는 채)

지현   (보는)…

강욱   (시선 내리며)그리운 사람이 있는 것도…사는 의미가 될 수 있
         다고 생각해요..그쪽은 어떤지 모르지만..

지현   (시선 내리며)나는 그렇게 낭만적이지 않아요…(시선 들어 보면
         서 쓴웃음)별로 뒤돌아보는 성격이 아니거든요…

강욱   (끄덕이고)무슨…문제는 없어요?

지현   ?…

강욱   나 때문에

지현   (오버랩의 기분)아뇨 그런 거 없어요..전혀/전혀 없어요.전혀요.

강욱   괜찮은 사람이군요.

지현   네..괜찮은 사람이에요…

강욱   사진으로 느껴지는 건 깐깐해 보이든데..

지현   아뇨.안 그래요.잘해요..잘 해 줘요.

강욱   (웃으며 끄덕이며 찻잔 드는데)

         E 강욱의 전화벨

강욱   잠깐..(받는다)네에..

민경   F 병원 안들어 가구 뭐해? 어딨는 거야?

강욱   어..아직 밖이야. 이제 들어가야지.

민경   F 나 지금 퇴근해. 이따 집에서 보자구.

강욱   E (보는 지현 위에)왜 벌써. 어디 아파?

민경   F 아냐…볼일이 좀 있어…이따 보자구..수술 없다면서.

강욱   그래.

민경   F 끊어.

강욱   응‥(끊고 본다)

지현   (소지품 챙기면서)그만 일어나죠.(웃으며)

강욱   그러죠‥‥

S# 근처 주차장‥

[주차장 안으로 들어오고 있는 두 사람. 묵묵히‥]

[지현이 조금 앞서서 제 자동차로 가며 자동차 키 꺼내서 잠금 풀고 돌

아보며]

지현   가께요.

강욱   (끄덕이며 자동차 문 열어주고)

지현   (타고)

강욱   건강해요.

지현   (잠깐 웃으며 끄덕여 보이고)

강욱   (문 닫아준다)

지현   (출발하고)

강욱   ‥‥(보면서)‥

S# 빠져나가는 지현‥‥

S# 주차장의 제 자동차에 타는 강욱‥ 차 안

강욱   ……

S# 운전하는 지현‥‥

S# 운전하고 있는 강욱‥

S# 운전하는 지현‥‥

강욱   E 재능 썩히는 거/아깝네요…

지현   ……

강욱 E 좋은 작품쓰기‥기대했었는데‥아깝군요‥‥‥아깝네요‥

지현 ‥‥‥‥‥(운전하다가 서둘러 깜빡이 넣고 차선 바꾸기 시작한다)

S# 작업실 복도

지현 ‥‥(빠르게 걸어오는)‥‥

　　[벨 누른다‥]

유자 E 네에‥누구세요‥

지현 어 나야 유자야‥

유자 ‥‥‥‥(잠시 후 문 열면서)웬일야? 어제 보구 오늘 보구?

지현 그렇게 됐어.(들어가며)

S# 작업실

지현 (들어오며)내 노트북 누구 안주구 아직 그냥 있지?누구 줬다 소리 못들었는데.

유자 그냥 있어‥그때 그러구 잊어버렸지 뭐‥줄 인간은 누가 있니 또.

지현 갖구 갈려구‥

유자 ?‥‥뭐‥쓸려구?

지현 아니 그냥‥(핸드백 놓고 책장 쪽으로 가면서)오래 안 만지니까 만지구 싶어져서‥일기두 쓰구‥

유자 으응.(그래애)

지현 (컴퓨터 꺼내면서)먼지가 뽀얗네‥(움직여 식탁 쪽으로)

유자 현경이가 가끔 닦아주던데‥요새 더 좋은 거 나왔는데 하나 사 달라 그러지. 니 남편 부잔데‥

지현 더 좋은 거 필요없어. 워드만 쓰는데 뭐‥(키친타월에 물 조금 묻혀서 닦아내며)현경이는?

유자　미팅 갔어…뭐 커피 주래?

지현　아니야 시간 없어. 그만 들어가야 해..

유자　그래? 그럼 들어가. 나 월화 시납 만드는 중야.

지현　너는 진짜 잘 나간다…좋겠어.

유자　진짜 시험 무대는 이번 꺼야…깨갱하구 찌그러들게 될까봐 스트레스 엄청 받아.

지현　괜찮아..스트레스 받지 말구 해..(핸드백과 노트북 들면서)니가 제일 낫다니까?

유자　글쎄 올시다…

지현　가께.

유자　(문 열어주면서)엉..잘가..

지현　안녕.

유자　안녕..

S# 지하 주차장

지현　(나와서 제 차 쪽으로 가는데)

　　　[들어오던 현경의 차 끼익 멈추면서]

현경　야 지현아.

지현　?어머..들어오는 길야? 미팅 갔다면서?

현경　잠깐 있어.(하고 아무 데나 빈자리에 머리부터 들이밀어 주차하는데 상당히 거친 솜씨)

지현　(찡그리고 보며)

현경　(지현 쪽으로 빠르게 오며)웬일야 어제 보구 오늘 또 보구? 그거 뭐야?

지현　응 노트 북 갖구 가는 거야…

현경 ?너 뭐 써두 된다니?(화들짝)

지현 아냐…그냥 일기 같은 거래두 두드려 볼까 해서.

현경 난 또오..커피 마셨니? 마시러 갈까?

지현 들어가야 할 시간야..그냥 가게…이것좀 들어 줄래?(노트북)

현경 어 (받아주고)

지현 (문 열면서)월화 시납 만든다드라.

현경 엉..어젯 밤에 결정보구 쓰기 시작했어.걔는 쓰고 싶은 얘기가

     너무너무 많은가봐. 미워죽겠어..

지현 (웃어 보이고 노트북 받아서 운전대 쪽에서 옆자리로 넣고 몸 빼며)

     무슨 얘기 쓴대?

현경 멜로드라마. 근데 후져.

지현 후져?

현경 몰라 내 생각에는 후져..유치하구..

지현 설마.

현경 뭐 흥행은 알수 없는 거니까 또 모르지 홈런 날릴지두. 시청률

     3프로만 나오면 좋겠어.

지현 ? 왜애?

현경 계약 작가 됐다구 야 얼마나 대가연하는지 웃겨.

지현 설마..

현경 어 너 참 자동차값은 꼬박꼬박 보내구 있니?

지현 응..들어와.

현경 그거두 너 웃기지 않니? 목돈 들어왔을 때 그거부터 갚아치우

     지 오만원 씩 내랬다구 기어이 오만원씩

지현 (오버랩)됐어 괜찮아..나 가야해 현경아.(타면서)

20

현경 어 그래…내가 닫아주께.(문 잡고)또 보자.

지현 응‥그래두 보구 가서 좋다.

현경 나두‥(하고 문 닫아준다)

지현 (유리 내리고)근데 얘 현경아.

현경 응?

지현 너 운전 좀 얌전히 해.사고칠까봐 걱정돼.

현경 알았어 괜찮아.잘가.

지현 (웃어 보이고)

[움직이기 시작하는 지현의 자동차‥]

S# 거실

지현 (들어온다)…

미스장 (화분에 물 주다가 현관으로)다녀 오셨어요.(인사)

지현 (웃어 보이고)어머님?

미스장 방에 계세요.

지현 (방으로 움직이는데)

노여사 (나오면서)제천대액‥(부르다가 본다)

지현 다녀 왔습니다.

노여사 점심을 이렇게 오래 먹은 거니?(별로 좋지 않다)

지현 아니‥볼일 좀 봤어요‥서점에두 들리구

노여사 그럼 그런다구 전화를 하지 이제나 들어올래나 저제나 들어
올래나 신경쓰이게 왜 만들어.

지현 그이가 전화 드렸을 줄 알았어요 어머님.

노여사 바쁜 애한테 왜 그런 심부름까지 시켜. 니가 하지‥그건 뭐니?

지현 네‥작업실에 있던 컴퓨터 갖구 왔어요‥

노여사 ?…뭐할려구‥

지현 그냥‥제 물건이니까‥그냥 갖구 왔어요‥

노여사 그래‥(나와 서 있는제천댁/주방으로 움직이며)뭐 해먹지?

제천댁 (따르면서)글쎄요 사모님…

노여사 E (지현 위에)입맛없는데 뭐 쌈박한 거 없나?

제천댁 E 저는 모르겠는데요 사모님이 생각하세요.

지현 (계단으로 돌린다)

S# 거실 침실

지현 (들어와서 우선 침실로 가서 노트북과 핸드백 침대에 놓고 장문 열
고 갈아입을 옷 꺼내 놓고 옷 벗으려다가 문득 노트북으로)‥‥‥‥(노트북
표면 손바닥으로 한 번 쓸어보고)‥‥‥(노트북 들고 움직여 남편의 책상
위에 놓고 도로 침실로)…

S# 강욱의 진찰실

강욱 (중년 남자 앉혀놓고)아니 그렇게 생각하실 거 없습니다. 남자
분들두 심심치 않게 오세요‥‥‥결심이 안되세요?

남자 글쎄 그게에…

강욱 (웃으며)결심이 되시면 다시 오세요…요는 결심 문제에요 선생
님‥찝찝하게 생각되시면 안하시는 게 좋습니다.

남자 그럼 생각을 좀 더 해보고/안녕히 계세요.

강욱 네 그러십시오‥(하며 남자와 같이 일어나)안녕히 가세요…

　　[남자 나가고 나서]

간호사1 (노크하고 문 열고)선생님 코 수술 환자 치료하러 왔습니다.

강욱 아 알았어요.

S# 수술실

강욱   (들어오며)안녕하세요.

환자   (수술대에 누워서)안녕하세요.(코에 반창고)

강욱   (반창고 떼어내자)

환자   (무지 아파한다)아아아아

간호사2   (면봉으로 콧구멍 속 닦아내고)

강욱   (콧대 만져보는)

환자   (그때마다)아아아아

강욱   아직은 좀 아프죠?··곧 괜찮아져요.붓기도 내일이면 가라 앉
       을 거구요.

환자   그런데 눈도 뵈요 선생님.

강욱   그건 눈 옆에 있는 코에 막을 들춰서 수술했기 때문에 부을 수
       밖에 없어요··내일까지는 부을 거에요.(하고 간호사가 주는 반창고
       새로 붙여주는)··

S# 강욱의 아파트 주차장

강욱   (차에서 내려 운전대 옆으로 돌아가 오렌지 들어 있는 봉지 꺼내 들
       고 문 잠그고 아파트 건물로)·····

S# 아파트 거실

강욱   (열쇠로 열고 들어오다가 가족의 신발이 아닌 신발 보고)·····(오렌
       지 봉지 식탁에 놓고 상의 벗으며 침실로/문 앞에서)나 들어왔는데.

이모   E 어 들어와 이서방.

강욱   (들어간다)

민경   (소파에서 일어나 앉아 약 넘기고 있다)

이모   (물컵 받으면서 돌아보는)들어왔어?

강욱   네. 오셨어요··어디 아파?

민경 어 좀...(이모 물컵 민경 쪽 사이드 테이블에)

강욱 유진이는..

민경 엄마네...

강욱 ....(상의 양복장에 넣으면서)파출부 아줌마 인터뷰 하러 들어온 거 아니었어? 그런 줄 알았는데..

민경 아냐..(누우며)

이모 저녁 내가 해놨으니까 걱정 말어.. 먹구 씻을 거야? 그럼 차리구.

강욱 아니에요 이따 먹을 께요...왜..어디가 아픈 거야...무슨 약 먹었어.

민경 이모 그만 가서 유진이 보세요.

이모 어 그래 그러께..(웬일인지 도망치듯이)그럼 이서방 나 갈게.

강욱 네 그러세요..저녁 먹구 유진이 데리러 가겠습니다.

이모 아냐아냐 데리러 안 와두 돼.내가 데리구 자두 돼...(하고 급히 나가는)

강욱 (배웅하러 나간다)

이모 E 나오지 마 나오지 마.뭘 나와..한 식구끼리이..

민경 (물컵 집어 마시는데)

강욱 (들어온다).......(민경 보다가)머리 아파?

민경 아니야..디앤씨 하구 왔어.

강욱 ?...(쇼크)

민경 (물 한 모금 더 마시고 컵 내려놓으며)며칠 쉬면 돼.(보며 조금 웃는)너한테 부러 말 안했어. 구닥다리 영감 그냥 낳으라구 할 거 같아서.

강욱 ?....어린애를.....지웠단 말야?

24

민경 어떡해. 지금 여기다 또 낳아 놓을 수 없잖아.

강욱 ………(보며 기가 차서 말이 안 나온다)

민경 유진이 하나만 갖구두 죽을뚱 살뚱 힘들어 죽겠는데

강욱 (오버랩)그래서 나한테는 한 마디 의논두 없이 혼자 니 멋대루 해치웠단 말야?

민경 얘기했으면 너 틀림없이 못하게 했을 거잖아.

강욱 (너무 기가 차서 오히려 소리가 크게 안 나오고 서늘해져서)못하게 할 거 알면서/못하게 할거 알면서 왜 해. 나 너한테 그렇게 우스워? 우스워서 니 멋대로 한 거야?!

민경 이선생.

강욱 너….너 정말 모질구나….(보며)

민경 모질은 게 아니라

강욱 (오버랩의 기분/조금 오르기 시작하면서)우리 자식으로 태어나겠다구 생긴 아이를 어떻게 그렇게 간단히 처리할 수가 있어‥

민경 간단히 처리한 거 아니야.나두 고민했어/

강욱 얼마나 한시간? 십분? 오분?

민경 덮어놓구 화부터 내지 마. 우리 상황을 생각해 보구 내 입장 돼서 좀 생각해봐‥ 유진이 하나 갖구두 우리 쩔쩔매잖아. 연년생으루 둘을 어떻게 키워‥

강욱 왜 못 키워. (조금 더 높아지며)

민경 어떻게 키워.

강욱 붙박이 아줌마 하나 두구 유모 하나 따루 두면 너끈히 키워. 니 성격 이상해서 유모두 싫다 붙박이 싫다 겨우 파출부 두는 것도 픽하면 내보내구 쩍하면 갈아치우구 그러니까 힘이 든 거란 말야.

민경 (설득하듯)몇년 있다 낳으면 될 거 아냐.

강욱 나이 생각은 안해? 언제/ 사십 넘어서 날 거야?

민경 (반발)사십 넘어서 낳으면 누가 잡아간대?

강욱 ……(보다가)뭐든 니 마음대루지 그래…뭐든 다 니 마음대로
야…나같은 건 아무 상관없어‥화 낼려면 내라 내다 말겠지 지가 별
수 있어 그거지 너‥

민경 (다시 돌려서 사정하듯)아니야 그런 건 아니구(하는데)

강욱 니 친정에선 뭐라셔.장모님 물론 찬성하셨겠지.

민경 이삼년 있다 낳아두 되잖아.

강욱 ‥‥(보다가 나가면서 방문 부서져라고 닫아버린다)‥‥

민경 ……(방문 보며/그렇게 심각하지 않다)

S# 서재

강욱 (들어와서 담뱃갑 퍽 집어 들고 나간다)

S# 거실

강욱 (나와서 테라스 창 열어젖히고 나간다)

S# 테라스

강욱 (담배 피워 물고 피우면서)……(기가 막히고 어이가 없고 참을 수가
없다)……(한동안 그러고 있는 뒤/거실에 나타나는 민경)

민경 ……(거실 안에서)들어와 얘기 좀 하자.

강욱 (민경 나와 있는 것 모르고 있다가 부르는 소리에 대답처럼 거실로)

S# 거실

강욱 (들어오고)

민경 얘기 좀 하자.(하는데)

강욱 (그냥 안방으로)

26

강욱 안방

강욱 (들어와서 담배 입에 물고 장에서 상의 꺼내 들고 나가는데)

민경 (들어오다가)어디가..

강욱 (조금 민경 밀치듯 하고 나가고)

S# 거실

강욱 (현관 쪽으로)

민경 (나와서 잡는다)이 선생.

강욱 (뿌리치고 움직이는)

민경 ....(보다가)

강욱 (신 신는 곳으로 내려서려 하는데)

민경 참 이기적이다 응?

강욱 ?....(본다)

민경 그러니까 나야 죽든 말든 상관없단 말이지.

강욱 (다시 퍽퍽퍽 들어와 소파 테이블 재떨이에 담배 거칠게 끄고 돌아
보며)왜 죽어. 연년생 낳는 여자들 다 죽니? 죽는 게 아니구 죽게
힘든 거잖아.

민경 그래 죽게 힘드니까 다음에 낳자 그런 거야.

강욱 너 죽게 힘든 건 참아내면 돼. 너 힘든 거 안하자구 아무 것도
모르구 태어나겠다는 애를 없애버려? 내가 이기적이야? 내가?/

민경 니생각만 하잖아.

강욱 나 때문에 이러는 줄 알아? 나 아이 욕심 그렇게 없어. 문제는
니 잔인성이야. 어떻게 /자기한테 생긴 생명한테 어떻게 그런 참
혹한 짓을....(말을 더 못 잇는다)....(좀 진정하고)아이 못가져 안타
까운 사람들 많아.아이 잘못돼 상심하는 사람두 많아.. 그건 살인

이야.

민경　과장하지 마.(좀 올라서)아직 생명이라구 할 수 없어.

강욱　누구 맘대루/니 맘대루?(터진다)

민경　(마주)유보하자는 거야.안 낳겠다는 게 아니라.

강욱　(버럭)그럴려면 미리 대책을 세웠어야잖아.

민경　(마주)누가 그렇게 빨리 들어설 줄 알았니?

강욱　……(보며 있다가 현관으로 빠르게)

민경　(따라 붙잡으면서)어디 가아아아(애교로 때워 넘기려는)

강욱　(뿌리치고 움직이고)

민경　(다시 잡으며)가지 마.어디 가는 거야아아.

강욱　(홱 뿌리치며 돌아보는)

민경　?..

강욱　(나간다)

민경　……

S#　**아파트 광장**

강욱　(건물에서 나와 제 자동차 쪽으로)

　　　[자동차 문 열고 타는 강욱]

S#　**아파트를 빠져나가는 강욱의 자동차……(아직 어둡기 전)**

S#　**운전하고 있는 강욱**

　　　E 핸드폰 전화벨.

강욱　(꺼내서 전원 꺼버린다)

S#　**민경의 거실**

민경　……(전화기 내리며/소파에 앉아서)……(전화기 올려놓는데)

　　　E 전화벨

민경   (받는다)네에.

이모   F 어떻게 됐니. 이서방 뭐래.저녁은 먹었어?

민경   저녁이 뭐야 …길길이 뛰구 나갔어요.

S# 서여사 주방(저녁 먹으려는 참)

이모   나갔어?

서여사   (수저 들다가 본다)

이모   이서방 길길이 뛰구 나갔대요. 그럴 거라구 했잖아내가. 에이
이 어떡하니‥

서여사   (국 뜨면서)사내라구 꼴에 사내 짓은 하는구면(중얼거리듯)

이모   알아듣도록 얘기를 잘하지 왜애…너 성질 폈니? 맵다 잘난척
한 거 아냐 또?

S# 민경의 거실

민경   아니에요오…안 그랬어…정말 안 그랬다니까?…모르지 뭐 어
디루 갔는지…생각했던 거 보다 훨씬 더 많이 화 내…네…지금 밥을
어떻게 먹어요. 먹으면 체하지…정말 바지 저고리에 망건 씌워놨
으면 좋겠어. 답답영감…뭘 그렇게까지 펄펄 뛰냐 말야. 아예 다시
는 안 낳겠다두 아닌데‥네…네…

S# 병원 계단을 오르고 있는 강욱

S# 이 층 대기실로 들어와 자신의 진찰실로 들어가는 강욱

S# 강욱의 진찰실

강욱   (들어오면서 불 켜고 상의 처리하고 의자에 기대앉는)…………(한
동안 그대로 있다가 일어나 커피포트 있는 쪽으로 가서 장 같은 곳에
서 양주 병 꺼내 컵에 적당히 따라 마시면서 도로 의자로 가서 앉는다)
…(마시면서)…

S# 민경의 주방

이모 순한 사람이 골내면 더 무서운 법야 너./순한 사람이 골나면 도끼 들구 구들장 파 엎구 화로 집어던지구 그런다구..

민경 (미역국 먹으면서)……

이모 돈벌일 못하는 남자두 아니구 /남자는 야 다 싫다지 좋달 인간 없어. 손이 발이 되게 싹싹 빌어야지 별수 있니?

민경 뭐 빌어‥뭘 그렇게 크게 잘못했다구.

이모 그래두 빌어. 잘못한 건 잘못한 거야.

민경 ‥‥

이모 내말 들었으면 좋았잖아.

민경 아 힘드니까 그랬지이.

이모 힘드는 김에 한꺼번에 왕창 힘들구 빨리 끝내는 거두 나쁠 거 없다니까? 둘이면 됐지 뭐 또 날거야?

민경 하나면 안될 거 있수? 나 애 별루 취미 없어요.

이모 그래두 아들은 하나 낳아줘야 할말 하구 살지 충청도 시부모한테.(좀 야단치듯)

    E 현관 벨.

이모 (일어나며)이서방 들어왔나?

민경 이렇게 금방 들어올 폼 아니었어요.

이모 E 누구세요?

민지 E 나에요 이모.

민경 (그래도 혹시/듣다가 국 먹는)

민지 E 언니 사고쳤다면서요.

이모 E 일 저질르구 니 형부 만장 같이 화내구 나가구/지금 코가 쏙

30

빠져 있다.

민지 (들어오며)언니 돌았어? 제정신 아냐?

민경 시끄러 머리 아파.

민지 그런 법이 어딨어. 마흔이 다 된 사람들이 빨리빨리 낳아야지 어우 참 기막혀. 어떻게 형부하구 한마디 의논두 없이 맘대루 그래 애(야단치는 건 아니고/안타까워서)

민경 의논했으면 못했어. 너는 나 배 꺼진지 얼마나 됐다구 또 배불뚝이 돼 뒤뚱거렸으면 좋겠니?

민지 그게 무슨 상관야.(앉으며)

민경 왜 상관이 아냐. 배만 부르면 돼? 병원문 두달 또 닫아야하구 안그래두 그동안 환자 다른 병원으로 놓쳐 약올라 죽겠는데 내가 무슨 애낳는 기계야? 애만 낳구 있게.

민지 병원 아주 닫아버리면 어때서 그래.(병원이 뭐가 중요해./달래듯)

민경 뭐?

민지 형부 사랑하잖아. 사랑하는 남편 애기 낳아 키우면서 열심히 재미있게 사는 거 이상 행복이 어딨어.

민경 그래서 나 아예 들어앉아 애 키우면서 살림이나 하라구?

민지 뭐 어때.

이모 아이 그건 안되지이. 공부가 아깝구 능력이 아깝잖니.

민지 도무지 이해할 수가 없어. 어떻게 일이 더 중요하구 환자가 더 중요할 수가 있어. 형부가 첫째래야지이.

민경 (수저 놓으며)애 나 니 형부 첫째야…그렇지만 첫째가 중요해서 첫째 때문에 두 번째 일은 아주 망쳐버려야 하니? 나는 일두 중요해. 절충하면 되잖아. 니 형부가 양보하면 되는 거 아니냐구.

민지 그럼 의논하면서 설득을 했어야지이. 설득해서 들어주면 다행이구 하다하다 안 통하면 그때는 언니가 포기했어야 하는 거야…그게 남편에 대한 예의야.

민경 너 누굴 가르쳐 지금.

민지 (좀 눅어서)형부 화내는 거 당연해. 언니 크게 잘못한 거야.

민경 나 잘못한 거 없어. 배불러 낳아야 하는 건 나구/딴 사람은 다 구경만 하잖아. 내가 힘들어 못하겠다는데 나 싫으면 그만이지 무슨 말이 많아 모두들.(일어나며)이모 가세요.너두 가.(나가고)

민지 (입 벌리고 나가는 언니 뒤 보고)

이모 (나가는 민경 보다가 민지에게)뭐하러 쫓아와 밥두 못 먹게 해. 유진이나 보구 있지.

민지 엄마 말을 왜 들어 엄마 말을…

이모 지가 하구 싶어 한 거지 뭐‥

S# 침실

민경 (누워서 눈 뜨고)‥‥‥‥

S# 진찰실

강욱 (기대앉아서 우두커니)‥‥‥‥

S# 아파트 광장(밤)

S# 민경의 침실

민경 (전화 들고 있다)

　　E 전원이 꺼져 있다는 메시지

민경 (전화 놓고)‥‥(누워 있다가)‥‥(다시 일어나 전화 건다)

　　E 벨 가는 소리

S# 강욱의 진찰실

강욱 (벨 우는 전화 보고 있는)·········(안 받고)

S# 민경의 침실

　　E 벨 가는 소리

민경 ·····(기다리다가 끊고 누워버린다)···

S# 지현의 거실

지현 (와이셔츠 다림질하고 있다. 세 개쯤 다려져 곱게 접혀 있고 마지막

　　것 다리는 중)····

S# 카페

강욱 (스푼 집어 설탕 뜨는데 후들후들 떨리는 손)

S# 지현의 거실

지현 ····(다리미질 계속)

S# 카페

강욱 (혼자 무안하게 웃으며 스푼 도로 놓으며)미안해요··수전증은 아

　　니에요··수전증이면 수술 못해요··

S# 지현 거실

지현 (다 다린 와이셔츠 접고 있는데)

미스장 E 회장님 들어오셨습니다.

지현 어 알았어요.(부지런히 튕겨지듯 나가는)

S# 거실

미스장 (앞서 종종으로 내려오고)

지현 (뛰어 내려온다)

노여사 (안방에서 나오다 보고)아이구 얘. (지현?)어디서 그렇게 뛰는

　　거야 얘가.그런다 넘어지기라두 하면 어떡할려구 왜 그렇게 조심

　　성이 없어 애가. 몸두 시원찮으면서 응?(본인은 별 뜻 없으나 며느리

한테는 예사롭게 안 들리는 말)

지현 …..

노여사 (현관 쪽으로 나가면서)차분하게 굴어…..(돌아보며)또 대답 떼
어먹니?

지현 네 어머님…(하고 현관 밖으로)

최회장 (이내 들어오고)

지현 (따라 들어오는)

모두 (목례/제천댁/ 미스장)

노여사 늦으셨네요.

최회장 그렇게 됐어..(돌아보며)나 냉수 한잔 다오.

지현 네 ..(주방으로/제천댁 미스장 같이 주방으로)

최회장 (소파로 오며)장 회장이 폐암이래.

노여사 예에?

최회장 (앉으면서)평생 담배 한 개피 핀 적 없는 사람인데 어떻게 그
런지 모르겠어.

노여사 (같이 앉으면서)색시같이 얌전한 분이잖아요.

최회장 얌전한 사람이지..(하며 주방 쪽 보는)

노여사 냉수 안나오니?

지현 (냉수 들고 나오며)네 나가요 어머님…

　　　[냉수 건너가고]

최회장 (마시고 내려놓으면서)미국 무슨 암센터루 나간다는구먼. 몇
이 모여서 이 소리 저소리 하다보니까 시간이 (일어나며)꽤 됐드구
먼…니 남편은 아직 안 들어왔니?

지현 네에.

노여사 (따르면서)있으면 내려왔죠…열두시 들어오면 이른 거네요.

최회장 남편 얼굴 많이 볼 생각 마라…늦어두 그게 다 일인 애야..

노여사 일이지요 그럼.

지현 네에……(침실 쪽으로 부부 가까이 가자/밤 인사하려고 입 뻐금하는데)

노여사 (돌아보며)인사 안 드리니?

지현 네..안녕히 주무세요 아버님 어머님.

두 사람 (대꾸 없이 들어가고)

제천댁 올라가세요 올라가세요.(작게)

지현 (조금 웃어 보이고 계단으로 올라가는)

S# 이 층 거실 침실

지현 (들어와서 와이셔츠 접던 것 다시 접는)……

S# 강욱의 거실

강욱 (들어와서 서재 쪽으로)

S# 민경의 침실

민경 (책 보고 있다가 귀 기울이는)……

　　　E 서재 문 여닫히는 소리.

민경 (침대 내려 나간다)

S# 거실/서재 앞

민경 (나와서 서재 문 열려고 하는데 잠겨 있다)……(노크하며)들어왔어?..한시가 다 됐어.어디가서 뭐 했어?….저녁먹어야지..안 먹었지?……문 좀 열어. 왜 잠그구 그래. 어린 애 처럼 이게 뭐야.

S# 서재

강욱 (상의 의자 등받이에 걸다가 어린애처럼에)?(문짝 본다)

민경 E (다시 두드리며)문 열어 응?…이선생….이러지 마….이러지 말구 얘기 좀 하자아.

강욱 (상의 걸고 의자에 앉으면서)….(책 집어 드는)

민경 E 이선생….강욱아…. 이 강욱……

강욱 ……

S# 서재 앞

민경 문 안 열 거야?……나하구 말 안해?……웃긴다…기집애두 아니구 남자가 /더구나 의사씩이나 돼서 너무 유치하다 야.

S# 강욱의 서재

강욱 ….(책 보며)

민경 E 의논 안한 거 미안해…잘못했어…잘못했다구 응?

강욱 …….

민경 E 잘못했다 그러잖아 강욱아‥

강욱 ….

S# 서재 밖

민경 …(기다리다 꼬인다)언제까지 문 닫아걸구 말 안할 건데………나 지금 쉬어야하는 상태야. 신경쓰이게 진짜 이럴래?….잘못했다 그럼 그만이지 남자가 속좁게 ……(기다리다가) 마음대로 해. 저녁을 먹었든지 말든지 자든지 말든지‥(침실로)

S# 서재

강욱 ……(책 넘기면서 담배 태워 무는)….(담배 태우면서 기대는)…….

S# 지현의 방

지현 (잠옷 차림으로 노트북 켜놓고 앉아 초기 화면 보면서)……

강욱 E 좋은 작품 쓰기‥기대했었는데….아깝군요…(보며)아깝네요‥

36

지현   ·······(한참 동안 보다가 먼저 작업하던 화면 불러낸다)

S# 대본 화면이 마우스 스크롤에 의해 조금씩 /몇 줄씩 올라가는

　　E 전화벨··

지현   (받으며 시계 보는)네에.

종혁   F 대문 들어섰어.문 열어.

지현   내려가요.(끊고 서둘러 내려가는)

S# 거실

　　[불 켜지고]

지현   (내려와 현관으로/문 열고)

종혁   (들어와 문 잠그고 올라오며)안자구 뭐하구 있었어.

지현   그냥··

종혁   (앞서며)물 갖다 놨지?

지현   응····

S# 거실/침실

지현   (따라 들어오며)오늘은 이르네.

종혁   뭐가··(상의 벗으며)

지현   적어도 세시는 아니니까··

종혁   (침실 쪽으로 움직이다 돌아서 상의 주며)침 놓는 거니?··날마다 그런 거 아닌데 뭘 그래··

지현   (받으며)일주일에 사흘이면 적은 건가?

종혁   (타이 풀며)아이 가졌다구 바가지 자격 있다 그거야?

지현   바가지가 뭔지 모르나봐.

종혁   (타이 빼면서)알 리가 있나. 결혼 첨 해보는 건데··(하고 침실로 움직이려다가 문득 테이블에 노트북이 시야에 걸린다)···저게 뭐야··

지현　어 작업실에 뒀던 내 노트북…

종혁　(돌아보며)그게 왜 와 있어.

지현　갖구 왔으니까 와 있죠‥(노트북 보면서)별 /쓸데/ 없을 거 같
　　　　아서 작업실에 놔두구 혹시 누구 필요한 사람 있음 주라 그랬는데
　　　　그냥/ 있어서

종혁　(오버랩)갖구 왔다구?

지현　(끄덕인다)

종혁　뭐할려구‥(나직이/날이 서기 시작하며)

지현　뭐‥일기두 쓰구‥시간 날 때 마다 좀 써 볼려구.

종혁　좀 뭐 쓰는데‥

지현　먼저 쓰다만 거

종혁　(오버랩)그건 써서 뭐할려구.

지현　?… 뭐 할 게 있어. 그냥 쓰는 거지.

종혁　발표두 못할 걸 왜 써. 뭣때매 쓰지?

지현　…·(보는)

종혁　발표 못하는 건 알지?

지현　알아요.

종혁　그런데 왜 써.

지현　쓰구 싶으니까 쓸 거에요. 왜 쓰느냐구 물으면 이렇게 대답할
　　　　수밖에 없어요. 쓰구 싶으니까 써.

종혁　기분 별로 안 좋아. 집어 쳐. 집어 치우구 영어 공부나 하러 다녀.

지현　여보.

종혁　글쓰는 마누라 나 안 필요해. 영어 잘하는 마누라는 필요해. 내
　　　　말대로 해.

지현 나 / 하구 싶은 거 하구 / 안하구 싶은 거 안할 자유도 없어요?

종혁 글쓰는 여자라서 좋아해 결혼했던 거 아니야. 당신 그 글쓰는 일 때문에 내 속을 얼마 썩였는지 잊었어? 내 약올린 거 생각하면 지금도 사지가 떨려.(지현?)얼마나 나를 무시하구 짓밟았어. 일만 그만두라면 총알같이 대뜸 나오는 소리가 파혼하자/그거 참아 넘긴 것만 해도 참 스스로도 나 대단한 놈이야.

지현 (다부져지며)대단하죠.(시선 내리며)그것만 참은 거 아니죠.

종혁 ….(보다가)그 얘기까지 할 건 없잖아 뭐 자랑이라구 해.

지현 그 얘기두 하구 싶잖아요··

종혁 하구 싶어두 안하는 거 대신하는 심리는 뭐야.

지현 봐주는 척 할 거 없다구요.

종혁 봐 주는 척?

지현 얼른 씻구 자요.(앞서며)

종혁 (잡으며)저거 치워··당신 글 쓰는 꼴 보기 싫어.

지현 ….(보다가)당신한테 안 보여줄께요.

종혁 내가 보든 안 보든 치워. 내가 받은 수모 생각나서 불쾌해.

지현 (반발)지난 일이에요. 지난 일 다 그렇게 가슴에 담아두구 사는 줄 몰랐어요··

종혁 가슴에 담아둔 게 아니라 머리 속에 있어. 일깨워지는 게 싫단 말야.

지현 (오버랩의 기분)알았어. 알았어요··안하께요··치우께··됐죠?(하며 침실로 돌아서는데)

종혁 잠깐··

지현 ?(돌아본다)

종혁 오래 전부터 얘기하구 싶었는데…당신 내 의자에 앉니?…앉
았어?

지현 ….앉았어. 전화 받구 그럴 때 어떤 때.

종혁 하지 마. 내 의자에 다른 사람 앉는 거 싫어. 내 물건에 남이 손
대는 것도 싫고 내 책상에 남의 물건 올라와 있는 것도 싫어.

지현 ……(서늘해서 보는)

종혁 내 못된 성격 중에 하나야.

지현 내가 남이에요?

종혁 …..(보다가 어깨 잡으며)당신은

지현 (손 털어내면서)만지지 마요··나는 내 몸에 남이 손대는 거 싫
어요··

종혁 당신은 내 꺼야 내꺼니까 다른 놈은 못만져두 나는 만져두 돼.
(만지려)

지현 (모질게 그 손 떼어버리고 침실로가 침대에 쿡 앉는)…..

종혁 …..(바닥 보며 있다가 침실로)…….(지현 보며)

지현 ….(입 꽉 다물고 벌써 눈물이 뚝뚝뚝뚝)

종혁 지나쳤다…취소하께··

지현 …..(고개 다른 쪽으로 돌리는)

종혁 (옆에 앉으면서)여보.(안으려)

지현 (발딱 일어나 화장실로)

S# 화장실

지현 (들어와 문 잠그고 바닥에 쭈그리고 앉으며 울음 터진다)….(소리
내어)

S# 침실

종혁 (침대에 앉은 채/자신도 황당하다)……

S# 테라스(물론 밤)……

강욱 (담배 태우면서 있다가 들어가는)

S# 거실

강욱 (들어와 열어놓았던 창 닫고 싱크대로 가서 물 틀어 담배 끄고 쓰레기통에 넣고 침실로)…

S# 침실

민경 (스탠드만 켜놓고 옆으로 누워 잠들어 있다)

강욱 (들어와 발치에 서서 한동안 보다가)……(제 자리로 들어가 눕는다)

민경 (침대 움직이는 바람에 돌아누우면서 강욱 목에 팔 두른다)

강욱 (팔 내려놓는)

민경 (다시 얹는다)

강욱 ….(잠시 있다가 다시 내리고 돌아눕는다)

민경 (뒤에서 달려붙으면서)이제 그만해애애애(잠결에)

강욱 (일어나서 침대 내려 장 열고 얇은 것 들고 나간다)

민경 (장문 열 때 일어나 앉아서 보는)

S# 거실

강욱 (소파에 쿠션 베고 눕는)………

    E 침실문 여닫히는 소리

강욱 (소파 등을 얼굴로 하고 돌아눕는다)

민경 ….(나오면서 불 켠다)

강욱 (벌떡 일어나며)불 꺼.

민경 …..(보며)

강욱 *끄라구. 잔다구.*

민경   들어와…안 건드릴게 들어와 자.

강욱   불 끄구 들어 가.

민경   ….강욱아…

강욱   ……

민경   좀 심하지 않니?

강욱   ……

민경   이렇게까지 화 낼 문제는 아니잖아?

강욱   (불끈 일어나 앉으며 보는)….(어조는 조용)나 화나서 이러는 거
          아니야….화 안나…지금 화 안나.

민경   그런데 왜 이래.

강욱   (일어나 주방으로 가며)정이 떨어져서 그래…

민경   (돌아보는/움직이는 강욱 쪽으로)

강욱   (냉장고에서 주스 병 꺼내 컵에 따르면서 중얼거리듯)정나미 떨어
          져서….만가지 정이 다 떨어져서(하며 주스 병 막아 넣고 글라스 들고
          소파로 와 앉아 벌컥벌컥 마시고 내리며)그런 게 그렇게 별일 아닌 너
          한테…질려 버렸어..질렸어……

민경   ……..(보다가 움직여 소파에 앉으면서)별일 아니라서가 아니라
          현실적으로

강욱   (오버랩)마음이 없어서 그런 거야…그게 다 마음이 없어서…

민경   마음이 없다니…내가?…….마음 없이 바람난 너 붙잡구 사정사
          정해서 결혼해?

강욱   ……(컵 내려다보며)

민경   지구 상에 너말구 남자가 없었니?그래서 울며불며 매달린 거야?

강욱   그래…(컵 내려다보며)나두 그게 마음…나에 대한 니 사랑이라

구 생각했었어…그런데 아니었던 거 같아.(하며 보는)사랑이 아니
라 욕심이었지 싶다..

민경 ?(보며)

강욱 남 안 주구 니가 갖구 싶은 욕심…

민경 그렇게 얘기하니?

강욱 마음으로 한…사랑으로 한 결혼이라면 너……어떻게 너하구
나 사이에 생긴 아이를 그렇게 만들어..음?(보며)….

민경 …..(보며)

강욱 사랑하는 남자 아인데 의논 한 마디/아니 어떻게 그런 생각이
들구 해치워….생각조차 안 들어야 하는 거 아냐?

민경 (만만치 않다)구름 타구 하는 꿈같은 사랑 얘길 하면 어떡해. 생
활이구 현실야.

강욱 사랑은…참아주는 거라구 했어…다른 거 다 그만두구 나를 위
해서…참아줄 수 없었어?

민경 나를 위해서 양해해줄 수는 없어?….왜 사랑해서 결혼한 게 아
니라 동정으로 해준 거라 양보할 필요 없는 거야?

강욱 …..(보며)그만하자…말이 안 통한다.

민경 마음이 없다구?….내가?….사랑없는 욕심이었어?

강욱 …….(그저 보며)

민경 그래?

강욱 (일어나 주방으로/일어나며)사랑은 희생이야…

민경 (앞 보는 채)너는 날 위해 뭘 희생했는데.

강욱 (가다가 돌아보는)

민경 (일어나 마주 보며)결혼한 거? 결혼해준 거? 그거 얘기하는 거야

지금?

강욱　(그냥 싱크대로 가서 컵 놓으며)그만 하자..

민경　그래 그만해. 더 험악한 말 나오기 전에 그만하자구.(하며 침실
로 들어가 문 거칠게 닫는다)

강욱　……

S# 지현의 침실

지현　(찡찡한 코 휴지로 짜내며 누워 있는/등 돌리고)

종혁　(욕실에서 나와 침대로 오르면서 건드린다)

지현　(뿌리치는)

종혁　(건드리고)

지현　(모질게 뿌리치는)…

종혁　…..화났다 그거지…그래 화날만 해…미안하다…그냥 자께..(스
탠드 끄고 눕는)…..

　　[어둠 속의 부부 그대로 두었다가]

F.O

S# 성북동 전경(새벽 6시)

　　[새소리 시끄럽고]

S# 침실/

　　[자고 있는 부부….]

지현　(뒤척이다가 문득 잠이 깬다..일어나 앉는)……(알람 시계 당겨 가까
이 보고 당황해서 놓고 침대에서 뛰어내리는)

S# 거실

지현　(바쁘게 내려오는데)

노여사　(녹즙 먹이고 서재에서 들고 나오다 보고)면제해 주셨다구 맘

푸욱 놓구 잤니? 면제는 면제구 그러셨어두 제 시간에 일어나 할
일 하면 얼마나 이쁠까..(주방으로 움직이며)귀염받는 건 지 할 나름
이지 그래..

지현 ......

S# 강욱의 거실

강욱 (음악 시작하고).......(주방으로 움직여서 커피 따라 마시면서 식탁
에 차려놓은 간단한 상에 밥 한 공기 밥솥에서 퍼 놓고..쿠커에서 끓고 있
는 미역국 대접에 떠서 놓고 커피 잔 들고 안방으로)

S# 침실

강욱 (문 열고 방바닥 보는 채)나와 밥 먹어.

민경 ?....(옆으로 누워 있다가 일어나는)....

S# 거실

민경 (나온다....)

강욱 (커피 마시며 신문 보는)

민경 ....내가 할려구 했는데....고마워....안 먹어?

강욱 먼저 먹어....

민경 (식탁으로 가 앉으며 수저 든다)

강욱 (신문 뒤집으며)우리 어머니 올라오시라구 할테니까 시간 걸리
더라두 이번에는 붙박이 아줌마 구해.

민경 (먹다 돌아본다)...

강욱 한달이 걸려두 좋구 두달이 걸려두 괜찮아.이번에는 니 마음
에 꼭 들구...(그럴 사람이 어딨어)잘할 사람 구해.

민경 붙박이 아줌마 안 쉬워.

강욱 구하면 있어.

민경 어머니까지 올라오시게 할 거 뭐있어…시간제 쓰면 돼.시간제 는 이삼일이면 와.

강욱 붙박이루 도와줄 사람 구해. 유진이 봐줄 아줌마두 구하구.

민경 유진이 남한테 못 맡겨.

강욱 좋은 사람 많아.

민경 누가 좋은 사람인지 어떻게 알아.

강욱 (싫증 나서 /…눈 꽉 감았다 뜨고)엄마 오시게하고 붙박이 구해.

민경 글쎄 붙박이는

강욱 제대로 된 밥 좀 얻어먹구 싶어 그래. 익숙해질만하면 내 보내 구 새사람들여 너 잔소리 해대구 /(신문 들고 일어나며)이젠 정말 지겨워..엄마한테 전화 할 거야…(서재로 들어가버린다)

민경 ….(눈 내리깔고 수저 든 채 있다가 일어나 빠르게 서재로)

S# 서재

강욱 (신문 접어 치우고 전화 드는데)

민경 (들어오며)전화하지 마.

강욱 ….(보는)

민경 최대한 빨리 찾아 보내라 그럴테니까/ 전화하지 마.

강욱 (전화 든 채 보는)……우리 어머니 아버지가 그렇게 싫어?

민경 무슨 그런 말이/어렵구 불편해서 그래. 어머니 와 계시면 아버 지두 자주 오실 거구 힘들잖아.

강욱 …..(조용히 보는)

민경 내가 하게/…내가 한다구.

강욱 …(보면서 전화 좀 거칠게 내려놓는)……(보며)당신 청주에 전화 드린 게 언제야.

민경   ·····(보며)하께.

강욱   (벌떡 일어나 나간다)

민경   (돌아보는)

S# 침실

강욱   (들어와 장문 열고 옷 갈아입기 시작한다)

민경   (들어와서)·····(보다가)이렇게 일찍 어디 갈려구.

강욱   ·····

민경   응?··어디 가는데··

강욱   상관마. 상관할 거 없어···

민경   ·····(보며)

S# 아파트를 빠져나가는 강욱의 자동차···

S# 운전하는 강욱

강욱   (가만히·····거의 얼굴의 움직임 없이 운전하고 있는)······

S# 지현의 침실

지현   (포기한 상태로 상의 입혀주는)····

종혁   아직두 화나 있어?

지현   (손수건 건네주는/안 보는 채)

종혁   일하러 나가는 사람이야. 웃는 얼굴해.

지현   (보며)꼭두각시에요?

종혁   ·····(보는)

지현   내려가요.아버님 기다리시게 하지 말구.

종혁   (안으려)

지현   (피하면서)손대지 말아요. 싫어요.

종혁   ····(보다가 웃어버린다)그래···그렇지 당신한테는 그게 유일한 무기지 흠흠..알았어 인정할께..(하고 앞선다)..(잠깐 움직이다가 테이블 돌아보며)저거 치워.

지현　..(보고)

종혁　(나간다)

S# 거실

　　[부부 내려오고]

종혁　(안방문에서)아버님.

노여사　E 그래 나가신다.

　　[노부부 나오고 모두 현관 쪽으로]

지현　(먼저 움직여서 구두 주걱 들고 있다가 시아버지 먼저)

최회장　(받아서 신고 구두 주걱 종혁에게 넘기고 나간다)

노여사　다녀오세요.(대답은 없고)

지현　(회장 따라 나가는)

S# 정원

　　[회장 앞서고 지현 뒤따르고 이내 나온 종혁/서둘러 지현보다 앞서고/
　　정원사가 열어놓은 대문으로 나가는 세 사람]

S# 대문 앞

최회장　(차에 오르고)

종혁　(인사/지현도)....(지현은 보지도 않고 대어지는 제 차에 오르고)

　　[뜨는 자동차…]

지현　.........(망연히 보고 서 있으면서)......(이윽고 느리게 대문 안으로)

S# 대문 안/정원

지현　(들어와서 대문 닫고/정원사는 옆에 서 있고/정원사 존재 의식하지
　　못하는 채 천천히 계단 올라가는)........

S# 거실

지현   (정원의 연결처럼 들어온다)

노여사   (탁자 위 닦다가 돌아보고)…

지현   (그대로 주방 쪽으로)

노여사   애.

지현   ?(조금 놀라서 돌아보며)네 어머님.

노여사   왜 그래.늬들 뭐 다퉜니?

지현   아니에요 어머님.

노여사   그런데 왜 목이 늘어졌어.

지현   저요?··아닌데요.

노여사   좋은 자식 생산하려면 엄마 마음가짐이 무엇보다 중요해.
    항상 즐겁고 기쁜 마음으로 /니 몸안에 이집 자손 들어있다는 거
    한시도 잊어버리지 마라··

지현   네··알겠습니다…

노여사   …..바람 때문에 먼지가 많아…

지현   …..(보며)

노여사   (앉아서 신문 집어 들다가 보고)어이 들어가 아침 먹어.기다리
    구 있잖아.

지현   네··(주방으로)

S# 주방

지현   (들어온다.)

제천댁   얼른 앉으세요…장아.국.

미스장   네 지금 떠요··(지현 앉고)

제천댁   날씨가 참 좋아요.

지현 (조금 웃어 보이며)좋아요.

제천댁 이런 날은 그냥 자동차 타구 휘이익 나가 실컨 돌아다니면 좋은데..

지현 (그냥 웃어 보이는)

　　　[국그릇 와서 놓여지고]

지현 먹죠. 미스 장 앉아.

미스장 네..

S# 이 층 거실

지현 ......(닫혀진 노트북 소파 테이블에 놓고 내려다보며)............

S# 침대

지현 (옆으로 꼬부라져 누워서).....(이불 덮지 말고 그냥).....

S# 거실

지현 (먼저와 같은 자리/노트북 내려다보면서).......(노트북 뚜껑 열고 전원 넣는다. 작업하던 대본 불러내는데)

미스장 E 사모님.

지현 ?

미스장 (들어와서)외출 준비하시래요. 보약 지으러 가신대요.

지현 ....(그저 보는)...

S# 움직이고 있는 자동차 안

　　　[뒷좌석에 나란히..]

노여사 입덧은 안하니?(창밖 내다보면서)

지현 ?(잠깐 보고)네..별로 모르겠어요 어머님.

노여사 그거 하나는 좋구나...어른 모시구 살면서 깩깩거리는 거두 민망하지..

지현　.....(시모 보며)

노여사　에이구우..이러다 금방 여름되구 금방 가을 되구....세월 참
　　속수무책으루 빠르다...(하는데)

　　E 핸드폰 울린다.

노여사　(돌아보고)

지현　(조금 당황해서 받는/조금 몸 틀면서)네 여보세요.

초희　F 나에요 아가씨. 보약지으러 가신다면서요?

지현　네..그런데 왜요.(조심스러워서)

초희　F 오는 월요일 아버님 생신이신 거 알구 있죠?

지현　어머나..잊어버리구 있었어요.

S#　친정 마루

초희　어이구 이래서 딸자식은 소용없다니까.그래두 며느리가 낫지
　　<u>흐흐흐흐흐</u>. 혹시나 해서 전화했더니 역시나네...월요일이에요.
　　이번에는 고모부두 꼭 같이 오세요. 작년처럼 아가씨 혼자 오셔서
　　김새게 하지 말구요 네?

지현　F 알았어요 고마워요..

초희　아버님이랑 어머님은 한수 내외 데리구 바람 쐬일겸 시장보러
　　가셨어요. 집에 나 혼자에요..흐흐..낮잠이나 실컨 자야지.

지현　F 그렇게 해요 그럼.

초희　애기 가져서 아가씨 좋지요? 얼마나 좋아요 시어머님이 데리
　　구 보약두 지으러 가 주시구. 나는 그런 호강 못해봤네 뭐.

S#　차 안

지현　...(쓸쓸하게)그래요(하는데)

노여사　대충 끊어라.

초희　　E (시모 잠깐 보는 지현 위에)그런데 있잖아요 아가씨.오빠가요 (하는데)

지현　　그만 끊어요 언니..(하고 끊는다)

S# 친정 거실

초희　　?....(전화 보며)뭐 전화를 이렇게 끊어어?(전화 내려놓으며)기분 나쁘게.

S# 차 안

노여사　언니가 누구야.

지현　　올케언니요..

노여사　어른하구 있을 때 전화가 오면 이쪽에서 나중에 건다 그러구 이내 끊는 게 도리야…

지현　　네..

노여사　그 전화는 뭐가 필요해 너두나두 애들까지 있는대로 다 갖구 다니는지 모르겠더라…

지현　　…..

S# 청주 플라타너스 길을 달리고 있는 강욱의 자동차…

S# 자동차 안

강욱　　…..(운전하는)

S# 아버지 택시 회사 마당으로 들어서는 자동차

강욱　　(자동차 멈추고 차에서 내려 사무실 쪽으로 움직이면서 인사하는 사람들에게 대꾸.)

강욱부　(벌써 누군가에게서 얘기 듣고 사무실에서 나오며)너 웬일여.온다 소리두 없이.

강욱　　(웃으며)아버지 보구 싶어서요. 토요일이잖아요.

강욱부　혼자 온겨?

강욱　네‥

강욱부　너는 나 보구 싶은지 몰러두 나는 너보다 에미하구 손녀가 보구싶은데/씰데없는 너 혼자 왜 온겨. 왜 안데리구 왔어.

강욱　네‥에미가 .저기‥감기 기운이 좀 있어서요‥

강욱부　있던 감기두 떨어질 때 무신 감기여.무신 의사가 그려.

강욱　하하 네에‥

강욱부　들어가자‥엄마가 기함하겄다. 생각두 안하구 있는데 흐흐‥

강욱　제차 타세요 아버지.

강욱부　당근이지 미친눔 그럼 너 혼자 타구가구 애비는 걸어가?

강욱　하하하하 아버지두 애들 말 쓰세요?

강욱부　아녀 한번 해본겨‥

S# 안방

강욱모　(며느리와 함께 이불 껍데기 꿰매면서)느이 아버지두 기운이 전만 어림읍서여‥소싯적에는 날만 부여엄하면 발써 일어나 일 나가 밤중에 들어오구 하던 양반이/ 깨는 건 여전히 고시간에 깨두 일어나는 건 늦어‥‥그거 보면은 아하 이 양반두 늙었구나아 하지.

형수　그래두 아버님만큼 정정하신 분 드물어요.(하는데)

강욱부　E 여보 둘째 왔어.어딨는겨.

강욱모　?누가 와유?

강욱부　E 두째‥두째 왔다구.

강욱모　(벌써 일어서며 오버랩)아이구구 이게 무신 소리여‥어떻게 여기 올 생각을 다한겨 얘덜이.(하는데)

강욱　(들어오며)저 왔어요 엄마.

강욱모 (잡으며)아이구 그려 애.(방문 밖으로 나가려 하며)어이 와라. 어이들 와.

강욱부 (들어오며 막으며)뭐 날더러 어이 와라 하는겨?

강욱모 아니 애덜

강욱부 (오버랩)애덜 안왔어.김칫국 마시지 마.너 와 있었냐?

형수 네에.

강욱모 혼자 온겨?

강욱 예.

강욱부 (이불 걷으면서)에미가 감기랴. 앉어.

강욱모 쯔쯔쯔쯔 감기는 왜 들어 조심하지이…(아들 손 잡아 앉히면서)유진이 많이 컸지?

강욱 네 백일 때보다 좀 더 컸어요‥

강욱모 옹아리하구 한참 이쁘지.

강욱 이쁠 때는 이쁜데요 엄마.밤에 안자구 놀자구 그래서 고생해요.

강욱모 아이구 전석이 뒤집혔구나.

강욱 네에‥

강욱모 그러면 에미가 고생이 많은데에‥느이 수진이가 그랬지 왜‥

형수 네‥한 한달 고생했어요.

강욱모 그거 보살 불러다 빌면 딱 그치는데.

강욱 에이 엄마는

강욱모 아녀 애. 그거 들어.듣는다니까?

강욱 그러다 말 겠죠 뭐 저두 통뼈 아닌담에야‥

강욱부 (오버랩의 기분)순대 사다 주랴?

강욱 아니에요 좀 있다 점심 먹죠 뭐…

S# 청주 시내 일식집··

　　[형 내외 강욱 부모 점심 먹는 중··]

형　　아버지 많이 드세유. 이집 회가 괜찮아요 엄마두유 네? (집어 주며) 이게 맛있는 거에유 드셔 보세유 아버지.

강욱부　다 맛있네 뭐. 회가 고소하다. 안그러냐 이박사?

강욱　하하 네··

형수　어머니 회 안 좋아하시는데 뭐 튀김이라두 시켜 드리죠.

형　　아 그라까?

강욱모　아이구 야 돈 많이 나와 그냥 대충 먹어. 맛있는데 뭐.

형　　아 이 정도두 못 먹구 살어유? (일어나 문 열고) 여보세요 여기 튀김 하나 해 내와요.

대답　E 예에 사장님.

형　　(내다보며) 새우 싱싱한 거 쓰구 잘해요 괜히.

대답　E 아 언제는 우리 집에서 싱싱한 거 안 썼슈?

형　　알았어요 알았어 하하. (제자리로 오며) 저 아줌마 무섭다 너. 손님 야단 막 쳐.

강욱　(웃고)

강욱부　야단 맞을 소리를 왜 햐.

강욱모　헙헙하기는/뭐하려 시켜.

형수　이이 일 잘돼요 어머니. 괜찮아요.

형　　예 괜찮어유.

강욱부　일 잘되는 거두 좋지만 나는 그냥 케이블티빈지 뭔자 팔어치운 게 잃던 이 뺀 거 보다 더 시원햐··

강욱모　나두 그류. 당신 푸파거리는 소리 안들어 나두 시원해유.으

호호호

S# 커피숍

강욱 (찻잔 들면서)사업 잘 풀려 다행이에요.

형 이저 풀릴 때두 된 거 아니냐? 수업료를 얼마나 바쳤는데..아
버지한테 면목없어 명암 방죽에 뛰어들구 싶은 때가 한두번 아니
었어 야. 이제는 내가 아버지 얼굴 제대루 보구 산다.아버지 얼굴
두 똑바루 못봤었잖어. 눈 마주칠까봐 무섭구..

강욱 (웃으며)형수님은 완전히 좋아진 거 같네.

형 좋아지면 뭐햐..재미가 없는 걸...재미는 없어...그래두 살어야
지 어떡햐. 이제..나는 그렇게 생각햐...자식새끼들 보면 그 사람 없
으면 안되는 거구/애들 낳아준 것만해두 고맙다아 생각하구 살어.
고맙다고맙다 생각하니까 또 뭐 진짜 고마운 생각두 들더라.그래
서 잘햐.잘해 줄라구 노력하는 참여.

강욱 원래 잘 하잖어요.

형 속썩였잖어 야....지금두 가끔 그 여자 생각날 때 있어...그래두
눈 꽉감구 참지.

강욱 그 일 때문에 뭐냐 바가지는 안 긁어요?

형 야 그건 안햐. 늬 형수 그점에서 너 존경해라. 절대루 그건 안햐.
그래서 무섭다니까.독햐 너 니 형수. 얼마나 독한데..

강욱 (웃는)

형 너는 장가 잘 들었다구 생각하는데 어때.

강욱 뭐...잘 들었다구 해야죠..

형 명쾌하구 싹싹하구 괜찮지?

강욱 괜찮아요..

형 그런데 너 여자라는 게 우스운 동물이다..니 형수말야 저는 박사두 의사두 아니라 콤플렉스 때매 그러는지 아니면 맏동서 티 내는 건지 제수씨 별루루 생각하드라..

강욱 왜요..

형 뭐라드라…그저 너만 좋아하지 시집 식구 별루 옆에 안 붙이구 싶어하는 거 같댜….그래서 우리 애들 너한테 안 맡긴다구 우겨….그러니?

강욱 그렇지는 않은데..시집 식구들 진심으루 좋아하는 여자 뭐 별루 있겠수?

형 하기야 따는 그려…

S# 민경의 거실

민경 (전화 찍는)

  E 전원 차단 메시지.

민경 (전화 놓고)…….

S# 지현의 방

지현 (옷 갈아입는 마지막)…….(침대에 피시시 누워서 한동안)…….(있다가 일어나 소파로 가 앉아 노트북 켜는데)

미스장 (들어오며)내려오시래요. 숙모님들 오셨어요.

지현 ?

미스장 세 분 다 오셨어요. 축하인사 오셨대요.

지현 알았어..

지현 (맥없이 전원 끈다)

S# 계단 거실

  [숙모들 셋 /선 채 인사하는 중.]

둘째 축하드려요 형님. 그래 얼마나 기쁘세요.

노여사 호호호 그러엄 이루 말이라구. 이렇게 단체루 웬일들야 응? 앉어 앉으라구.

셋째 소식듣구 가만 있다가 무슨 벼락을 맞을려구요 호호‥

둘 호호호호 그러엄…그럼요‥

노여사 그래두 그 벼락이 있으니 우리 집안이 집안답지.인사 안드리구 뭐하구 섰니. 너 축하해 주러들 왔단다.

지현 네에 오셨읍니까(얌전히 몸 굽혀서)

셋째 그러구 보니 질부가 먼저 보다 안돼 보이네요 형님.

노여사 아무래두 홀몸이 아니니까‥

첫째 우리 장조카 좋아하지요?

노여사 좋겠지 왜 안 좋겠어.부모 앞에 내 놓구 좋아하는 거 상스러우니까 안할 뿐이지…자아 점심들은 했을테구 뭐 주까…과일 갖구 화채 좀 만들어 먹으까 제천댁?

제천댁 네 그러지요 사모님‥

노여사 (지현 돌아보며)화채 좀 내 와라‥

지현 네에‥(움직이려 하는데)

셋째 잠깐 잠깐 나 좀 질부.

지현 (돌아보는)네 작은 어머님.

셋째 우리 종욱이 댁이 며느리들 다 모여 점심 한번 먹자 그러든데 전화해 봐 응?

노여사 아서라.전화를 왜 니가 하니.종욱이 댁 보구 하라 그래. 건방지게 누구더러 전화하라 그래.종욱이 댁이 그래?

셋째 아이구 아니에요 형님 제가 얼결에 실수했어요.

노여사   얼결에 실수 잘하는 사람이지 그래.

모두   (웃고/지현 들어가는)

노여사   얼결인지 얼결인 척 하구 기어 먹는 건지 내가 아직두 판단이 안서는 게 자네야.

셋째   아이구 형님 생사람 잡지 마세요…

S# 주방

지현   (제천댁은 수박이며 화채거리 과일들 꺼내고 미스장은 화채 그릇 꺼내 싱크대에 넣고 있고)

지현   ……(우두커니 서서)

S# 성북동 전경(밤)

S# 지현의 방

지현   (컴퓨터 두드리고 있는데)………

종혁   (들어서면서)잘 있었어? 일찍 들어왔지(하다가 굳고)

지현   ?(놀라서 일어서는)‥

종혁   …뭐하구 있는 거야‥‥

제24회

S# 이 층 거실 침실/

[23회 끝 연결.]

지현 ....(보다가 구부리고 노트북 문서 저장하고 전원 끄면서)...

종혁 뭐 하구 있는 거야.

지현 (노트북 닫어 들면서)뭐하는지 알잖아요.(하며 침실로)

종혁 ....(섰다가 침실로 움직이는)

지현 (침실/침대 밑에 노트북 집어넣고 일어서며)이시간에 웬일이에요.

종혁 (들어와 침실 문 닫고 보며)그거 치우라구 했잖아.

지현 신경 쓰지 말아요.보는 데서는 안 만질테니까.

종혁 보거나 말거나 하지 마.

지현 ....(보는)

종혁 하지 말라면 하지 마. 당신 그거 만지는 거 허락 안해.

지현 허락 필요없어요. 여기 군대두 아니구 교도소두 아니에요. 다
      시는 노트북 안 만진다구 약속한 적 없어요.만지구 싶으니까 나는
      만질 거에요.

종혁 ……(보며)

지현 (돌려서)그냥 취미생활이라구 생각해 주면 되잖아요. 누구나 자기 좋아하는 취미 한 두가지쯤 즐길 권리가 있어요.나는 취미가 책 보구 뭐 쓰는 건데 그걸 하지 말라구 강제 쓰는 거 너무하지 않아요?

종혁 책 보는 건 안 말려.

지현 보는데서는 안 써요 글쎄. 한밤중에 들어올 때처럼 들어오기 전에 전화해요 그럼 잽싸게 치우구 아닌 척 할테니까.

종혁 사람 말 똑바로 안 받고 왜 꼬여서 그래.

지현 꼬인 거 없어요. 당신은 하지 말라 그러구 나는 하고 싶으니까 봐달라는 거에요.

종혁 다시 또 얘기하게 하지 마. 다른 취미 찾아. 아이 낳아 놓구 헬스를 다니든지 골프를 시작해 보든지 좋은 할거리 얼마든지 있어. 집에서 쭈그리구 앉아 그거 들여다 보는 것보다 건강에두 좋아.말 들어.(하며 상의 벗는다)‥

지현 ‥‥

종혁 (상의 주며)대답해.

지현 대답할 수 없으니까요.

종혁 ‥‥(보다가 지현 팔목 잡아끌고 나가는)

지현 (끌려 나가며)왜 이래요.

S# 거실

종혁 (끌고 나오며)놀랠 거 없어. 맞을까봐 그래? (하고 손목 놓는)

지현 (놀라서 보는)

종혁 얘기하잔 말야. 앉아.(앉아서)…앉으라구‥

지현 …(앉는다)……

종혁 ……(보다가)왜..자존심 상했어?

지현 (고개 옆으로 돌리고)

종혁 나 못나게 군다구 생각할 거야…내 입장 아니니까 그렇게 보일 수 있어./잘난 척 한다구 다 잘난 건 아니야.

지현 (고개 돌려 보는)

종혁 잘난 척 하는 놈 …잘나구 싶은 놈이지 잘난 놈이 아니야. 무슨 얘긴지 알아?

지현 ……(보며)

종혁 당신 나를 강하구 딱딱하기만 한 사람인줄 아는데 잘난 척 위장한 껍질 안으로 들어가면 나두 당신 못지않게 예민하구 못난 데 있어.…나두 상처 받을 줄 알아…상처 받으면 아플 줄두 알구 음?

지현 ……(보며)

종혁 좋아 정리하자. 당신 나 골탕 먹인 기억 되살리구 싶지 않아서 하지 말라는 거두 있어. 그렇지만 그거 말구 보다 중요한 이유는….잘 들어.…당신 그 미련 버리지 않으면 나하구 이집에서 살기 더 힘들어져. 완전히 포기해야 해.포기해 버리란 말야.

지현 발표 안해요.

종혁 발표 얘기 아니야.…(보다가)그래 더 솔직하게 직설적으로 말하지….그거 만지다가 그만 살자고 할까봐 겁나서 그래……(꼼짝도 않고 지켜보며)

지현 ……(보며)

종혁 옛날을 그리워하는 심리상태로 밖에 안 보여.그래서 싫은 거야.

지현 (보며)……

종혁 아니라구 못하겠지?

지현 물론 그럴 때 있어요.

종혁 때 있어요가 아니라 많이 그렇겠지.

지현 그런 생각은 안하구 있어요‥당신 다 마음에 들어서 그러는 건
  아니구 ……적응력없는 나한테두 문제는 있다구 생각하기 때문이
  에요.

종혁 ……할 거야?

지현 …안할께요…

종혁 저거 치워.

지현 (끄덕이며)알았어요…치우께요‥

종혁 땡큐/(일어나며)씻는다.

지현 (따라 일어나며)그런데 물어볼거 있어요.

종혁 ?(돌아본다)

지현 당신은 하게 해 주구 싶은데 아버님때매 포기시키는 거 미안
  하다 그런 건 그러니까 진심이 아니었던 거죠.

종혁 ……그래 아니었어…당신 환심 살려구 했던 말이야. 정직하지?

지현 ……(어이없어 보고)

종혁 (웃으며 지현 어깨 안는)아냐 그때는 그게 진심이었어…그렇게
  어이없어 할 거 없어 응?(코 흔들며)

지현 (밀어내고)

종혁 (먼저 침실로)씻구 잠자자. 내일까지 실컨 잘 거야…(돌아보며)
  같이 자자 응?

지현 …(대꾸 없이 침실로)

종혁 (옷 벗으며)보약 지어 왔다면서.

지현 나갔다 왔어요.

종혁 봐.우리 어머니 그런 분이셔··엄한 거 같아두 살필 거 다 살피는 분이야. 장인 장모님처럼 덮어놓구 오냐오냐 그런 분위기에서 자랐기 때문에 여기 어머니가 힘들지 몰라두 /어차피 친정하구 시집은 다른 거 아니겠어?(벗은 것 주며)

지현 (받으며)····

종혁 애만 낳아···그럼 훨씬 좋아질 테니까···

지현 ·····

S# 거실

지현 (내려온다)

노여사 (혼자 앉아서 티브이 보고 있다가 돌아보는)

지현 술 갖구 오라 그래서요··

노여사 그래···(티브이로)

지현 (주방으로 움직이는데)

노여사 너는 마시지 마라.너는 마시는 거 아니야.

지현 (돌아보며)네 어머님.

S# 민경의 거실

서여사 (소파에 앉아서)밴댕이 소갈머리같으니라구/사내 자식이 어째 그렇게 속이 좁아 그래.

민지 (유진 얼르다가)형부더러 뭐랄 거 없어 뭐. 정상적인 남자는 다 화 낼 일야.

서여사 화낼일이라 쳐.그래두 사내가 한번 부르르 화 냈으면 됐지 몇날 며칠을 골질야?

이모 몇날 며칠은 무슨 어제 오늘인데··

64

서여사 늬이 아버지는 한번 부륵하면 십초두 안가 플리군 했어.

민지 누구 아버지. 언니아버지 내 아버지.

이모 민지야.

서여사 저 기집애 그냥..

민지 하기는 우리 아버지는 화나 낼 줄 아셨을라구. 화가 뭔지두 모르는 분인데..

서여사 어딜 가서 안 들어오는 거야 그래.(민경 보며)

민경 누가 알우. 어디 가서 이러구 있는지...

이모 즈 어머니 불러올린다면 그러라구 가만 있지 어이그으.내 생각에는 어린애 문제두 문제지만 게다가 즈 엄마 부르지 말라는 거 때매 더 김새서 이러는 거야.

서여사 글쎄 말야...한짓두 있구 싫어두 잠깐 내버려 두지 까탈은 떨어갖구는 쯔쯔쯔쯔/.

민경 어머니 오셔야 나 일 못하는 것만 들통나구/....나 대신 이서방 움직이는 거 얼마나 싫어하시는데 남자 부려 먹는다구.

서여사 요새 그일두 안 도와주는 남자가 어딨어.

민지 그것두 정도 나름이지. 언니처럼 내 놓구 부려먹는 여자가 어딨어. 내가 시어머니래두 열나겠다.

이모 너 유진이 데리구 먼저 가라 응? 찍찍 물총쏴대지 말구 응?

S# 강욱의 친가 안방

강욱모 (며느리가 깎아놓는 과일 찍어 영감 주면서)작은 애 와서 이렇게 얘들하구 같이 점심은 회먹구 저녁은 산성 오리탕 먹구 이라니까 참말 좋으네유 여보.

강욱부 그려 호호 나두 좋아.

강욱모 유진에미두 왔으면 좋았을걸..

형 그류.너 다음에는 꼭 같이 내려 와. 일가족 출동하라구.

강욱 그러께요..

형 언제 올라갈래.

강욱 내일은 가야죠…

형 내일두 시간이 있잖어 야..점심 먹구 가라…그럼 내일은 제가 민물매운탕 자알하는 집으루 모시께유 아버지. 여보 당신 그집 맛 있다구 했지.접 때 그집.

형수 맛있게 잘하대요 아버님…냄새 하나두 안나게 잘 끓여내더라 구요.

강욱부 그려?허허 그럼 가자. 먹다 판날 집여 우리 집.

강욱모 그거 먹어서 판날 집 아니니까 걱정마슈.어쩔겨.즘심 먹구 갈래?

강욱 그러죠 뭐…

강욱모 점심 먹구 뜬대유.

강욱부 안직 귀는 멀정햐. 들었어.

강욱모 어이구.(흘기면서)느이 아버지 싱거운 소리 하시는 거 보니 께 오늘 기분 만점이다.이렇게 좋아하시는데 자주 좀 와…우리가 서울 가 보는 거 보담 한결 편하구 좋아 애.

형 서울 가시면 왜유 제수씨가 눈치 쥐유?

강욱모 눈치는 아녀..(강욱 보면서)눈치 쥐서가 아니라 아 나는 내 집 이 아니면 어디를 가건 불편하더라. 아주 불편해서 집에 오구 싶어 죽어죽어. 안그류 여보?

강욱부 뭐얼 딴소리하느라구 애쓸 거 읎어…요새 애들 다 그런 모양여.시부모 어쩌다 간만에 가면 이 노인네들 언제 가나아아 하구…

강욱 (아버지 보는)….

강욱모 아이구 그래두 유진에미는 많이 배운 사람이라 그런지 그라 지는 않어유.

강욱부 안 배웠으면 빗자루루 쓸어내겠네.

강욱모 아이구/(찔벅하면서)

형 뭐여 제수씨 엄니 아버지 한테 잘 못하는겨?

강욱모 아녀 얘 아녀 큰애야. 그런 소리 마.안 그랴.계 아주 잘 햐.이 이는 고연히 애들 불난 맹글 일 있나아.

강욱부 뭐 내가 뭐라구 했어?

강욱 …

S# 강욱의 방

강욱모 (자리 펴 마지막 손질하면서)푸욱 자라…날마다 여자들 얼굴 붙잡구 씨름하기 얼마나 고될껴….아부지 엄마 집여 자리 바꿨다 생 각말구 푹 자 응?

강욱 엄마…

강욱모 ?….왜..

강욱 죄송해요…저 장가 잘못들은 거 같죠.

강욱모 개가… 식구 단촐한데서 공주처럼 큰 애라 그런 거라구/(괜 찮아) 느이 아버지하구두 얘기 했어 그만하기두 쉽잖어…아 늙은 이들 불편하지이이…이해햐..

강욱 ……(입 꾹 다물고 안 보며)

강욱모 늙으면 쓸쓸한게 인생이라구… 느이 아버지 그러신다…그저 그런 거려니이 하구 살다 가면 되는 거구/느이나 잘 살어…느이 잘

살구 ..이담에 ..낭중에 자식 키워 시집 장개 보내구 나서…그때 느

이/ 아부지하구 내 마음 알게 될껴…

강욱   ….(엄마 보는)

강욱모   느이는 안 당할 줄 알어?

강욱   (끄덕이며)그렇겠지요..

강욱모   그래두 큰애는 그거는 안 그렇다…재미통머리 읎이 뚜우해

서 그렇지 그래두 그건 한결같어…어떻게 보면 좋은 건지 싫은 건

지 내애 그런 사람이 난 거두 같어…어쨌든 걔네 집에 가서는 내집

모양 편하기는 하니까.

강욱   형수님, 좋은 사람이에요 잘해 주세요..

강욱모   아이구 핸결 나졌어 얘. 느이 형 바람 한번 피구 핸결 나졌

다? 쑴벅쑴벅 말두 곧잘하구 그랴 이저..

강욱   잘됐네요 (웃으며)

강욱모   자라.

강욱   예..

강욱모   (나가고)

강욱   ….(앉아 있다가 벌렁 눕는)……….(누워서)……….

S# 민경의 침실

민경   (전화 들고 있다가 조금 오르며 꽉 끊고 눕는다)…….(눈 뜬 채)

S# 지현의 침실

　　[종혁은 지현 안고 자고 있고]

지현   (안겨 눈 뜬 채…….멍하니)…..

S# 민경의 침실

민경   …..(얼어나 앉아서)…

68

S# 강욱의 친가 방

강욱 (일어나 앉아 무겁게 담배 태우면서)……

S# 지현의 거실

지현 (어두운데/소파에 오도카니 앉아서)……

F.O

S# 정원

최회장 (나무들 살펴보면서)죽인 건 없구먼..다 살았어..

노여사 (같이 보면서)죽이기는 나무 죽였다가 최씨 죽을라구 죽여
요?....

최회장 꽃이 언제 피지?

노여사 언제 피나아 그러구 있는 동안 펴요.

최회장 언제 피나아아/안피는데.

노여사 아이구(소리 내어 웃는다)

지현 (차 쟁반 들고 나온다)....

노여사 (돌아보고)차 나왔어요 회장님.

최회장 으음.(부부 의자로)

지현 (찻잔 내놓는데)

최회장 니 남편은 뭐해.

지현 모르겠습니다.

노여사 종일 잔대요. 당신 나가시는 거 보구 잘려구 기다리구 있을
거에요..

최회장 (찻잔 들어 마시고)

지현 (돌아서는데)

S# 종혁의 방

종혁　(전화 받고 있다/테이블 의자에서)아냐 나 잠자는 날야. 건드리
　　　지 마. 언제/ 토요일에 하자. ·····이 자식 거머리같네··야 셋이 하면
　　　되잖아.나는 내키지 않는다니까?·····그래 임마 이쁜 마누라 엉덩이
　　　나 두드리면서 쉴란다···하하하 ········(듣다가)어이 그 녀석 정말 끈
　　　질기네·····알았어 임마. 몇시라구?···어디?··가까와서 좋다···그래
　　　알았어 끊어 나가께.

지현　(들어온다)

종혁　(테이블에서 일어서며)어 나 골프가야겠는데··갑자기 한 자리
　　　비었다구 자리 메꾸래. (나와서 지현 안으며)종일 당신하구 놀려구
　　　그랬는데 자식들 물귀신이네. (옆으로 당겨 쭉쭉 아무 데나 찍으며)
　　　미안해. 안 멀어. 저녁 전에 들어와 응?

지현　가방 챙겨야죠.

종혁　어 당신이 해 봐 어디. 코디를 얼마나 잘하나 보자.

지현　(가다가 돌아보며)당신이 해. 나 당신만큼 잘할 자신 없어.

종혁　(침실로)해 버릇해야 감각이 늘지 안해 버릇하면 영 못하게 된
　　　다···해 봐. 나는 옷 입을게.

지현　(장문 열어주며)옷 먼저 입어요·····뭐라 그럼 다시는 안 싸줄 거야.

종혁　(옷 입기 시작하면서)그래 알았어. 흠흠··

지현　····(보다가)내일 우리 아버지 생신이래.

종혁　?··그래?

지현　당연한 일을 이렇게 말하는 거 자존심 상하지만 /작년 생신 때
　　　두 바빠서 못갔으니까 내일은 꼭 가줬으면 해.

종혁　(바지 입으며)···어떡하지 어려울 거 같은데····

지현　···(보며)

종혁 아 이러면 되겠다. 운동 취소하구 지금 갔다 오자. 그럼 되는
      거지?

지현 취소할 수 있어?

종혁 할수 있어. (전화로 가며)당신 내려가 어머니께 말씀드리구 올
      라와 준비해.

지현 당신이 해‥

종혁 ‥(돌아보고)그래‥알았어.(나간다)

지현 (남편 나가는 것 보고 장으로 움직여 옷 꺼내는)‥

S# 민경의 거실

이모 (주방으로 움직이는 민경에게)기어이 안들어왔단 말야?

민경 안들어왔어.

이모 어디가 잤다는 거야 그럼.

민경 알 게 뭐야.

이모 외박이 웬말야 외박이‥큰일날 사람이네에?‥

민경 (커피 따르며)커피 마실래요?

이모 애 혹시 그 기집애 계속 만나구 있는 거 아니니?

민경 결혼해 잘 살구 있어요.엉뚱한 상상하지 말아요.

이모 (민경에게 다가가며)얘는 이렇게 물정에 어두워‥결혼했다구
      못 만나니? 너 요새 유부녀가 옛날 유부녀하구 같은 줄 알아? 남편
      은 남편 애인은 애인/ 그러구 사는 여자들 널렸다드라.

민경 더러겠지. 그런 여자가 널렸으면 세상 어떻게 되라구.

이모 어디서 잤지?

민경 쌔구 널린 게 호텔이에요‥호텔에서 잤거나 아니면 병원에서
      쭈그리구 잤거나 했겠죠.

이모 전화 여전히 불통이구?

민경 불통이에요. 커피나 마셔요··

이모 늬 엄마 알면 뒤루 쓰러지구 앰블란스 부를 일이다 이거. 너 아뭇소리 마. 자린고비 언니지만 그래두 지금 떠나보내구 싶지는 않어.

민경 유진이 잘 놀죠?

이모 낮에 자구 밤에 놀아서 그렇지 잘 논다··변두 괜찮구 먹기두 잘 먹구···민지가 데리구 나갔어··세상구경 시켜 준다구··

민경 어디를?

이모 아 잠깐 공원 가 앉았다 들어온다구 나갔어···

민경 먼지 많은데 앨 왜 데리구 나가··감기들면 어쩔려구.

이모 아 감기두 들구 그래가면서 크는 거야·· 너무 싸구 있으면 오히려 저항력없는 애 만들어.알지두 못하면서.

민경 감기라두 들어봐.우리 집에서 애 잘못 본 탓 할 거란 말야.

이모 너 뭐 수상쩍은 거 없니?··짚이는 거 없니?

S# 달리는 자동차 안

종혁 ·····(운전하며)공치기는 아주 끝내주는 날이다····

지현 ······(딴생각)

종혁 ·····(가만히 앉아 있는 지현 문득 돌아보며)뭐 생각하는 거야·····응?

지현 (돌아본다)

종혁 뭐 생각하느냐구.

지현 당신 집은 챙겨야할 생일이 서른 번이구 우리 집은 둘 뿐인데 우리 아버지 생신에 당신 데려가는 거두 왜 이렇게 황송해 해야 하나 그런 생각···

72

종혁　황송하니?

지현　그거두 그날두 아니구 편의따라 하루 전에 가는 건데…

종혁　바쁘잖아아.

지현　아버지 당신 마음에 들어하셨었어…구경하기 힘들다구 서운

　　해 하셔..

종혁　나두 장인어른 좋아…시간이 안나는 걸 어떡해.

지현　시간문제가 아니라 성의문제겠지..

종혁　평범한 샐러리맨이면 나두 잘하면서 살 수 있어.

지현　…(그만두고 만다)

종혁　반지 사줬다구 말씀드렸니?

지현　?(돌아본다)…아니.

종혁　왜 ..좋아하실 거 아냐..귀염받구 사는 거.

지현　내가 귀염받구 살아?

종혁　그럼 내가 얼마나 귀여워하는데

지현　나 애완동물야?

종혁　흠흠..

지현　그렇지이..당신 나 강아지 다루듯 할려 그러니까..

종혁　또오.(또 그런다)

지현　…..(심란하게 차창 밖으로 고개 돌리고)..

종혁　전화드렸어?

지현　아니.

종혁　해 그럼.

지현　(안 돌아보는 채)안할 거야.

종혁　..왜..

지현 우리 엄마 놀래서 집 치우느라구 난리 치구 뭐 먹이나 고민하구 그러는 거 안봐두 뻔해. 당신 때매 우리 식구 그러는 거 싫어‥

종혁 자존심 상해서?

지현 응‥

종혁 좌우간 특제 자존심이니까‥

지현 특제 자존심 찌그러든 양재기 됐는데 뭐‥‥

종혁 흠.흠.흠.흠‥

S# 목장 입구를 들어오고 있는 자동차…

S# 거실

    [벌써 점심상 차리려고 준비 중‥진이/초희/한수/]

엄마 (마루 바닥 두 손으로 짚고 앉아서)그러니까 아침 손님 점심 손님을 나누자구요‥한꺼번에 너무 많으면 우리가 골 빠지구 정신빠져요. 예?

지현부 아 한몫에 해치우구 쉬는 게 낫지/아침 치르구 점심 치르구 저녁 또 치르구 하루 왼종일 애들 죽어나잖어.

초희 (상 챙기며)그래두 즈이는 그게 나아요 아버님.

지현부 그게 나?

진이 네에 그게 나요 아버님.(하며 들어가고)

지현모 찬 음식은 차게 뜨거운 건 뜨겁게 그때그때 손 빠르게 대기두 낫구요. 뭣보다두 그릇두 제치루 맞추자면

지현부 (오버랩의 기분)살림을 몇십년을 했는데 그릇이 모자란 단 말야.

지현모 아 심심찮게 깨먹는 사람이 있잖아요.

지현부 누구야 누가 깨먹어.

초희   저요 아버님..으흐흐흐흐(하며 들어가고)

지태   (책 보고 있다가)어머니 하자는대루 하세요 아버지.

지현부   알었어 그럼 그렇게 해.

지현모   내내 그렇게 했는데 괜히 그러네.

지현부   아침에 한몫에 치르구 몇 시간이라두 쉬라구 그랬지…한수야 거기 니쪽에 상다리 좀 닦아라.

한수   네..

지태   한 몫에 치르면 손님두 섞이구 그렇잖아요 아버지?

지현부   그렇기는 해.(하는데)

지현   (들어서며)아버지.

지현부   ?

지현모   아이구 이게 누구야..애 (일어나 맞으며)너 날짜 잘못 안 거 아냐?

지현   아냐 엄마 내일인 줄 알아요..

초희   (주방에서 튀어나오며)하루 외박 허가 받아 나왔나봐 아가씨.

지현   그거 아니구 (아버지에게 가면서)그이가 내일 시간이 안된다구 해서..(아버지 옆에 앉아 아버지 안으며)미리 왔어요 아버지..괜찮죠?

지현   괜찮어 괜찮어.

지현모   (오버랩)그럼 최서방은 금년두 떼어먹는다는 거야?(하는데)

종혁   (양주 네 병 두 봉투에 넣어 들고 들어오면서)저 왔습니다 장인 어른.

지현부   ?

지현모   아이구/아이구 같이 온 거야?

종혁   네.그럼요…자주 찾아뵙지 못해 면목 없습니다.

지태   (어느 결에 일어나서)어서 와.

종혁   네 형님. (초희에게)안녕하십니까.

초희   반가와요 고모부··

종혁   (한수에게 손 내밀며)잘 있었어?

한수   (수줍어하며 손잡고)네 안녕하세요··

지현부   앉어 앉어··

종혁   네…(앉는)

지현모   아이구 오려거든 온다는 전화나 해주지 불쑥 이거 어떻게 우
        리끼리 먹는 찬에 멕여야하게 생겼으니 응? 집두 못 치워놓구 엉망
        인데 최서방 흉보잖아.

종혁   전화드리라 그러니까 안한대요.

지현모   왜애.

종혁   장모님 놀라서서 집 치우구 그러시는 거 자존심 상한대요.

지현모   그게 뭐가 그럴 일야 너는 원/

종혁   제가 이런 사람하구 살아요. 얼마나 애먹이는지 아세요?

지현모   (부엌으로 들어가며)이거 큰 일났네 뭐하구 멕여. 아 왜 그러
        구 섰어 빨리 들어와.(초희 데리고 아웃)

지현부   애 먹이니?

지현   애는 무슨…(아버지 팔 끼며 옆에 기대듯하면서)자기 애 먹이는
        거 알면 아버지 당장 살지 말라 그럴 거야.

지현부   (사위에게)애 먹여?

종혁   아니에요 전혀 안 그래요. 제가 얼마나 잘하는데요··

현식   (제 방에서 튀어나오며)고모부 오셨어요?(굽벅)

종혁   어 잘 있었니? 공부 잘해?

현식   (지현 옆에 붙어 앉으며)대충대충해요.

지현부   녀석 말하는 거 하구는

종혁 (오버랩)대충대충하면 안되지이.

현식 (오버랩)고모.

지현 그래.너 고모 온 거 알면서도 니 방에서 가만 있었던 거야?

현식 어른들 말씀하시라구 시간을 좀 드렸지요오오

지현 (소리 내어 웃으면서 현식 머리 흐트러뜨린다)

S# 주방

지현모 얘 너는 얼른 느이 둘 먹을 밥부터 새루 앉히구

진이 급할 거 없어요 어머님.

지현모 이걸 어떡하니..급한대루 청어 몇마리 굽자. 굽는 게 그래두
     찜보다 시간 안 걸리니까..

초희 네. 청어 꺼내…

지현모 그리구 뭐 있지? 왜 이렇게 정신이 없니 그리구 우리 뭐 있지?

초희 (쿡쿡 웃으며)재료는 잔뜩 있죠오오 시간이 없지요..

     E 밖에서 남자들 얘기하는 소리

S# 민경의 거실

민지 (소파에서 유진이 우유를 먹이고 있든지/…식탁 쪽 보며)

민경 (식탁에서 파출부 인터뷰하고 있다 마주 앉혀놓고)바깥 양반은 계
     세요?

여자 (사십 대)있으면 내가 왜 이러구 다니겠어요….

민경 그럼 어떻게 혼자 되신 거에요?

여자 병들어서 ..갔어요..

민경 애들은요..

여자 하나 고삼이구 둘째가 고일/ 아들만 둘이에요..

이모 (민경보다는 정스럽게)그럼 남편 돌아가시면서 곧장 이일로 뛰

어 들었나요?

여자   아니에요.장사한다구 몇 년 고생하다가 잘 안돼서…이제 오년
쯤 됐어요‥

민경   지금까지 대개 어떤 집 일 하셨어요?

여자   ?(무슨 뜻인지 몰라서)

이모   사는 게 어땠느냐는 뜻이에요…일하러 다닌 집/사는 수준이

여자   그거야 모두 잘 사는 집이지요‥

민경   먼저 집에서는 왜 그만 두었어요?

민지   그만 좀 해라.여기가 무슨 경찰서 같아.피의자 심문하는 거야?

이모   쟤는‥ 말을 해두 꼭/(여자에게)신경쓰지 말아요‥ 딴 집두 인터
뷰 이렇게들 하지요?

S# 현식의 방

초희   어이구우우…(소리 높이지 말고 빗쭉)뭐 그렇게 길게 했다구 그
양반 참 까다롭기두 하네.그런 건 모르구 나는 뻔때없다 그랬네…

지현   (같이 찻잔 들고)할려다 못한 얘기가 뭐에요?

초희   ……무슨 얘기였지?…

지현   뭐 오빠 얘기하려다

초희   아 맞어요…으ㅎㅎㅎㅎ 오빠가 있잖아요‥고모부 회사 이사루
가면서 얼마나 좋아졌는지 몰라요‥

지현   그래요?

초희   네‥야금야금 좋아지기 시작하더니 이제는 아주 많이 좋아졌
어요.전하구는 딴 사람 같아요.그러니까 그게‥남자들은 직장에
서 제대로 안 풀리면 스트레스가 많은 가봐요.

지현   많겠죠오.

초희 회사에서두 사장 처남이라구 대우해 주구 그렇겠죠 말은 안하
　　지만.

지현 그럼 언니 복수해 줄 일은 없겠네요.

초희 지금처럼만 나가면 복수할 필요 없죠 뭐 호호호호호(괜히 웃는)

지현 ……(보며 미소)

초희 그러니까 사람이 다 살게 마련이에요 그렇죠? 봐요 아가씨 그
　　집으루 가기 잘했지.누이 좋구 매부 좋구 다 좋잖아요‥

　　E　노크하고

지태 (문 열고)뭐해.

초희 당신 흉보구 있어요 왜요.

지태 (들어와 문 닫고 조용히)최서방 데리구 가라‥자꾸 시계 본다.

초희 어머 벌써?

지현 (일어나며)갈 때 됐어요…가면 세시 넘는데‥곧 저녁 때 되잖
　　아요.

초희 저녁 때 되면 뭐 아가씨가 밥해요?

지태 밥 안해두 며느리가 있어야지.

지현 (앞서 나가는)

초희 금방 숟가락 놨는데

S#　마루

지태 (지현 앞세우고 나오면서)최서방 그만 일어나지…지루한 모양
　　인데‥

종혁 아니 그렇지 않습니다.

지태 일어나 자리두 불편하구 그럴 거야‥ 일어나라구 하세요‥

지현부 그래…(하며 딸 보며 일어난다)우리 집 최서방은 불편할 거야.

종혁　그렇지 않다니까요.

지현부　(오버랩의 기분)여보오.최서방 가 나와 봐. 현식이두 나와라.현
　　식아.

현식　E 네에/(대답은 안방에서 하고 나온다)

지현부　고모부 간댄다.인사 해야지.

현식　네 안녕히 가세요 고모부.

종혁　그래.

지현부　(오버랩/손자 건드리며)인석아 조금 있다가아‥

종혁　(조금 웃고)

지현모　(부엌에서 나온다/진이도 함께)왜 벌써 일어나 약밥 조금 찌는
　　데 먹구 가지 응?

S# **목장 빠져나가는 자동차**

S# **꽁무니 보고 있는 아버지와 엄마 한수…**

S# **자동차 사라지고**

S# **마당**

지현부　내 친구들 사위 본다구 벼르구 있는데 사위 대신 사위가 갖구
　　온 양주루 때워야겠네‥

지현모　그러니까 보통 사위가 백번 낫다니까요‥(집으로 돌아서며)

지현부　별수 없지 뭐.물를 수두 없는 거구‥(사슴 쪽으로)

한수　(따르는)

S# **목장 근처를 달리는 차 안**

종혁　…어떠니 다녀갈 때 마다 서운한 거야? 나는 친정이 없으니까 몰
　　라. 여자들한테 친정 대단한 거라면서‥

지현　(돌아보며)시계 봤어?

종혁   ? 무슨 소리야.

지현   당신 자꾸 시계본다구 오빠가 서둔 거야.

종혁   ....아아 습관이야... 못마땅해?

지현   처갓집 가면 시계만 보는 남편 좋을 여자 없을 거야...

종혁   습관야 습관..

지현   ...다른 집 딸들은 아버지 생신날이면...아침 일찌감치 가서 친
정식구들하구 같이 하루 종일 손님 치르구 그래...

종혁   ....(돌아보는)

지현   손님처럼 뺏죽 가 얼굴 구경만 잠깐 시키구....죄송해 죽겠어
그냥...

종혁   점심 같이 했으면 됐잖아.

지현   ?..(잠깐 돌아보고 그만둔다)

종혁   (하품 하면서)어어 졸리다...잘 작정한날이라 그러니 왜 이렇게
졸린 거야....

지현   .....(잠깐 보고 도로 앞으로 고개 돌렸다가).....(앞 보다가 고개 남편
에게 돌리며)그럼 운전 내가 해요?

종혁   ?...괜찮아..얘기해. 자꾸 말시켜..그럼 돼..

지현   ....차 마시는 거....작업실 애들 불러내서 하면 안돼?

종혁   .....(돌아보는)꼭 하구 싶어?

지현   ....(보다가)아냐 그만 둬요..들어가 잠이나 자요.

종혁   그래 봐줘...자구 싶어...

지현   .....

S# 성북동 침실

종혁   (침대로 펄썩 엎어지면서)야아아 좀 자자..졸려서 죽는 줄 알았

네‥저녁 먹을 때까지 무슨 일이 있어두 나 깨게 하지 마‥

지현   ‥‥(옷 갈아입으며)‥‥‥

S# 거실

노여사   (티브이 켜놓고 있다)

지현   (내려와서 주방으로 가는데)

노여사   그래‥가서 뵙구 오니까 좀 낫니?

지현   네 어머님‥‥‥(하고 있다 말 없으니까 다시 돌아서는데)

노여사   옛날에‥‥

지현   (돌아보는)

노여사   회장님 한창 사업 일구시느라 정신없이 바쁠 때‥‥‥내 친정에
        무슨 일있는 거 조용히 나혼자 소리소문 없이 챙기구 말었지 말씀
        안 드렸었다‥

지현   ‥‥‥(보는 위에)

노여사   E 내조라는 게 그런 거야‥‥바깥일 하는 사람 되도록이면 집
        안 일에 신경 안쓰도록

노여사   막아 애껴주는 거‥‥‥내일 너혼자 가만히 다녀와두 될걸 일
        어떻게 하는 앤지 뻔히 알면서 쯔쯔쯔쯔

지현   ‥‥‥‥

S# 아파트 거실

민경   ‥‥‥(앉아 있다가 혹시나/문득 불끈 일어나 서재로)

S# 서재

민경   (들어와서 강욱의 컴퓨터 켜고)‥‥‥

        [이메일로 들어가는 화면/]

        [클릭/ 클릭/]

[마지막 편지…]

민경 ….(화면 보다가 빠져나가는 조작하고 컴퓨터 끄고 나간다)

S# 거실

민경 (나오는데)

　　　E 현관문 소리

강욱 (들어온다)……

민경 ……(보는)

강욱 (말없이 침실로)

민경 ……(보다가 움직인다)

S# 침실

민경 (들어와 보고)

강욱 (옷 벗고 있다/제 손으로 걸면서)

민경 놔둬 털어서 걸어야지.

강욱 (그대로 걸고)…

민경 어디 갔었어…

강욱 …….

민경 사람 골탕 먹이는 방법두 여러 가지다…전화는 죽여놓구 작정
　　　한 거야?

강욱 ……

민경 그래 그만큼 골탕 먹였으면 됐어. 이제 그만하구 원상으루 돌
　　　아가자.

강욱 ……

민경 시간제 아줌마 인터뷰해서 결정했어.(강욱 돌아본다)이번에는
　　　괜찮을 거 같아.

강욱   붙박이 구하랬지.

민경   붙박이 없어.사람이 있어야 구하지.

강욱   구할려구는 했구?

민경   그래애‥

강욱   ‥‥(도로 움직이는)

민경   병원에서 잤어?

강욱   니 푸대접받는 우리 엄마 아버지 가여워서 집에 갔어.

민경   ?…푸대접은 누가

강욱   (오버랩의 기분)꼭 말로 해야 푸대접이야?사람한테는 눈치라
는 게 있구 엄마 아버지두 다 아시드라.

민경   ?…내가 언제.

강욱   너 우리 엄마 아버지 오시면 빨리 가셨으면 하는 거 사실이잖
아‥아냐?

민경   ‥‥(보다가)그거야 우리 생활리듬이 깨지니까

강욱   뭐 대단한 생활리듬인데. 그거 며칠 깨지는 게 그렇게 큰일야?
그분들이 누군데‥내 부모님이야…그분들 없었으면 나두 없었구
내가 아니면 너 그분들 볼일두 없어.

민경   ‥‥(할 말도 없고 김도 새지만)잘못했어. 어머니 오시게 하자는
거 반대한 거에 너 김샌 거 알겠어.우리 엄마랑 이모한테 야단 맞
았어‥

강욱   ‥‥(그냥 나간다)

민경   ?‥‥

S# 거실 주방

강욱   (나와서 오렌지 주스 꺼내 따르는데)

민경　(나오며)그래서 안녕하셔?좋아하셨겠네.점심은 먹었어?안

　　먹었으면 차려주까?

강욱　(마시고 컵 싱크대에 놓고 움직이는)

민경　(좀 날카로워져서)사과했잖아!

강욱　?(돌아보는)

민경　이제 그만 좀 해. 싫증난다 정말.

강욱　‥‥(보다가)피차 일반야…

민경　?…

강욱　(서재로 들어가버린다)

민경　……(서재 보며)

S# 서재

강욱　(들어와 의자에 앉으면서 읽을 책들 골라 놓는)‥‥‥(그러다가 일어

　　나 문 열고)유진이 데리구 와. 갈 수 없으면 데려다 달라구 그래.

S# 거실

민경　(앉아서)여태 있다가 간지 얼마 안됐어/(서재 쪽에 대고)

강욱　(나와서)내가 보구 싶어서 그래…

민경　그럼 자기가 가서 데리구 와.

강욱　그집에 가기 싫어. 니가 데리구 와.(하고 들어간다)

민경　?…….

S# 주방

지현　…(서 있는데)

최회장　(낮에 골프 친 얘기)이게 번번이 윤회장 보다 이삼십 야드 씩

　　떨어진단 말야…여엉 언짢아서 말야..

종혁　잘 안되는 날이 있어요.

최회장 다행히 숏게임으로 간신히 체면유지는 했지. 대신 어프로치 퍼팅은 쓸만하더라.이삼미터에 딱딱 붙여서 투퍼팅 이상은 안했으니까.

종혁 아직 퍼팅 제대로 하세요?

최회장 심장 하구 혈압 문제 있는 사람 안 끼면 제대루 하지··거 윤회장 무슨 까닥으루 갑자기 거리가 그렇게 늘었나 모르겠단 말야···스윙은 좋아두 거리는 나보다 안났거든?

종혁 아버님이 잘 안되셨겠죠.

최회장 아이언은 그런대루 쓸만했어. 탁탁 잘 떨어지더라구.

종혁 그럼 스코어 좋으셨겠네요··어프로치 퍼팅 좋으셨구 하니까.

최회장 음 다섯 개 치구 왔어··

종혁 아이구 그렇게요?

노여사 원 무슨 얘긴지 외국말 듣는 거 같네···

최회장 들을려구 애쓰지 말구 밥이나 먹어.(하다가 문득 돌아보며)너는 왜 그러구 섰어.면제해 준 거 아니야?

노여사 새벽 시중이죠오··이제 금방 저녁 먹어야 하는데요 뭐 내버려 두세요···여기 나물 좀 새로 내라··

지현 네 어머님.

S# 민경 거실

이모 (보행기 유진에게 딸랑이 흔들어주며 이 소리 저 소리 제 마음대로)

서여사 (탁 깔아서 한껏 교양 있게)남자가 돼서 서운하지 않다면 그것두 정상은 아니야··그렇지만 형편상 부득이할 때는 별 수 없지 어떡해···그만한 것 쯤은 이해하구 넘어가 줘야 그게 부부지.

강욱 ·····

86

서여사 그 일루 뭘 그렇게 길게 골을 내구 나가서는 늦도록 안 들어오구 그래.

이모 (입 만으로)어이구 외박했네 외박‥

서여사 그러면 에미 마음두 불편하구 또 나두 불편하구 그래‥마음 풀어 응?

강욱 ‥‥

서여사 미안하게 됐네‥‥저는 망설이는 거 내가 권했어.

강욱 ‥‥(시선 내린 채)

서여사 너 잘못했다구 했지.

민경 했어요.

서여사 잘못했다면 그만이지 뭐‥‥

강욱 ‥‥‥

S# 아파트 밖

　　[나오면서]

이모 웬일로 그렇게 노골노골 보드랍게 그러우?

서여사 아무 때나 왈왈거려? 덧들려 놔 내 자식 덤테기 쓸까봐 달랬어 왜‥

이모 어이구 돈 버는 머리만 쓰는줄 알았더니.

서여사 이눔으 증권때매 속 끓어 죽겠다 증말‥(집 쪽으로 걸으며)

이모 다 털구 말라니까아?

서여사 털긴 어떻게 털어‥반 토막 난 걸 털어?

이모 아 그동안 먹은 거 있잖어어. 더하기 빼기 하구 말라구‥‥

서여사 더하기 빼기 본전할래믄 그걸 왜 해.

S# 거실

강욱 (아이 안고)잘 지냈어?..아빠는 청주 할아버지댁에 갔다 왔거
든? 할아버지가 너 안 데려왔다구 섭섭해 하시더라…우리 유진이
아니면 아빠는 반갑지두 않으시대.

민경 (차 쟁반 갖고 와 놓으며)아버님이 그러셔?

강욱 할머니가 너 많이 컸나 물으시는데 사실/ 컸나 안 컸나 모르는
데 그냥 기쁘게 해드릴려구 많이 컸다 그랬지..

민경 (찻잔 다 놓고 앉으며)백일 때보다는 컸지이이. 차 마셔..

강욱 아빠 안 보구 싶었어? 보구 싶었지 유진아..

민경 …….(보며/자기 말 묵살하는 거)

강욱 (아이 안고 일어난다)유진이 아빠랑 책 보자아아..공부하자 우
리….(침실로)

민경 …….(보며)

S# 침실

강욱 (들어와서 아이 침대 옆에 있던 아주 갓난애용 그림책 들고 침대로
올라서 앉아 아이 앞에 안고 그림책 넘기며 첫 장부터 그림대로 말해주
는……)

민경 ……..(들어와서 보다가)……….(가운 벗고 침대로 올라가 끼어들려
고)유진이 아빠랑 공부하니까 좋으니? 좋아?(애기 만지며)

강욱 (아무 상관없이 계속하는)…….

민경 …….(강욱 보며)

S# 거실

노여사 (앉아서 티브이 보고 있는)….

지현 (주방에서 나와서 노여사 옆으로)저 시키실 일 없으시면 올라가
겠어요 어머님.

노여사 뭐 일이 많았니?

지현 ?…(알면서 왜)저기…내일 점심에 양로원에 보낼 김밥 재료 좀 손질하느라구요‥

노여사 그건 제천댁하구 미스 장한테 맡겨두 되는 눔으 걸…테레비 안 볼래?

지현 (조금 웃으며)그냥 올라가겠어요.

노여사 너는 어떻게 테레비 일 하던 애가 테레비 보는 걸 안 즐기는 지 모르겠다.

지현 네에‥(애매하게)

노여사 보기 싫어두 어른이 얘기하면 같이 앉아 좀 봐주구 그러는 거야…다른 집은 며느리하구 같이 연속극 보면서 이런 얘기 저런 얘기두 하구 그런다는데 이건 원.(아무렇지도 않게)

지현 네 그럼 보겠습니다.

노여사 관둬라 옆구리 찔러 절 받기 나두 싫다 올라가.올라가서 쉬어.

지현 ……

노여사 올라가라구‥

지현 …그럼 안녕히 주무세요‥

노여사 오냐‥너두 잘 자거라…

지현 ……(계단으로)

S# 거실 침실

지현 (들어오면서 목이 뻣뻣한/움직이며 뒤로 한껏 제쳤다가 풀면서 쓰러지듯 소파에 앉으며 얼굴은 멍한 채 한 손으로 다리 알통 주무른다) ……(한동안 그러고 있다가 일어나 침실로)

S# 침실

지현   (들어와 보면)

종혁   (물론 자고 있고)

지현   (잠옷 챙겨 들고 욕실로 맥없이 들어간다)

S# 욕실

지현   (들어와 잠옷 변기 뚜껑 위에 아무렇게나 놓고 욕실 바닥에 책상 다
리 하면서 퍼질러 앉아서).........(하염없이 그대로 있다가 문득 일어나
나간다)

S# 침실

지현   (나와서 장문 열고 핸드백 꺼내 들고 욕실 문 여는데)

종혁   (뒤척이며)왜 이렇게 들락날락 해애애애.

지현   ?..미안해요…씻으려구.

종혁   ......

지현   (들어가고)

S# 욕실

지현   (들어와 바닥에 철푸덕 앉으며 전화 꺼내다가 문득 반지함도 꺼낸
다…함께 보다가 반지함은 도로 넣고 단축 번호 누르는)....

　　　E 벨 가는 소리.

유자   F 네 소유자 나현경 작업실입니다..

지현   (소리 좀 낮춰서)아직 안 자지?

유자   F 자기는 야 올빼미들이 지금 잘 시간이니? 현경이 바꿔주께.
현경아(고개 돌리고)

현경   F 안녕 일요일인데두 니 신랑 아직 안 들어왔니?

지현   (눈물 나려 하면서)아냐. 지금 자…그냥 늬들 목소리 듣구 싶어서.

S# 작업실

현경　너 또 목욕탕에서 숨죽였구나.

지현　F 맞어 한 사람 자니까‥내가 이렇게 살어 현경아.

현경　뭐 생색낼 거 없어 야.다른 여자들두 남편 자는데 전화할려면 그 정도는 조심할 거야…자는 사람 방해 안하는 건 기본아냐?

지현　F 그래 니 말이 맞어…그런데 현경아 나 너무 재미없다?(거의 울먹)

현경　……

지현　F 너 말하지 마 나혼자 지껄일게‥

현경　알았어 해.

S# 욕실

지현　있지….있잖어…그만두자…넋두리는 해서 뭐하니…그만둘 래.(손끝으로 뺨에 흐르는 눈물 밀어내듯 닦으면서)끊으께…방해해서 미안해…일 해.(끊는다)

S# 작업실

현경　(잠깐 유자 보고)뭐 잘되는 거 없어. 유자만 드라마 쓸려구 태어난 애구 나는 별볼일야….응…응 그래 그럼 잘자 안녕(끊는다)

유자　(두드리다 돌아보며)뭘 해?

현경　(제자리로 가며)뭘 해.누가.

유자　너 지현이 보고 하라 그랬잖어.뭘 하라 그런 거야?

현경　말하라구.

유자　무슨 말.

현경　그냥 말.

유자　너 이상해.

현경　뭐가요 소선생님

유자　무슨 말 하라 그런 거냐구…

현경　그냥 말/말 몰라 너?

유자　너 전화들구 가만 있었지. 그동안 지현이 무슨 말 했냐 말야.

현경　별 얘기 안했어. 어으 증말

유자　암튼 너 전화하는 거 이상했어…너 가만 있는 동안 지현이 무
　　슨 말인가 했구 너 마지막 말은 나 때문에 적당히 얼버무린 거야.

현경　족집개네……소름끼친다…

유자　행복하지 않대?

현경　?

유자　힘들대?

현경　힘은 들지 왜 안들겠니. 그런 집에 들어가 며느리 노릇하기 너
　　는 안 힘들 거 같니?

유자　나?…흐흥 나는 유능하게 잘 해치우지..

현경　(입 벌리고 보는)

유자　재산이 얼마니 간빼구 쓸개 빼구 필요하다면 창자까지 다 빼
　　구 몸바쳐 뛰는 거야. 인생사 공짜가 어딨니 지현이한테 깽깽거리
　　지 말라 그래..힘 든 거 없이 그 재산 어떻게 물려 받아.

현경　걔 재산보구 간 거 아냐 애.

유자　사랑해서 간 거두 아니잖아. 그러니까 더구나 재산이라두 확
　　실히 붙잡아야지.

현경　너같은 속물이 어떻게 글은 잘쓰는지 정말 불가사의다.

유자　속물이라 그러는 거 아니구 현실감각이 뛰어나다 그러는 거야.

현경　헝(콧방귀)웃기지 마. 작가는 작품이 말해. 니 드라마에 속물근
　　성 나는 정말 싫어. 웃기게 그게 멕히는 게 한심하지만.

유자   ?····뭐가 속물 근성이라는 거야 너.

S# 욕실

지현   (욕조에 들어앉아서 쿨쩍쿨쩍 아이처럼 울고 있다)·······

F.O

S# 성북동 주방(아침)

[미스장과 제천댁과 아침 먹고 있는 중···]

지현   (수저 놓으면서)나 먼저 일어날께요.

제천댁   아 왜 그것만 들구 마세요··

지현   안 먹히네요··

제천댁   뭐 먹구 싶은 거 있으면 얘기해요. 솜씨는 없어두 내가 만들
어 줄께요. 잘 먹어야 튼튼한 애기 나와요오.

지현   (웃으며)생각나면요··먼저 일어날께요.미스장 많이 먹어.

미스장   네···

지현   (일어난다)

S# 거실

지현   ···(나와서 보면 시모 없다)···(계단으로)

S# 이 층 거실/침실

지현   (들어와서 거실 전화 찍는다)

E 벨 가는 소리

지현모   F 네에 목장입니다.

지현   엄마 저에요. 아직 손님들 안 오셨죠.

S# 안방

지현모   엉 이제 오시기 시작해. 느 아부지 들어와 옷 갈아입는 중이
야··왜.

지현 F 아버지 좀…

지현모 받어요.

지현부 나?

지현모 바꾸래요.

지현부 엉 아부지다.

S# 지현의 거실/침실

지현 생신 축하드려요 아버지.

지현부 F ㅎㅎㅎㅎ 그래. 나는 누구보다 니 인사가 제일 기뻐.

지현 (목이 메이면서)죄송해요.오늘 가야하는 건데…

지현부 F 아냐아냐 괜찮아. 어제 왔다 갔잖아 됐어 이 자식아.

지현 술 너무 많이 들지 마세요. 오늘은 아버지가 주인공인데 주인
　　 공이 취하면 다른 손님대접 제대로 못해요 아셨죠?

지현부 F 그래 이놈아 알았어. 걱정 말고 있어. 너 시키는대로 할게.

지현 네 그럼 아버지 바쁘실테니까 그만 들어가세요.안녕히 계세요.

지현부 F 어 들어가.

지현 (오버랩의 기분)아버지 나 또 언제 아버지 볼지 몰라‥

지현부 F ‥상관없어.니 사진 있잖아 그거 보면 돼.

지현 (그냥 끊어버리면서 입 꽉 다물고 전화 끊은 채 그대로)‥‥‥

　　　 E 전화벨

지현 ‥‥(수습하고 아무렇지도 않게 받는)네에‥

현경 F 어 애 나야. 올라와 있을 시간이라.괜찮니?

지현 괜찮아.

현경 F 즈 집에가구 지금 유자 없어. 너 무슨 일 있니?‥‥웅?

지현 아냐 별일없어 맨날 똑같지 뭐.

94

현경　F 맨날 똑같은데 왜 그래.

S# 작업실

현경　나 어제 세시까지 못잤어 얘 /

지현　.....

현경　너 나한테두 다 말 안하는 거 있지.

지현　F …그래··있어.(한숨 쉬듯) 보도관제잖아··그리구. 너하구 길게
　　　얘기할 시간두 없잖아.

현경　…

S# 지현의 거실

지현　또··말하면 뭐해··말 하기두 싫어…아무튼…나 왜 이렇게 처량
　　　하구 슬프니…죽겠어 현경아··(한 손 눈 덮으면서)몸은 몸대루 고달
　　　프구 정신적으로 편하냐 하면 그것두 아니구/나는 어떻게 쉬운 게
　　　이렇게 하나두 없니/그이두 쉬운 사람 절대 아니구 어머님두 무섭
　　　기만 하구 나 어떡해야할지 모르겠어 응응(급기야 울음 터지는데)

노여사　전화 끊어라.

지현　(정말 기겁을 하게 놀라서 돌아보며 자동적으로 뒷걸음질)

노여사　귀신본 거 같니?(상당히 불쾌한)

S# 작업실

노여사　F 이방에 귀신 나왔어?(이미 현경이도 얼어버렸고)

S# 지현의 거실/침실

노여사　(지현의 손에 있는 수화기 채트려 탁 놓으면서)누구야 누구한테
　　　하소연이 그렇게 애절한 거야.

지현　(후들후들 떨면서)잘못했습니다 어머님.

노여사　내 집안 얘기/너 힘든 얘기 내보내서 좋을 게 뭐 있다구 전화

붙잡구 울며불며 그 짓이야.

지현 죄송합니다. 정말 잘못했습니다.

노여사 이층에서 올라오면 바로 이방인데/방문두 없이 터진 데서 / 언제 누가 올라올지 모르는데 얼마나 교만하구 건방지면 내놓고 시에미 흉이야 흉이.

지현 (그저 후들후들 떨기만)....

노여사 살다살다 별일을 다 보겠구나 응? 말많은 세상에 말많은 너들여 그래두 봐줄 만큼 봐줘가며 하느라구 하는데/무서워? 내가 무섭게 군게 뭐가 있는데.

지현 그그그건요 어머님..어렵다는 말

노여사 (오버랩)어렵다는 말을 내가 무섭다로 잘못 들었다는 거니?

지현 그게 아니라

노여사 (오버랩)나중에 다시 정리 좀 하구 얘기하자. 나두 지금 감정이 상할대루 상했구 너두 놀랬을 테니 나중에 얘기하구/..종욱이 댁이 점심 모았다니까 그런 줄 알구 전화해 장소 알아갓구 나갔다와. 어디라구 들었는데 너한테 기함해 까먹어 생각 안나....알았니?

지현 네..알겠습니다.

노여사 .....(보다가 돌아서 나가는)

지현 ......(보면서 황당하기 짝이 없는)........(후들후들 떨리는 몸 두 팔로 감싸 안듯 하며 그 자리에 쪼그리고 앉는다).....

S# 대회의실

　　[직원 이삼십 명.]

종혁 사업계획을 만들 때는 공격적인 자세로/챌린지한다는 마음으로 만들어야 하고/그걸 달성하기 위해서 필요한 인적자원이나 물적자원을 구체적으로 생각한 다음에 수치화하세요.그 다음 그 계획이 성과를 올렸을 때 성과에 대한 보상을 /그러니까 분배를 어떻게 받고 싶은가도 팀내에서 구체적으로 논의가 돼야 합니다. 그리고 더 중요한 건

S# 지현의 침실 거실

지현　(먼저 상태 그대로)……

S# 작업실

현경　(두 손 머리칼 속에 쑤셔박고)………(있다가 두 주먹으로 제 머리통 때리는/왜 전화는 해갖고오오오오오)……(벌떡 일어나 물병 들어 병째 벌컥벌컥 마시고 내리며 발 구르는)아우 정말 어떡해애애애애

S# 지현의 주방··

지현　(제천댁과 미스장과/김밥 말고 있다. 재료들 산처럼/말아놓은 김밥/상당한 분량/)········

S# 강욱의 거실

　　M 애절한 바이올린

강욱　········(보행기에 집어넣은 아이 하염없이 바라보면서/바닥에서)········ [저쪽으로 인터뷰했던 아줌마 움직이고 있고······]

강욱　············(한참 동안 아이 보고 있다가··한 손으로 아이 머리 만져주는···쓸쓸한 미소)·····

　　E 전화벨

강욱　?····(전화 돌아보고 일어나 받는다)네에··

민경　F 아줌마 어때?

강욱　···뭐가···

S# 민경의 진찰실

민경   움직이는 거 보면 알잖아…잘 할 거 같아?

강욱   F 지금 거실야··대답하기 곤란해··

민경   이모 아직 안 오셨어?

강욱   F 아직··

S# 거실

민경   F 이모 가실 거야……점심 와서 먹을 거지?··칼국수하는데··

강욱   아냐 해결하구 들어갈게.

민경   F ·····

강욱   먹구 들어간다구··

민경   F 뭐 약속있어?

강욱   운동 가서 해결하구 들어간다구.

민경   F 알았어…이따 봐. 그럼. 우리는

강욱   (끊어버린다)

S# 민경의 진찰실

민경   (말하다 끊긴 전화 보면서)·········(천천히 전화 내려놓고)····

S# 거실

강욱   (도로 아이 앞에 앉으며 쌌나 안 쌌나 기저귀 체크하는)·····(아이 손
 잡아 올리고 손에 입 대면서)·····

     E 딩동··

강욱   (일어나며)제가 하께요 아주머니.

파출부   (움직이려다 말고)

강욱   (문 연다)

이모   (들어오며)잘잤어 유진 아빠?(날아가게)

강욱   예…

이모　화해하구?(작은 소리로 얼굴 들여다보듯 하며)

강욱　…(쓴 미소 안 보며)

이모　(가볍게 어깨 두드리며)잘했어.민경이는 혼 좀 나야 해…그게 클 때서부터 아주 독불장군인데가 있어요. 즈 엄마 닮은 데가 많아. 차제에 이서방 잘 혼내준 거야··저두 정신이 번쩍 들었을 걸 아마? 가끔 한번 씩은 정신나게 해줘가면서 살아야지 이서방 너무 맘 좋구 이해심 많아서 그냥 내애버려두면 어디까지 갈지 모르는 애니까 운전 잘 하라구 괜히.

강욱　네··

이모　아침은 먹었어? 민경이가 차려줬지?

강욱　네··

이모　아줌마 출근 몇시에 하셨어요?(아줌마 쪽으로 가며)

파출부　네…여덟시에 나왔는데요.

이모　잘했어요.출근 시간 어김없이 딱 지켜주세요.오분 늦구 십분 늦구 그런 거 하지 마세요. 이집 안주인이 봐서 알겠지만 아주 정확한 사람이거든요··그리구 첫째 더러운 걸 못봐. 행주는 하늘이 무너져두 매일 퇴근하기 전에 꼭 삶아놔야 하구요 냉장고 청소는 기본적으로 일주일에 한번은 천지개벽을 해도 하시구요?

이모　E (주방 쪽 보고 있는 강욱 위에)개스렌지두 언제나 새거처럼 닦아주세요. 그릇은 쓰고 놓였던 자리에 딱딱 놔주시구요?

S# 아파트 현관에서 나오고 있는 강욱……자동차 있는 곳으로 /차에 오른다.

S# 시내 한복판/막혀서 서 있는 강욱의 차 안…

강욱　……(앞 보면서)……

S# 헬스에서 뛰고 있는 강욱….

S# 샤워하는 강욱

S# 거실

지현 (차려 입고 내려오는)……(안방문 앞에서)….(망설이다가)어머님..

..저 다녀 오겠습니다………(기다리다가 돌아서는데)

노여사 (방문 열고 나온다)

지현 (되돌아서서 허리 굽히며)다녀 오겠습니다.

노여사 (좀 깔아서)김밥은 실었니?

지현 네 실었습니다..

노여사 깍듯하게 인사차리고 전달하고

지현 네…

노여사 애들이 무슨 소리를 하든 같이 장단은 맞추지 말고 손위답게
/품위있게 하구 들어와.점심 먹은 값 계산도 니가 하구…너 축하해
준다구 모이는 자리 만들어 준 것만도 고마우니까 밥은 나가 산다
구 해…그러는 게 손위 사람 도리야.

지현 알겠습니다.

노여사 점심 먹는 거 말구 또 다른 볼일 있니? 있으면 미리 얘기해.

지현 없습니다.

노여사 그럼 곧장 들어와.너하구 나 얘기 좀 해야겠다….

지현 알겠습니다..

노여사 어이 나가 봐라 그럼..시간 빠듯하다..

지현 그럼 다녀오겠습니다..(다시 목례하고 돌아서는데)

노여사 얘.

지현 (조금 깜짝놀라듯 돌아선다)네 어머님.

노여사 …..너 참 이상하다.왜 그렇게 놀래.사람 언짢게스리..

100

지현 ....

노여사 어깨 축 늘어뜨리지 말구 가쁘하게 끌어올려....구름 낀 얼굴 하지 말란 말야. 어린애가져 축하 받으러 나가는 애 얼굴이 그게 뭐야....

지현 ....

노여사 쯔쯔쯔쯔(안방으로 들어가고)

지현 ......(물끄러미 안방 문 보며)

S# 운전하고 있는 지현......

지현 ......(생각하다가 전화 핸즈프리로)....

S# 종혁의 사무실

직원 (서류 내밀며)조사결과가 나왔는데요 사장님.내용이 약간 변경 되었습니다.

종혁 ....(서류 잠깐 훑고)계약잔가? 지점장이?

직원 그렇습니다.

종혁 그런데 말야

E 전화벨

종혁 네에.

지현 F 나에요.

종혁 아 잠깐/잠깐 있어.증권전산이 다운돼서 우리가 피해 볼 때 보상규정이 있어?

직원 특별한 건 없습니다.

종혁 그럼 불평등하잖아.그거 문제 생긴다든데‥

직원 문제가 생기면 두시간 안에 복구

종혁 (오버랩)다른데두 다 그런가 알아봐.알아보구 생각을 해보자구. 됐어.(하고 전화로)어 말해.

지현 F 바빠요?

종혁 아냐 됐어 말 하라구.

지현 F 나 양로원에 김밥 전달하구 동서들하구 점심 먹으러 나가는
중이에요…

종혁 그래?좋은 일이군.

지현 F 그런데 아침에 안 좋은 일이 있었어요.

종혁 뭔데··

S# 지현의 차 안

지현 현경이 하구 전화하는데 ….나 어제 오늘 너무 처량하구 서글
퍼서 힘든다 그러면서 울었어……

종혁 F …그래서…

지현 올라오신줄도 모르구 어머님 무섭다 소리를 했는데

S# 종혁의 사무실

종혁 (김 팍 새고)

지현 F 어머님 얼마나 화를 내시는지

종혁 (오버랩)이거 봐. 그건 화 내시는 게 당연하잖아. 누구한테든
힘든다 소리 하지 말랬잖아. 그리구 더구나 집에서 그게 뭐야.어머
니 외출중두 아닌데/

S# 차 안

종혁 F 이 사람 어떻게 된 거 아냐?(화내는)

지현 (벌써 울먹)잘했다는 거 아냐··그렇지만 나두 누구 하나는 속말
할 사람 필요해··

종혁 F 나한테 해.차라리 나한테 하라구.

102

지현   어쨌든 ..어머님 ..당신까지 꾸중하실지두 몰라...알구 있으라구.

S# 종혁의 사무실

종혁   .....(이마 좀 만지고)알았어.....그런데 그건 당신이 잘못한 거야.. 알아?

지현   F 잘못했다구 했잖아.

종혁   영리한 여자가 이게 뭐가 영리한 거야.

지현   F 야단치지 마...야단 치는 거 질색야. 당신 야단치구

S# 차 안

지현   어머님 야단치시구 죽겠어 정말.(하고 끊어버린다)

S# 종혁의 사무실

종혁   .....(전화 놓아버리며)......(속이 상한다/담배 꺼내 무는)....

S# 병원 식당

민경   (들어오며)국수 넣었니?

간호사3   이선생님 아직 안나오셨다는데요?

민경   (식탁 위 휴지로 한 군데 닦으며)어 이선생 밖에서 먹는대. 준비 됐으면 국수 넣어.

간호사1   우리 솜씨가 맛이 갔나 왜 우리 선생님 계속 여기 점심 거부 하시죠?

민경   그게 아니라 요새 내가 미워졌거든.

간호사2   어머 싸우셨어요?

민경   응 안좋아.

간호사4   왜요오?(국수 흐트러뜨리며)

간호사1   뭣때매 싸우셨어요?

민경   이유까지 알려구 할 건 없어 어른들 일이야.식탁 누가 닦았니.

간호사2 저요.

민경 욕먹을 줄 알면서 저요 소리 그렇게 냉큼 한다는 건 날 깔본다는 뜻이지.

간호사2 (다른 간호사들은 웃고)어머 아니에요 선생님 어디 덜 닦인데 있어요?

민경 다시 닦아.물 끓니?

간호사1 아직 조금 더

민경 (벌써 돌아서며)그럼 다 되거든 불러.

둘쯤 네 선생님.

민경 (나간다)

S# 식당 방에서 나와 제 진찰실로 무겁게 움직이는……

S# 헬스에서 혼자 점심 먹고 있는 강욱……

S# 민경의 진찰실

민경 ……(진료 의자에 앉아서)………

S# 어느 호텔 주차장‥

지현 (자동차 주차하고 내리는)……

S# 호텔 건물로 움직이고 있는데…

송기자 E 어머 박지현씨.

지현 ?‥(보면)

송기자 (역시 주차하고 나오다가 지현을 본 것)안녕하세요 오랜만이에요.

지현 안녕하세요. 오랜만이네요‥

송기자 나 작업실에 자주가는데 운이 없어서 그런지 지현씨하군 영 안 만나지든데요?

지현 어쩌다 가니까요…

송기자　약속 있어요?

지현　네..동서들하구 점심..

송기자　그럼 가죠. 나두 여기 볼일 있어요. 지난 호 인터뷰한 탤런트
　하구 점심 먹기루 했거든요.

지현　(같이 움직이며)네에..책은 잘 돼요?

송기자　네.잘되는 편이에요. 지현씨두 도와주구 그러니까..

지현　도와주기는 뭘…(애매하게)

S#　**승강기 앞··**
　　[기다리고 있다가]

송기자　..아직 애기 없어요?

지현　…아직…그러네요..

송기자　이상하다 …(숫자판 올려다보며)허니문 베이비두 많든데..

지현　(애매하게 그냥 혼자 웃고)
　　[승강기 문 열리고 두 사람 탄다]

S#　**승강기 안**
　　[둘 다 승강기 숫자판 올려다보면서……한동안 있다가]

송기자　고단하세요?

지현　?….아뇨 왜요..

송기자　얼굴이 전만 못해요.

지현　아무래두 전에는 반은 날라리였으니까 (하다가 찡그린다)…

송기자　(지현은 못 보고)그렇죠.(숫자판 보며) 시집살이는 시집살이죠
　오(하며 지현 돌아본다)?

지현　(배 잡고 통증에 쭈그러든 얼굴)

송기자　왜 그래요.(놀라서)

지현   아니 아니에요··

　　[승강기 멈추고 송기자/잡고 내린다]

S# 승강기 앞··

지현   (몸이 반으로 접히는)···

송기자   지현씨··지현씨···

지현   나 병원 가야해요···나 병원에 좀 데려다줘요 송기자··

　　[다리로 쭈르르르 흐르고 있는 피]

송기자   ?··(기함을 하게 놀라고)····

S# 호텔 현관

　　[호텔 종업원 지현 감싸 안고 데리고 나오고]

　　[송기자 혼비백산을 해서 옆에 따르고]

송기자   (발 구르며)빨리빨리··빨리빨리.

　　[종업원에 의해서 급히 대어지는 송기자 자동차.]

송기자   (급히 운전대로)태우세요 빨리 태우세요.

　　[지현 태워지고]

S# 차 안

송기자   (벌써 운전대에서 뒤돌아보며)지현씨 출발해요···정신 놓지 말
　　아요.정신차려요 네?

지현   (울음 터지면서)이거 쓰면 안돼요 송기자··안돼요오오오오.

송기자   ·····(뭉클해서 보다가)걱정 말아요. 별 걱정 다해 진짜.(하고 출발
　　하며)

지현   ········(울며 아파하는)

S# 호텔 앞을 뜨는 송기자 자동차···

106

제25회

S# 호텔 현관

　　[호텔 종업원 지현 감싸 안고 데리고 나오고]

　　[송기자 혼비백산을 해서 옆에 따르고]

송기자　(발구르며)빨리빨리‥빨리빨리.

　　[종업원에 의해서 급히 대어지는 송기자 자동차.]

송기자　(급히 운전대로)태우세요 빨리 태우세요.

　　[지현 태워지고]

S# 차 안

송기자　(벌써 운전대에서 뒤돌아보며)지현씨 출발해요…정신 놓지 말
　아요.정신차려요 네?

지현　(울음 터지면서)이거 쓰면 안돼요 송기자‥안돼요오오오오.

송기자　……(뭉클해서 보다가)걱정 말아요. 별 걱정 다해 진짜.(하고 출발
　하며)

지현　……(울며 아파하는)

S# 호텔 앞을 뜨는 송기자 자동차…

S# 밀차에 실려서 수술실로 들어가고 있는 지현

　　[송기자 수술실로 들어가는 것 보고 급히 돌아선다.]

S# 공중전화

송기자　(기다리고 서 있는 사람들 대여섯/이내 몸 돌려 빠르게 나간다)

S# 병원 현관 앞

송기자　(나오면서 벌써 번호 찍는 중)….어 현경씨 나 송유선인데 박지
　　현씨 지금 병원에 들어왔어.가족한테 연락해야 하는데 나 연락처
　　몰라서 말야.

S# 작업실

현경　?(이미 놀라 있는)병원? 병원에 왜.(에서)

S# 사장실

종혁　(통화 중)저희가 우리 전략을 만들어 전략에 다라 모델 포트폴
　　리오를 구성합니다. 그럼 거기 맞춰서 조직적으로 매매가 이루어
　　지도록 할 거에요,그래서 회전율도 높지 않을 거고 안심하고 맡길
　　수 있을 겁니다.(하는데 여비서 메모 들고 들어와 내밀고/손으로 받아
　　서 보면서)네‥우리가 또 뭐가 있느냐 하면요 프리 코스탁같은 거
　　있잖아요. 그것도 처음 나왔을 때 모니터를 해서 좋은 물건 있을
　　때 거기 투자할 수 있는 기회도 드립니다. 예…예…예 안녕히 계십
　　시오.(전화 끊고 다른 전화 들어서)안녕하세요 현경씨…아니 괜찮아
　　요 얘기해요……(듣다가)?‥(자신도 모르게 벌떡 일어나지는)

S# 달리는 자동차 안의 종혁…

종혁　…‥(있다가 눈 감으며 기대는)‥

S# 산부인과 복도/간호사 대

종혁　(빠르게 나타나서)실례합니다. 박지현 환자 어떻게 됐습니까.

간호사 박지현 환자…(다른 간호사 돌아보며)박지현 환자 찾으시는
데요.

다른 간호사 아 그 환자 방금 수술실에서 나왔어요.920호실로 가보
세요.

종혁 (오버랩의 기분)어떻게 됐죠?

다른 간호사 …유산됐어요.

종혁 …..(잠깐 그대로 있다가 돌아선다)

S# 입원실(특실)

지현 (고개 옆으로 틀고 눈물만 흘리고 있고)

현경 (침대 옆에 의자 놓고 앉아 지현 손 잡고 보며)……

송기자 (저쪽 의자에 앉아 지현 쪽 보면서/지나치게 과장된 표정을 할 필
요는 없음)

종혁 (노크도 없이 들어온다)

현경 (벌떡 일어나며 보고)…

종혁 (뚜벅뚜벅 침대로 와서)……(지현 보며)

현경 …얘…(괜히 자신이 죄인이다)종혁씨 왔어…

지현 ……

종혁 현경씨 이 사람하구 둘이(할 얘기가 있다/하다가 송기자 본다)?…
…(얘가 왜 여기 있나)

송기자 송유선이에요.기억하세요?

종혁 네 기억합니다.

현경 송기자가 병원으로 데려왔어요 종혁씨.

종혁 그러셨어요? 감사합니다. 나 이 사람하구

현경 (오버랩)알았어요 비켜드릴께요. 송기자.

송기자 응··(하고 두 여자 나가고)·····

종혁 ·····(보다가 의자 조금 움직여 앉으며)어떻게 된 거야···

지현 ······

종혁 애들 와이프들하구 점심 먹는 스케줄 아니었어?···여기 왜 송
기자가 등장해. 송기자 만날 일 있었어?···뭣때매 만나. 병원까지
날랐다니 우리 아이 잘못된 거 이제 기사 돼 나오겠군.

지현 (오버랩)안쓴다구 약속했어.

종혁 그걸 어떻게 믿어.

지현 (고개 돌려보며)당신은 지금 그게 제일 중요한 문제야?

종혁 기자는 뭐하러 만나.

지현 일부러 만난 거 아니야. 약속 장소에서 우연히 만나 같은 엘레
베이터 탄 거 뿐이야.

종혁 그런데 어떻게 당신을 병원으로 날라.

지현 (반발)엘레베이터 안에서 그렇게 됐으니까·····송기자 구경하라
구 부러 불렀는줄 알아?

종혁 ······그래 알았어.그럼 됐어··

지현 뭐가 됐는데···등신처럼 어린애 하나두 제대루 못낳구 놓치구
이러구 있는 사람한테 당신·····정말 무섭다····정말 무서운 사람들
이야···(하며 고개 돌린다)

종혁 ······(보다가)어떻게 된 거야····무슨 느낌 없었어? 잘못될려면
미리부터 무슨 느낌 같은 거 있었을 거 아냐····서둘러 조치 취했
으면

지현 (오버랩)그런 거 없었어···(울음 터뜨리며)아침에 기절하게 놀
라구···걱정 들으면서 덜덜덜 떤 거 밖에 잘못 없어······

종혁　……(보며)

지현　내가 등신이지 뭐…내가 등신이야아아아아…

종혁　……(보다가 손 잡아주는/입 꾹 다물고)…

S#　산부인과 여의사 진찰실(지난번에 나왔던 의사)

의사　정말 유감스럽네요…·안 그래두 습관성 될 수 있으니까 절대적
　　으로 조심해야 한다구 했었어요··

종혁　……(의사 안 보는 채)

의사　특별이 자궁이 약하다거나 문제가 있는 건 없거든요?

종혁　(보는)

의사　과로와 극심한 스트레스두 유산의 원인이 돼요. 혹시 심하게
　　스트레스 받는 일이 있나요?

종혁　아니 그런 거 없습니다…그저·· 아침에 좀 놀랄 일이 있었다는
　　데 그것두

의사　(오버랩)그럴 수 있어요. 그럴 수 있죠··

종혁　……

S#　입원실

노여사　(지현 내려다보면서)참…뭐라구 할말이 없구나…·····번번이 이
　　게 무슨 맥빠지는 일야 그래…이래 갖구 너 어디 손 있겠니?·····(돌
　　아서며)원 작은 집들은 시집 오자마자 쑥쑥 잘두만 낳드구먼/(잠
　　깐 돌아보며)그렇다구 개들 등치가 다 너보다 커서두 아니구 쯔쯔
　　쯔쯔쯔쯔·····에이구 쯔쯔쯔쯔쯔(소파에 앉으며)느이 아버님한테
　　뭐라구 말씀드려야하나 보통 걱정이 아니다…·이를 어쩌 그래·····

지현　……(한 손으로 눈 가리고)…

노여사　어이구우우우우

E 노크

노여사 네에 들어오세요.

S# 병실 밖

지현모 ?..(뒤에 남편 보며)사부인 목소리에요…

지현부 으응…(고개 떨어져서)

지현모 당신 들어오지 마세요…어디 휴게실 같은데 가 계세요.사부
인 가시면 찾으러 가께요..

지현부 (끄덕이며)그래..그렇게 해..(하고 돌아서고)

지현모 …(남편 조금 보다가 문 잡는다)

S# 입원실

지현모 (들어온다)….

노여사 ?…(일어서며)누구신가 했네요…

지현모 죄송합니다….뭐 뭐라구 드릴 말씀이 없습니다…

노여사 예에..참 나두..할말 없기는 피차 마찬가지네요…우리 회장
님이 얼마나 좋아하셨는데 아직 회장님께는 말씀두 못드리구 있
어요..

지현모 아유 참..속상해서…

노여사 이리 와 앉으시지요.(앉으며)

지현모 예에..(하고 딸에게 움직여서/야단치듯)조심하지이…조심을
했어야지이이이.

지현 (입 꽉 다물고 돌아누워버린다)

지현모 이렇게 걱정을 끼쳐드리면 어떡해 ….이런 불효가 어딨어 이
것아….(야단치는)

지현 ……

S# 입원실

지현 (자고 있고)……

지현모 (자는 딸 물끄러미 보면서)……(저절로 나오는 한숨)……

S# 강욱의 거실/현관

파출부 (문 열어주고)

강욱 (아이 안고 들어온다)

파출부 아이구 애기 왔네에?

강욱 네에. 유진이 왔어요…

민경 (뒤따라 들어오는)저녁 다 됐어요 아주머니?

파출부 네/차리기만 하면 돼요.

민경 그럼 빨리 차려주세요.(하고 들고 들어온 가방 식탁에 놓으며)우
    유병들 소독해 주세요.소독할 줄 아세요?

파출부 안 해 봤는데에……

강욱 (아이 보행기에 넣으며)제가 할테니까 아주머니 상 차리세요.

민경 그래 그럼 이선생이 좀 가르쳐 줘…(하고 침실로)

강욱 (주방으로 움직여서 가방에서 종일 먹은 젖병들 씻어놓는 것 꺼내
    소독기에 집어넣으며)어렵지 않아요. 집어넣고(스위치 넣으며)이렇
    게 하면 돼요.

파출부 네에..

강욱 냄새가 좋은데요? 뭐 생선 조리구 있어요?

파출부 네 냉장고에 갈치가 있어서

강욱 아 좋지요..(웃어 보이고 침실로)

S# 침실

강욱 (들어오면)

민경 (옷 거의 다 갈아입은 상태)아줌마 어떨거 같애?

강욱 ·····(장문 여는)

민경 ?···대답 좀 해주라···뭉개지는 거두 한두 번이지 올른단 말야.

강욱 ····(옷 바꿔 입기 시작)

민경 ····(돌아보다가)외박까지 하구 왔음 됐잖아.

강욱 다 갈아 입었으면 나가. 나가서 저녁 먹을 준비나 해.

민경 말한마디 듣기 정말 힘들다 응?

강욱 ·····

민경 (핑 나가는)

강욱 ·····

S# 아파트 전경(밤)

S# 아파트 서재

강욱 ······(책 보고 있다)······

민경 (들어와서 제 책상에 앉으면서 보던 책 집어 들고 보던 페이지 펴면서)아줌마 음식 간이 좀 쎄.

강욱 ······

민경 짜게 먹어서 좋을 거 없어···쎄다 그럴려다가 이선생 또 내말 우습게 만들어 버릴 까봐 가만 있었어····이선생 없을 때 말 할 거야···

강욱 ····

민경 짜게 먹어 좋을 거 없어.

강욱 ······

민경 ?····나 말 못하는 사람하구 살아?

강욱 (책 들고 일어나 나간다)

민경 ?

114

S# 거실

강욱 (나와서 음악 넣고 소파에 앉아서 책 보는)........

S# 서재

민경 ....

S# 입원실

지현모 (링거 병 들고 화장실에서 지현과 같이 나오고 있는).....

　　　[침대로/링거 병 걸리고]

지현 (침대 위로 올라가 앉아서).....

지현모 누워.

지현 (안 보는 채 멍하니)허리 아파…

지현모 …….그럼 앉아 있어…뭐 주까…쥬스 줘?

지현 (고개 흔들고)…엄마 왜 그렇게 어머님 앞에서 쩔쩔매?

지현모 ?….뭐 잘한 게 있다구 그럼….쩔쩔매게 안 생겼어?

지현 …..

지현모 쩔쩔매게 안 생겼어?

지현 이번에 잘못된 건 어머님 책임이야.

지현모 ?

지현 그렇게 생각할 거야. 어머님이 너무 놀래켜서 잘못된 거란 말야.

지현모 무슨 얘기야 도대체가….응?….

S# 침실

강욱 (먼저 누워 등 돌리고 있는데)

민경 (올라와 누우며 강욱에게 팔 돌린다)

강욱 (팔 떼어놓는)…

민경 ?…….

S# 입원실

지현모 (소파에 앉아서 혼자 눈물 찍어내고 있다)……

지현 ……(자고 있고)

F.O

S# 병원 전경(오후)

S# 지현 입원실

지현 (시선 내리고 가만히)……

현경 ……(보다가)…지현아‥

지현 ….

현경 벙어리 된 거 아니면 말 좀 해 응?……

지현 …(그대로)할말이 없어‥

현경 ….(보다가 머리 만져주려 하는)

지현 (피한다)…

현경 ?(손 멈추고)….

지현 미안해…(안 보는 채 쓴웃음)

현경 ………(보다가)왜 혼자 있어. 엄마 바쁘시니?

지현 아냐‥ 보기 싫어서 들어가시라구 쫓았어…

현경 ……(보며)

지현 (문득 고개 들어 보며 바꿔서 조금 웃어 보이며)나 괜찮으니까 너 두 가주라….누구 있는 거 성가스러워….

현경 ……알았어 그래. 가주께.

지현 (끄덕이며)고마워.

현경 ……(보며)

지현 고맙다구‥(안 보는 채)

116

현경 알아들었다구 그래‥(하며 일어서며)아무 생각말구 그냥 쉬어…시어머니한테 쇼크먹어 그렇게 된 거 니 잘못 아냐. 기죽을 거 없어 뭐. 한 일주일 푸욱 있어. 집에 들어가봤자 병원만큼 안 편할 테니까 핑계 잡아 푸욱 있다 퇴원하라구.

지현 알았어‥

현경 나흘 째지.

지현 (끄덕이는)

현경 내일 오께.

지현 아냐 올 거 없어. 퇴원할 거야 오지 마.

현경 (보며)‥‥

지현 그리구‥(안 보는 채)송기자 자동차 시트/ 버려논 거‥나가서 물어준다 그래. 고마워 한다 는 말두 하구…

현경 알았어…

지현 설마 안 쓰겠지.

현경 걱정마 안 써.걔 괜찮은 애야 애.

지현 (끄덕이는)

현경 간다.

지현 응‥(하고 보며 웃는 듯)잘가…못나게 굴어서 미안해 현경아‥

현경 됐어 봐주께‥(하고 나간다)

지현 ‥‥‥(문 멍청하게 보다가 스르르 눕는)‥‥‥(천장 보면서)‥‥‥(있다가 휘익 돌아눕는)‥‥‥(돌아누워 눈 뜨고)‥‥‥(골똘하게 시선 한 군데 박고 있다가 다시 휘익 몸 뒤채어 돌아누우며 한 손으로 눈 가리는)‥‥‥(그대로 한동안 있다가 불끈 몸 일으켜 앉는)‥‥‥

S# 병원 로비를 빠른 걸음으로 나오고 있는 지현

S# 병원 앞

지현 (나와서 택시 잡아 탄다)

　　[뜨는 택시]

S# 택시 안

지현 (울음 터지기 직전 얼굴로 전화 찍고 있다)…

　　E 벨 가는 소리

S# 강욱의 진찰실

　　E 전화벨 소리(주머니의 핸드폰)

지현 (커피 따라 들고 테이블로 움직이다가 양복 상의 주머니에서 핸드폰

　　꺼내 받는다)

강욱 네 여보세요.

지현 F 보고 싶어요..보고 싶어..보고 싶어…

강욱 ?……

S# 환자 대기실

강욱 (상의 떼어 들고 급히 나오면서)저기 일곱 시 수술 환자 연락해서

　　스케줄 취소해 줘요.

간호사1 ?

강욱 갑자기 피치 못할 사정 생겨서 그런다구요.(계속 움직이며)

간호사1 선생님 그럼 언제루 조정해요.

강욱 (계속 움직이며)내일이나 모레나

간호사1 내일 모레 다 찼어요 선생님.(간호사2-해서 나와 1 옆에 서는)

강욱 다시 조정한다 그래요..(하며 뛰어나가고)

간호사2 무슨 일이에요?

간호사1 글쎄.수술 스케줄 펑크내실만큼 중요한 일이 뭐지?

S# 병원 주차장을 빠져나오고 있는 강욱의 차 안

강욱 ....

S# 양수리로 가는 길을 달리고 있는 강욱의 자동차

S# 운전하는 강욱

S# 양수리 그때 그 장소로 들어서고 있는 강욱의 차. 해 질 무렵

S# 차 안

강욱 (운전하다가 시선이 고정되는)

[전면 유리를 통해서 아주 저만큼에 오도카니 서서 자동차 쪽을 보고 있는 지현의 모습.]

강욱 ....(운전하면서)

[지현에게서 열 발자국쯤 떨어져 있는 곳에 차 세워지고]

강욱 (자동차에서 내려서 보는)......

지현 ....(보는)...

[누가 먼저라고 할 것 없이 두 사람 후욱 움직여 안아버린다...]

지현 (안으면서 울음 터지며)거절 안하구 나와줘 고마워요..고마와 요..흐으흑 흑.

강욱 ....(무슨 일이 생겼나..왜 이러나/안은 채 눈으로)

지현 (더 깊이 안아 붙으면서 눈 꼭 감고 작게)딴 생각 아무 것도 안했 어요..아무 것도 안해..안할래..안할테야...

강욱 ....(더 꼭 안으면서).......(눈 감는)...

[그대로 두 사람...]

S# 자동차 안...

강욱 ......(앞 보며)

지현 ....(앞 보며...뭔가 얼얼한 상태)

강욱   ……(돌아본다)….

지현   ….(그대로)

강욱   역시 ··나때문이요?

지현   (눈 감으며 뒤로 픽 기대며)아니에요…그런 거 아니에요….

강욱   …그럼

지현   (머리 일으키며 눈 뜨고 시선 내린 채 오버랩의 기분)그쪽 때문에 아니에요.그런 거 아니구 나 때문이니까…부담 가질 거 없어요··(시선 들어 앞 보며)나때문이에요··나 …나때문요…

강욱   ……(보며)…..

지현   (문득 돌아보며)이러면 안되는 거 알아요··

강욱   ….(보며)

지현   괴롭히는 거구 곤란하게 만든다는 거 알아요. 그렇지만

강욱   (오버랩)안 그래요··그렇지 않아요 지현씨…

지현   …..(보며)

강욱   그렇지 않아요··

지현   …..(보다가 울먹하게/고개 조금 옆으로 기울이며)따듯하게…..따듯하게 안아줘요….

강욱   (안고)….

지현   (안기고)…..(눈 감은 채)…잊지 않았어요··안 잊었어요…잊어버리려 애쓰면서 살았던 거지 잊은 거 아니에요··

강욱   ….(안고 눈이 헤매면서)…

지현   어떻게 돼두 상관없어.(혼잣소리처럼)보구 싶을 때 볼 거야…내 맘대루 할 거야…나 살구 싶은대루 살 거야.(더 달라붙듯)

강욱   (조금 떼어서 보는)….

지현 (보며).....

강욱 (꽉 안으면서)

S# 자동차…

S# 자동차 안

지현 (작게 가슴 찢어지게)미쳤대두 상관없어…당신/사랑해요··

강욱 (눈물 닦아주며)….내가 비겁했어요…내 잘못…내 잘못이요……

지현 ………(보며)

강욱 …..(눈 감으며 다시 안는다)……

S# 양수리에서 서울로 움직이고 있는 강욱의 자동차…

S# 차 안….

강욱 ….

지현 ……

강욱 (돌아보는)….

지현 …..(그대로)…

S# 서울 시내로 들어오고 있는 강욱의 자동차 안…(밤)

강욱 …..(운전하며)어디서 갈아 탈래요…

지현 (돌아보는)….

강욱 (앞 보며)집 까지는 못가니까

지현 (앞 보며 오버랩의 기분)집으로 안 가요…

강욱 (돌아보는)

지현 병원으로 가면 돼요….저 앞 로타리에서 우회전 하면 돼요…

강욱 어디 아파요?….

지현 …..(앞 보며)

강욱 아니면 누구 어른이 병원에 계세요?

지현 (앞 보며)아니에요…두 번째 아이가 또 잘못됐어요…

강욱 (돌아보는)?

지현 내가 병원에 있어요….

강욱 (앞으로 고개 돌리고)….

지현 내일 퇴원이에요…

강욱 어떡하다

지현 (시선 내리며)…잘하는 거 아무 것도 없잖아요….

강욱 (돌아보는)……(돌아보다가 앞으로 고개 돌리면서)…..

S# 병원 현관 앞으로 대어지는 자동차…(밤)

S# 차 안

지현 (안 보며 벨트 푸는 강욱에게)내리지 마세요….

강욱 (돌아보는)…

강욱 (내려서 현관으로 움직인다)

강욱 ……(보고 있는데)

  [뒷차 클랙슨··]

강욱 (잠깐 돌아보고 출발한다)

S# 로비

지현 …..(들어오고 있는)

S# 승강기 안

지현 ….(다른 환자/환자 가족들 속에 끼어서)….

S# 입원실 복도를 걸어오고 있는 지현…

S# 입원실

지현 (들어온다)…

종혁 (기다리고 있다가 돌아보는)…

지현   ….(잠깐 보고 옷장으로 움직이며)언제 왔어요.

종혁   방금….답답했니?…..어디 갔었는데..

지현   (겉옷 벗어 걸면서)그냥…바람 쐬었어요…….(옷장에서 떨어져 냉장
고로 움직이며)안 바빠요?

종혁   바빠…저녁 약속 있어..

지현   그런데 뭐하러 와요…

종혁   저녁은 어떡했어.

지현   못 먹었어요.

종혁   저녁 시간 지났잖아.

지현   (주스 마시면서)….

종혁   우기사한테 사보내께…

지현   (컵 놓으며)안 그래두 돼요…

종혁   기운 좀 나나부지…나갔다 들어오기두 하구..

지현   ….(침대로)…

종혁   장모님은..

지현   가시라구 했어요…엄마두 힘 들어요…

종혁   그래…..현경씨는

지현   (안 보는 채)다녀 갔어요…

종혁   ….(보다가 지현의 앞으로 가 서서) 나 봐….나 보라구..

지현   (본다)….

종혁   왜 내 얼굴 제대루 안 봐…병원 들어와서 계속 그러는 이유가
뭐야..

지현   (시선 피하면서)약속있다면서요.

종혁   (잡으며)당신 잘못 아니라구 했잖아…쇼크로 유산하는 일 많

다구 의사두 그랬잖아.

지현 (보며)내 잘못이라구 생각해서 그러는 게 아니에요.

종혁 그럼 왜 그래…

지현 그저…당신 보기가…반갑지가 않아요‥

종혁 (안는다)괜찮아…천천히 가지면 돼…아직 충분히 괜찮은 나이
니까 상관하지 마…다음에는 틀림없이 잘될 거야‥그렇게 생각해…

지현 ……(안겨서 눈 뜬 채)…

종혁 (떼고 보며)응?‥마음 쓰지 마…다음번에는 당신/…아이 갖자
마자 병원에 집어넣어 임신 초기 넘기도록 할 거야‥…의사하고 얘
기했어‥…

지현 ……(보며)

종혁 그럼 스트레스 받을 일/ 없고 병원에서 지켜주니까 훨씬 안심
이잖아. 잘못했어. 그랬어야 하는 건데 무신경했어.

지현 ……(보며)

종혁 (어깨 만지면서)혼자 자야겠다…내일 열 한시에 오께…퇴원해
서 집에서 하룻밤 자구 바로 당신 집으로가 한 일주일 쉬어…그렇
게 해주께 음?

지현 ……(보며)

종혁 간다…

지현 (끄덕인다/시선 내리고)‥

종혁 (나가는)

지현 ……(문 보고 있다가 소파 쪽으로 움직여서 앉으며)…………

    E 전화벨

지현 (전화 받는다)네에‥…네 먹었어요‥…(조금 찡그리면서)엄마 한심

한 얼굴로 왔다갔다 하는 거 너무 싫어서요.

S# 지현네 마루

지현부 이눔아 그거야 당연한 거지 너 그 지경에 그럼 늬 엄마 휘파람불구 있어? ….(저녁상 들어 내고 있는 중이다)….고단해 봤자 얼마나 고단하다구 그래…그래두 누구 한 사람은 있어야지 혼자서 어떡할려구 그래…사부인은 한번 들여다 보시구 발걸음두 안한다면서

지현모 사부인 안 오는게 나요..사람이 원 결혼 전하구 어쩜 그렇게 다를 수가 있어 그래…야단 맞을 짓을 하기는 했지만 그렇다구 어떻게 애를 흘릴 정도로 야단을 치냐 말야…

지현부 그럴 거 없어.그만둬….어 늬 어머니/팔이 안으루 굽어서 사부인 원망해 지금..그래 알었어…끊어..아뭇생각 말구 그저 잠이나 자…잠이 보약이다 그러구 자라구…그래..그래…(무겁게 끊으며)남의 집 며느리루 딸 보내 놓구/ 자식 자꾸 실패하는 거 어찌됐거나간에 면목없는 일이야.

지현모 어찌됐거나간에 면목없지요 누가 면목있대요?

지현부 그런데 왜 그래.

지현모 눈앞이 캄캄해지는 게 사시나무 떨리듯 와들와들 떨리는데 어떻게 기절을 안했는지 모르겠다 그럽디다…그러니 애가 온전하게 붙어 있어요?

지현부 ……

초희 (마루 걸레질하면서)저러다 아가씨 영 애기 못 낳는 거 아닐까 걱정돼요 어머니.

지현모 ?….(보다가)너는 거든다구 하는 소리/좀 생각있게 해….영 못

나면 어떡하라구 그런 소릴 해.

초희　그러니까요 어머니. 영 못나면 어떡하나 걱정이라니까요?

지현모　아이고오오(한숨 섞어)그만 두자. 너랑 무슨 벗을 하겠니..(일어나면서)차라리 눈감구 잠을 자지..

진이　(과일 쟁반 들고 나오며)어머니 과일드시구 들어가세요.

지현모　늬들이나 먹어..

초희　딸기 맛있어요 어머니.

지현모　(이미 들어가고 대답 없고)····

초희　어머님두 고단하시지요오···꼬박 사흘을 병원에 계셨으니 잠을 제대루 주무셨겠어요..애는 또 얼마나 터지셨구요···

지현부　(일어나며)그래..그럴 거야..

초희　아버님 딸기 안 드세요?

지현부　(밖으로 움직이며)생각없다···늬들 먹어···(나가고)

초희　(보다가)현식아 나와서 딸기 먹어..

현식　(방에서 튀어나오며)네에에에..

한수　(슬그머니 일어난다)

진이　어디가요?

한수　..(그냥 나가고)

S#　집 밖(밤)

한수　(나와서 보고)····

지현부　(우두커니 서서 담배 태우고 있는)·····

한수　(내려와 아버지 등 뒤에 서서)·······(보며)

두 사람　·······

S#　민경의 거실

[거실에 어린아이 놓아두고…]

민경 (혼자 밥 먹고 있다….강욱은 병원에서 급히 나갔다는 이후 행방묘연)……(수저 놓고 옆의 무선전화 들고 찍는다)

　　E F 전화벨 가는 소리…

S# 강욱의 진찰실‥

강욱 ….(마치 탈진한 사람처럼 의자에 구겨진 자세로)……

　　E 울리고 있는 전화벨…

강욱 ………(울리는 대로 내버려두었다가 일어나며／ 아무렇게나 등받이에 걸쳐두었던 상의 집어 들고 나간다)

S# 병원을 나서는 강욱…

S# 주차장으로 걷고 있는 강욱‥‥

S# 아파트 거실

민경 (아이가 떨어트린 장난감 집어 주고)……(아이 보다가 머리 흐트러 주며 조금 웃고 보던 책 다시 보는데)…

　　E 현관의 기척.

민경 (돌아보면)

강욱 (들어와서 침실로 들어가는)

민경 ……(보고 있다가 책 놓고 일어난다)‥

S# 침실

강욱 ……(옷 벗어 걸고 있다)

민경 (들어오며)무슨 일야‥(따지는 건 아니고)수술 캔슬하구 나갈만큼 무슨／그 만큼 중요한 일 있었어?…

강욱 ……(그냥 움직이는)

민경 …핸드폰 안되드라…꺼놨었니?

강욱   아니 몰라…

민경   무슨 일야…

강욱   ….

민경   응?

강욱   아무 일 아냐…… 수술하기 지겨워서 나갔었어.

민경   ……의사가 수술하기 지겨워 예약된 거 취소했단 말야?

강욱   …..

민경   응?

강욱   그럴 수 있잖아…하기 싫은 거 억지로 하는 거 보다 환자한테
　　　두 날 수 있어…

민경   …..생전 없는 일이잖아…..

강욱   (대답 없이 욕실로 들어간다)

민경   …….(욕실문 보며)

　　　E 이내 들리는 물소리.

민경   ……..

S# 거실

민경   ….(거실에 앉아 책 무릎에 놓고…보는 건 아니다)

강욱   (주방 식탁에서 밥 먹고 있다)….

민경   (남편 돌아보는)…..

강욱   …….(다 먹고 수저 놓고 물 마시면서 일어서 빈그릇들 싱크대에 넣
　　　고 냉장고에서 반찬 그릇들 꺼내는데)

민경   내가 하께/ 가.

강욱   (잠깐 보고)

민경   가서 유진이 아는 척해…들어오면서 아는 척 안했어.

강욱 ‥‥(거실로)

민경 커피 뽑는다‥

강욱 ‥‥(대꾸 없이 아이에게 가 앉아서‥‥아이 들어내 안고 테라스로)‥‥

민경 바람 불어. 먼지 많다구‥

강욱 (상관없이 테리스로 나가는)

민경 ‥‥‥‥(보며)

S# 테라스

강욱 (아이 안고 나와서 아이와 얼굴 비비고 떼어 심란한)‥‥‥‥(헤매는 눈길)

민경 (유리문 너머에서 보고 있는)‥‥‥

S# 지현의 병실

지현 (침대에서 내려서고 있다)‥‥‥

지태 (보고 서 있는)‥‥‥‥‥

지현 웬일이에요‥

지태 회식하구 들어가는 길에 잠깐 들렸어‥‥

지현 (끄덕이며)앉아요‥‥뭐 마실 거 줘요?

지태 생각없어‥‥‥‥와 앉아‥(먼저 움직이며)얘기나 좀 하자‥‥

지현 ‥‥‥‥(보며)

지태 (먼저 앉아서)와 앉아‥‥

지현 ‥‥(앉는데)

지태 (동생 보고 있다가 잠깐 외면하며)참 속상해서‥‥(보며)최서방네
　　두 면목없구 니꼴은 이게 뭐구‥

지현 ‥‥(고개 조금 돌리며)

지태 너 한달만에 집에 왔을 때‥‥엄마 붙잡구 대성통곡했다면서‥‥

지현 (보는/그랬는데 왜)

지태　마음이 얼마나 안 좋았는지 몰라…….(보면서)다…그 집안 사람
　　　되기 위한 고생이구 과정이라구 생각해.

지현　(시선 내리며)그 집안 사람되구 싶은 생각 별루 없는데 오빠.
　　　(무겁지 않게)

지태　그러니까 니가 더 힘든 거야..마음으로 저항하면서 겪으니까 더
　　　힘든 거라구.

지현　…(시선 내린 채)

지태　추호라두 너…..니덕보자는 욕심만으로 그 집안으로 밀었다구
　　　생각하지 마.

지현　….(보는)

지태　같은 남자로 봐도….기가 죽을 만큼 최서방 잘난 놈이야….거기
　　　다 그 조건….나쁠 거 없잖아….나야 평범한 월급쟁이로 못박힌 사
　　　람이지만 너는 특별하게 살 수 있잖아. 우리 회장님 달라 공부 제
　　　대로 유학까지 하셨고 원래 어디 내놔두 꿀릴 거 없는 집안인데다
　　　최서방 능력/알아주게 뛰어나. 그런 집안에 들어가 좋은 자식들
　　　낳아 키우면서 한 평생 격있게 사는 거 /여자로 그 이상 더 바랄 게
　　　어딨어.

지현　오빠는 왜 그렇게 진부한지 모르겠어…(안 보는 채)

지태　….(보다가)그래..나는 그래…

지현　나는 아니야…결혼하구 지금까지 한 순간두…이런 집안에 와
　　　서 좋구나..생각해 본 적 없어…

지태　…..(보며)

지현　(고개 틀면서)얼마나 숨이 막히는데….알지두 못하면서….최소
　　　한 숨은 제대로 쉬구 살아야할 거 아냐….숨 못쉬면 죽는 건데…숨

130

이 막히는 집이 뭐가 좋다는 거에요.

지태 ‥‥(보며)

S# 부부 서재

강욱 (머리 고이고 눈 감고 있다)‥‥‥

　　E 노크‥

강욱 ‥‥(그대로)

민경 (문 열고 본다)‥‥‥자는 거야?

강욱 ‥(자세 풀고 책장 넘기며)‥‥

민경 (들어와 보며)‥‥‥언제까지 할 건지 얘기해 놓고 해‥‥‥너 나 무시하는 거 더 이상 못 견디겠어.

강욱 ‥‥‥

민경 ‥‥‥(보다가)그래 그럼 얘기할께‥(의자로 움직이면서)말 안하구 그냥 넘길려구 했는데 얘기하께‥(앉으며)거기서 들을래?

강욱 ‥‥해 봐‥

민경 둘째 디앤씨한 거‥‥물론 물리적으로 지금 형편에 무리라는 것도 이유는 됐지만‥정직하게 얘기해서 그것보다는‥‥너를 ‥믿을 수 없는게 더 큰 이유였어‥

강욱 ‥‥‥(민경 보는)

민경 결혼해서 오늘까지 우리 두사람이 산 거 아닌 거 너 인정하지‥

강욱 ‥‥‥(보며)

민경 나 ‥세 사람 같이 살자 소리두 했지만 그렇다구 세 사람 사는 게 좋다는 뜻은 아니야‥

강욱 노력했어.

민경 알아‥‥그것도 역겨웠어. 아닌 척 입 찢으면서 잘 웃고 장난도

치구…다정하게 섬세하게 잘해주구…그러다가 문득문득 딴 생각
하는 남자 보기…그렇게 간단한 거 아니야….

강욱 더 이상 어떡하라구… 나로서는 그게 최선이었어…

민경 그것도 알아….봐주구 싶었어…그런데….봐줄 수가 없는 게··
…우리 결혼하구 얼마 안돼서 내 컴퓨터 고장났을 때……한선희 기
자한테 이메일 보낼려구 니 컴퓨터 들어갔었어··

강욱 ?…

민경 박지현 이름 눈에 띄더라…

강욱 (눈 감는)

민경 니가 보낸 것만 봤어…그 기집애 꺼까지는 겁이나서 못 보겠
더라…

강욱 별 짓을 다해. 그런 건 보는 거 아니잖아.(조금 올라서)

민경 그래 후회했어. 그런데 너…(돌아보며)결혼하기 전에 다 없애
버렸어야 하는 거 아니니? 패스워드두 없이 쓰면서 그걸 어떻게
그냥 갖구 오니.

강욱 내 메일 니가 뒤진다는 생각같은 건 하지두 않았어··

민경 (일어나 돌아보며 /마주 조금 올라서)뒤진 게 아니라 눈에 띄어
서 들어간 거야.그리구 뒤졌든 아니든 그게 중요한 게 아니라 어떻
게 그걸 그냥 갖구 올수 있냐는 게 중요하다는 거야. 그건 나에 대
한 예의가 아니잖아.

강욱 …..(할 말 없어서)

민경 그래서 나…니 자식 잇달아 낳구 싶은 생각 없었어…

강욱 ….(보는)

민경 가슴 깊은 곳에 딴 여자 간직하고 사는 남자 자식/줄줄이 낳아

몸바쳐 시간 바쳐 그러구 살다가…어느 날 살기 싫어지면 어떡하나/…자신이 없었어….

강욱 ·····(보는)

민경 바람 난 거 알면서 결혼한 건/결혼하구 어느 정도 시간 지나면 바람 끝날 줄 알았기 때문이야…그런데 너는 아직도 바람나 있구….어쩌면 평생 갈 바람이라는 생각이 들어.

강욱 (시선 테이블로)

민경 봐 부정 안하잖아…

강욱 …

민경 너를 아무리 좋아해두··일방적인 희생/헌신/난 그건 못해.

강욱 (담배 꺼내는)

민경 너 우리 집에 들어와 사는 거 허락 받으러 갔다 올라와서 개한테 보낸 편지/…봄볕이 화창한 길을 달리면서 니 비겁함을 탄식했다는 말….끝내주더라….그래 너 손톱 끝만큼두 나랑 결혼하고 싶지 않았던 애야….비겁해서/ 우유부단해서/나쁜 놈 소리 안 들을려구 한 거지.

강욱 …(담배 연기 뿜어내는)

민경 악 받혀서 말하면 너 소름끼치는 위선자야.

강욱 (돌아보는)

민경 나는 너하구 사는 게 그렇게 즐겁구 행복한 줄 아니?

강욱 그래……그럼 우리 그만두는 게 어떠니….

민경 …….(보며)

강욱 둘 다 즐겁고 행복하지 않다면 계속할 의미가 없잖아··(여전히 안 보는 채)

민경 이 강욱..

강욱 ....

민경 나 좀 봐…눈 맞추고 얘기하자.

강욱 (보는)

민경 그만 두자 소리는 내가 먼저 하게 해 줄래?

강욱 .....(보는)

민경 내가 먼저 하게 나한테 기회를 주라.....부탁해....(하고 나간다)

강욱 ....

F.O

S# 성북동 집 앞

[와서 멎는 자동차.]

[부부 내린다. 우기사도 물론 내리고/]

[대문 열고/정원사.]

종혁 (지현 커버하는 듯하면서 대문으로)…

S# 거실

노여사 (치마 벗고 앉아서 방송 보는데)

 E 부엌에서 인터폰 부저 소리

제천댁 E 네에..네 알았어요 아저씨.

제천댁 (나오면서)새댁 온대요 사모님.

노여사 (벗어두었던 치마 입으면서 혼잣소리)벼슬한 사람 오는구면.

제천댁 (현관으로 가며)시장 가신다면서요.

노여사 가야지…준비해.금방 나갈테니까..

제천댁 네에.(하고 현관문 열고 나가고)

노여사 (옷 다 입고 매무새 가다듬으며 앉아서 티브이로)….

종혁 (지현 앞 세우고 들어온다).....

노여사 왔니?

종혁 네..

지현 ...(목례하고)

노여사 (일어나며)바쁜 사람이 뭐하러 굳이 움직여. 집에 차 보내두
되는구면.(의자 빠지면서)염치없겠지만 어떡하니.운수가 불길해
그런 걸. 아래층 잊어버리구 올라가 쉬어. 제천대액/옷 갈아 입어
시장 가자구.

제천댁 E 네에 사모님.

지현 .....

노여사 올라가라구.(하고 안방으로)

종혁 ...올라가...

지현 (계단으로 돌아서고)

종혁 (안방 문 앞으로)저 좀 들어가겠습니다.

노여사 E 왜...

종혁 (들어간다)

S# 안방

종혁 (들어온다)

노여사 (핸드백 챙기면서)뭐..할 얘기 있어?

종혁 좀 잘 대해 주세요 어머니.

노여사 ?...무슨 소리야.

종혁 안 그래두 얼굴을 못 드는 사람 좀 따듯하게 맞아 주실 수 있잖
아요.

노여사 내가 뭘 어떡했다구 이래 얘가.

종혁   …(보며)

노여사   뭐 대문에 밴드 세워놨다 연주하라구 시킬 걸 그랬니?

종혁   그게 아니에요 어머니.

노여사   그럼 뭐야. 뭐라 그랬는데 그래. 내가 저 잘 못 대해줘 그렇게
됐대? 얼마나 더 잘 해줘 응?

종혁   잘 대해주셔두 어머니 어려운 분이에요.

노여사   그런데

종혁   전화하구 있는 줄 아셨으면 그냥 내려 가셔 미스 장 올려보내
든지 했으면 좋았습니다. 전화하는데 갑자기 /사람 안 놀래요?

노여사   죄지은 게 없으면 왜 놀래. 그러게 놀랠 짓을 왜 해. 얼마나
더 일러. 밖에 아뭇 소리 하지 말라구 그렇게 일렀는데두 친구 붙잡
구 시에미가 무서워 못살겠다느니 잘한 건 뭐야 그래.

종혁   친구한테 그런 얘기 정도 할 수 있어요. 저 사람 누구하구 얘기
해요 쇼크도 원인이 된대요··

S#   방 밖 거실

노여사   E (지현/두 계단쯤 위에) 이 사람이 왜 이리 칠푼이처럼 이래.
역성들 일 따루 있구 쓸어덮을 게 따루 있지 어디서 지 댁 부실한
탓을 나한테 뒤집어 씌워.

종혁   E 저 사람 어머니 어렵구 무섭대요.

노여사   E 그 무섭단 소리 좀 하지 마라. 내가 누굴 잡어 먹었어 죽였
어. 멀쩡한 사람을 왜 무섭대. 천지에 나 무섭다는 사람 쟤가 처음
이야. (지현 올라가기 시작)

종혁   E 어머니

노여사   E 저는 어떤데. 생전 며느리라구 살갑게

S# 안방

노여사   어머니어머니 따르기를 하나 같이 앉아서 테레비를 보기를 하나 귀엽게 어리광 한 번을 떨기를 하나 이건 무슨 출근해서 사무 보는 애지 도무지 며느리라구 정스럽게 구는 데가 있어야지

종혁   (오버랩의 기분)우리 집안 분위기에서 어떻게 어리광을 떨구 정스럽게 굴어요. 그건 무리한 말씀이에요.

S# 지현의 거실 침실

지현   (방 가운데 우두커니 서 있다가 소파에 앉는다)⋯⋯(그대로 있다가 일어나 욕실 쪽으로 움직여 욕실로 들어간다)

S# 욕실

지현   (들어와서 물 틀어놓고 손 씻기 시작한다⋯⋯손 씻고 타월에 물기 닦는데)

종혁   E 뭐해⋯

지현   (타월 든 채 나간다)

S# 침실

지현   (나오며)손 씻었어요⋯

종혁   ⋯⋯(있다가)나가야 해.

지현   나가요⋯

종혁   ⋯⋯(보며)⋯쉬어⋯⋯일찍 들어올게.

지현   (끄덕인다)⋯

종혁   (나간다)⋯⋯

지현   (종혁 나가는 것 보고 빠르게 장으로 움직여 옷들 꺼내서 침대 위에 놓기 시작한다)⋯⋯

S# 시내를 달리는 종혁의 자동차

종혁   (눈 감고 골치가 아프다)……

S# 침실 거실

지현   (중형 가방 하나 들고 침실에서 거실로 나가/ 가방 놓고 남편 테이블 있는 쪽 구석에서 노트북 가방 꺼내다 가방 옆에 놓고 /반지 천천히 빼서 남편 테이블 가운데 놓는다)………(이윽고 가방 들고 나가는)……

S# 거실

지현   (내려와서 미련 없이 곧장 현관으로)….

S# 현관 밖 마당

지현   (현관에서 나와 계단 내려가는데)

정원사   (달려와 가방 받으려 하면서)어디 ‥가시게요?

지현   네‥친정에요.

정원사   아유 그럼 미리 말씀을 하시지 차 빼다 놓게요.

지현   괜찮아요…제가 해두 돼요‥

S# 성북동 길을 빠져나가고 있는 지현의 자동차

S# 운전하는 지현……

S# 일산이나 도곡동이나 새 오피스텔이 많은 곳을 훑어가고 있는 지현의 자동차

S# 지현의 시각으로

[오피스텔 임대한다는 글씨들‥]

지현   (기웃이 보면서 자동차는 서행)…

S# 부동산 안‥

지현   ‥가구까지 다 들어와 있는 곳은

남자   (오버랩의 기분)그런 건 없는데요…아 뭐 걱정이세요. 분양 회사에 신청하고 돈만 내면 침대랑 가구같은 거 금방 척척척 다 들

138

어가는데요.

지현　그래요 아저씨?

남자　그럼요.

지현　오늘 중으로 가능할까요?

남자　안될 것도 없을 걸요? 잠깐만요.(전화 들고 찍는다)…아 여기 대
　　　창 부동산인데요 과장님(에서)

S#　백화점 주차장

지현　(양손에 버거울 정도로 잔뜩 보퉁이 들고 와 자동차 트렁크에 넣고
　　　다시 백화점으로 들어간다)…

S#　그릇 가게

지현　(아주 기본적인 그릇들 딱 두 개씩 고르고 있다)…

S#　부동산

지현　(오피스텔 주인과 마주 앉아 계약서에 도장 찍고 있다)…

S#　오피스텔 안

　　　[새로 배달된 침대와 식탁/책상 의자들/ 침대 위에 이불 보퉁이/식탁
　　　에는 냄비 두 개를 비롯한 그릇 상자들/커피메이커.]

지현　(청소기로 바닥 밀고 있다)……

S#　대형 마트 앞(밤)

지현　(밀차 밀고 나와 자동차 쪽으로)

S#　거실

노여사　(최회장 따르면서)너무 기가 차서 내가 말이 안나와요.

최회장　뭐가 또.(들어가며)

S#　안방

　　　[들어오며]

노여사 제천댁하구 시장 갔다 와 보니 지 멋대로 가방 싸서 친정에 가구 없어요··

최회장 ?····뭐라구?

노여사 그것두 금방이나 알았나요 어디··점심 먹으라구 미스 장 올려보냈더니 사람이 없드라구요····어디 잠깐 나갔나 했다가 아무리 있어두 안 들어와 이상타 싶어 정원 아저씨한테 물어보랬더니 /나 나가구 금방 가방들구 친정간다구 나갔대요.

최회장 (올라서)어디서 배워먹은 버릇야 그거.

노여사 그러게 말이에요.

최회장 그래서 종혁이 눔은.

노여사 바쁜 애 안 건드릴려구 내버려뒀어요··· 들어오면 알테죠·· 어이구우우 집안이 어떻게 될려구 이러나 정말·· 벗어요.

최회장 개 집에 전화해 봤어?

노여사 내가 왜 해요.딸이 그러구 갔으면 응당 그 집에서 먼저 전화해 백배 사죄하구 데리구 오는 게 원칙이지···(바꿔서)이 시간까지 쓰다달다 말 한마디 없어요···그런 집 애니까 언감생심 이런 짓을 하는 거에요.

최회장 애 좋다구 북북 우긴 거 당신이야. 집안 꼴 자알 돌아간다. 지 맘대루 어딜 가? 집안 꼴 어떻게 되는 거야 대체.

S# 오피스텔··

지현 (식탁에 풀어놓는 김밥 하나씩 주워 먹으면서 그릇 정리하고 있다. 침대 쪽은 말끔히 정돈돼 있고)······

  [정리하는 지현.]

  [정리하는 지현··]

[마지막으로 책상에 노트북 올려놓고 케이스 벗겨내는]……

S# 현관 안, 거실··

종혁 ·····(제천댁 보다가)언제요.

제천댁 정원 아저씨 그러는데 사모님하구 저 시장 가구 금방이래요.
미스 장은 캄캄하게 몰랐대요…

종혁 ·······(바닥 보며)

제천댁 어떡해요 회장님 화 많이 나셨어요…

종혁 어디 계세요…

제천댁 서재··

종혁 (서재로 가서)저 들어왔습니다.

최회장 E 들어와 봐.

S# 서재

종혁 (들어오면서)제가 보냈습니다 아버님.

최회장 (보던 두꺼운 책 내려놓으면서)?····

종혁 너무 지쳐 있어서 친정가 좀 쉬다 오라구 제가

최회장 (오버랩)보낸 거 좋아 그래. 그런데/니 어머니는 왜 몰라.

종혁 저하구··조금 언짢으셨어요…어머니 금방 시장 가시구 말씀드
릴 시간이 없었습니다…종일 어떻게 볶아쳤는지 잊었었어요.

최회장 …니가 보냈다구?

종혁 네…

최회장 그럼…간 애는 왜 전화 한통이 없어. 늬 어머니 못보구 갔으
면/이러저러 해서 안 계신 동안 왔습니다 당연히 사후 승낙 받아
야 할 거 아냐.

종혁 제가 말씀드렸을 걸로 생각했을 겁니다.그런다구 했으니까요.

최회장 ·····(보다가)늬 어머니하구는 왜 언짢았어.

종혁 그 사람한테 좀 더 잘 대해주시라구 말씀드렸더니

최회장 (오버랩)역정 내든?

종혁 ····

최회장 미련한 녀석/그런 소릴 지금 할 때야? 낙망이 얼마나 큰데 거
기다 대구 쯔쯔쯔쯔··

종혁 ·····

최회장 됐다··알아들었어···나가봐.

종혁 어머니께

최회장 (일어나며)내가 진정시킬테니까 올라가.

종혁 ····

최회장 (나가고)

S# 거실

최회장 (나와서 안방으로)

제천댁 (조마조마하면서 서 있었고)

종혁 (나와서 아주 빠르게 이 층으로)

S# 이 층 거실 침실

종혁 (들어오면서 곧장 테이블의 전화로/전화 들다가 본다)?·····
[결혼반지.]

종혁 ·······(전화 놓고 반지 천천히 집어 올린다)·······(한 대 얻어맞고 의자
에 폭 앉는)········(의자 조금 옆으로 돌리면서)·········

S# 친정 마루··

초희 (다리미질하면서)이상하다아···한살이래두 어릴 때 낳아서 기
운 좋을 때 키우구 말지 뭣 때문에 피임은 하는 거야아?(안방이 신

경 쓰이면서)아가씨 봐. 나이 먹어 시집가서 그런 거라구 그게…이

십대 후반만 같았어두 안 그러네‥

진이　서른 넘어서두 잘 낳는대요 언니이.

초희　잘 낳는 사람은 잘 낳지이…그런데 아가씨는 워낙 약골이잖아

아. 신경만 있는대루 예민하구 글쓰네 하면서 아무 일두 안하구 있

다가 시집가 힘들지이이이. 나이는 먹었지이이이 /그러니까 저렇

게 자꾸 사고 치는 거라니까?

한수　정말 누나 걱정돼 죽겠어요‥

초희　이제 그만 애기 낳아.자식 농사는 빠를수록 존 거 같더라 뭐.

진이　한수 씨는 언니 애기 낳기 전에 우리가 먼저 나면 안 된다구‥

언니 날 때까지 언제까지나 기다리자는데요?

초희　어머머머 별 의리가 다 있네….(현식 나온다)너 숙제하구 있는

거야?

현식　(화장실로 들어가며)네 다해 가요‥

초희　끝나면 복습하구 예습해. 또 게임하지 말구.

현식　Ｅ 네에‥

초희　아이구 어깨야.마저 해.

진이　네.

초희　아가씨 영 애기 못 나면 그럼(어떡할 거야?)

　　　Ｅ 전화벨 오버랩

초희　네에 목장입니다…어머 고모부…

S#　안방

지현모　(누워 있다가 몸 일으키고)

지현부　(동시에 신문 보다 문으로 고개)

초희 E (연결)정말 우리 식구 고모부한테 뭐라구 할말이 없네요…
네…네 그럼요 벌써 아까 먹구 치웠죠.아홉시가 다 돼 가는데….아
가씨 여기 안 왔는데요?

지현 부모 ?

S# 종혁의 거실

종혁 ?….안 갔어요?…..아니 거기 간다구 나갔다는데 안갔습니까?

S# 마루

부부 ?(나오고 있고)

초희 네 안왔어요 고모부.(하며 부부 돌아보는)

지현모 지현이 찾는 거야?

초희 네 어머니…여기 온다구 그랬대요··작업실 간 거 아니겠어요 고
모부?

S# 종혁의 거실

종혁 네 그런 거 같네요··알았습니다 들어가세요. 네…네··(끊고 지현
의 핸드폰 번호 누름)

　　F 벨 가는 소리··다섯 번.

지현 F 네 여보세요.(좀 숨차 하는)

종혁 어떻게 된 거야 당신……이거 무슨 의미야…

지현 F 반지 못 봤어요?

종혁 봤어…무슨 의미야.

지현 F …

종혁 말해. 무슨 의미야.

S# 오피스텔

지현 ….미안해요.이제 그만 해요.

종혁   F 뭘 그만해.

지현   뭘 그만하자는 건지 몰라서 그래요?

종혁   F 거기 어디야‥‥‥말해‥‥거기 어디야.

지현   말 안해요.

종혁   지금 좀 보자‥말해‥내가 그리루 갈테니까 어디야 거기.

지현   며칠 뒤에 만나요‥내가 연락할께요.

종혁   F 며칠 뒤까지 기다릴 일 아냐.

지현   ‥‥‥‥

S# 종혁의 거실

종혁   말해 빨리‥‥빨리.(나직이)

S# 어떤 카페 주차장으로 들어와 주차하고 내리는 지현‥

　　　E 핸드폰 벨 올린다

지현   (멈춰 서서 받는다)네 여보세요.

지현부   F 너 여기 온다 그러구 어디 가 있어. 최서방 전화했던데‥

지현   걱정말구 주무세요 아버지‥지금 최서방 만나요.

지현부   F 같이 들어가려구?

지현   ‥‥네‥그럴려구요.

지현부   F 알았어 끊어 그럼.(끊기는)

지현   (전화 꺼서 집어넣으며 카페로)

S# 카페‥

지현   ‥‥‥(앉아서 멍하니)‥‥‥

　　　[종업원 와서 물 놓는다]

지현   커피 주세요.

종업원   네…(아웃되고)

지현 ········(물 잔 집어 마시는데)

종혁 (들어와 마주 앉는다)···(보며)

지현 ·····(보다가 시선 내리고 물 더 마신다)

종혁 참····굉장한 여자군····반지 뽑아 책상 위에 올려놓고 나가서/··
그걸로 무슨 뜻인지 알아 먹으라구?····알아 그래····아이큐 4짜
리 물고기도 그건 알겠다. 백마디 말 필요 없어. 확실하게 했어 당
신·····못 살겠다구?

지현 일년만 살아보구···안되겠으면 놓아 준다구 했어요 기억해요?

종혁 ······(보며)

지현 이제····그만둬요····당신하구 실갱이하기 싫었어요····그런 식
으로 나오는 게···여러 가지 중간과정 생략하고 정리할 수 있구
요.그렇게 나간 며느리 다시는 안 보시겠다 그러실테니까 당신도
더는 어쩔 수 없을 거에요.

종혁 미안하지만 아직은 아니야···내가 친정에 보냈다구 말씀드렸
어. 쉬러 친정 간 줄 아셔.

지현 ·····

종혁 (반지 내 탁자에 놓으며)껴.

지현 ····(보는)

종혁 당신 혼자 빼놓구 혼자 아니라구 해봤자 내가 동의 안하면 헛
일야. 껴.

지현 당신 동의 안해두···결혼 반지 빼는 순간부터 나는/ 당신 여자
두 당신 집안 며느리두 아니에요.

종혁 ·····(보며)

지현 당신한테 정말 미안해요. 그렇지만 이제 더는 못해요··안 할

146

래요.

종혁　여보.

지현　(오버랩의 기분)누구 탓두 누구 때문도 아니구…모두 다 나 때
　　　문이에요.내가 모자라구 내가 부족하구 내가 견디지 못해서 물러
　　　나요….더 못하겠어요…

종혁　친정으로 가…맘 풀릴 때까지 거기 있어.

지현　….(보며)

종혁　날카로와져 있어서 그래…시간 지나면 괜찮아져.

지현　그런 거 아니에요.

종혁　(오버랩의 기분)정 힘들다면 따로 나가 사는 방안 연구해 보게.

지현　(오버랩의 기분/강한 부정)아니에요 그럴 거 없어요. 그런 짓 하
　　　지 말아요.

종혁　….(보는)

지현　한 마디루 나…그렇게 살자구 태어나지 않았어요…그렇게 살
　　　구 싶지 않아요.

종혁　?….어떻게/어떻게 살았는데/(조금 올라서)

지현　당신 /당신 집안 부속품요.

종혁　……

지현　잠깐 화장실 다녀 와요.(하고 핸드백 들고 일어서 나간다)

종혁　……

S#　카페 주차장

지현　(와서 자동차에 올라 시동 걸어 출발하는)

S#　카페 안

종혁　……(기다리다가 담배 꺼내 무는데)

E 핸드폰 울린다

종혁 (받는)네 최종혁입니다.

지현 F 당신 성격 알기 때문에 이렇게 했어요. 나 거기 안 들어가요.
집에 들어가요.

종혁 뭐 하는 거야 당신.

지현 F 친정에 안가요. 나 혼자 있을 데 만들었어요. 전화 끊어놓을 거
에요.

E 꺼지는 전화.

종혁 ······(황당하면서 전화 접고)······(불끈 일어나 나가는)

S# 카페 밖

종혁 (나오면서 핸드폰 번호 찍는다)···

E 전원 끈 메시지

종혁 (탁 접으면서)······(기가 찬···)

S# 오피스텔

지현 (들어와 불 켜고 잠시 문짝에 등 기대고 섰다가 천천히 움직여 침대
로 가 쓰러지듯 눕는다)······

지현 ·······

지현 ·······

S# 종혁의 방

종혁 (들어오면서 상의 벗어 소파에 천천히 걸치고 앉는)····(미동도 않
고/시선 착 내리깐)·····

S# 민경의 침실

민경 (어둠 속에서 자다가 깨서 옆자리로 팔 뻗어보면/자리 비어 있고/몸
일으킨다)······(일어나 나간다)

148

S# 거실

민경　(나와서 보면 열린 창으로 커튼 바람에 날리고 있고)……(창으로 가

　　　커튼 제치고 보면)

강욱　……(담배 태우고 있다)

민경　……(보면서)

제26회

S# 지현의 오피스텔(일요일)

지현　……(잠들어 있다가 갑자기 퍼뜩 눈뜨면서 벌떡 일어나 자동적으로 침대 내려서려 하다가 문득 느끼고 긴장이 확 풀리면서 도로 쓰러지는) ….(눈 감고)………(한동안 그대로 있다가 일어나 하품하며 블라인드 열고 커피메이커로 움직여서 커피 가루 앉히고 뚜껑 열고 물 붓고 닫으면서 창으로 가 내려다보며)………

S# 지현의 시각에서 아침이 시작되는 거리‥

S# 오피스텔

지현　…..(창에서 등 돌려 잠깐 기대 서 있다가 노트북으로 가 전원 켠다/ 선 채로 작업 화면 불러내고 들여다보는)…..

S# 종혁의 주방

[묵묵히 아침 먹고 있는 세 식구. 미스장이 서 있고‥]

부부　……

종혁　…….

최회장　초상 치뤘어?

150

노여사 ?

최회장 하기는…치르기는 치른 셈이구면……그러나 뭐 어떡해 그럴 거 없어…애를 못 가져야 말이지 가지기는 하니까 언제 낳아두 날 거 아냐…다음 번에는 아예 초장부터 병원에 집어 넣자구.

노여사 ….

최회장 말 안들려?

노여사 들었어요. 그렇게 하자구요··

최회장 본인은 더 답답하구 한심하겠지…돌아오거든 아무 일 없는듯 이 대해 줘….

노여사 예 그래야지요 그럼··

종혁 ……(묵묵히)…

S# 종혁의 방

종혁 (테이블 의자에 앉아서 담배 태우면서)……………

S# 지현의 오피스텔

지현 (커피 마시면서 노트북 원고 훑고 있는)……

S# 종혁의 방

종혁 ……(담배 태우다가 끄며 일어선다)

S# 작업실 근처 카페

현경 (들어서며 눈으로 찾고 웃으며 그쪽으로)오래 기다리셨어요?

종혁 (앉아 있다가)아니 금방 왔어요. 바쁜 사람 이렇게 불러내 미안 합니다.

현경 바쁠 거 하나두 없어요.(핸드백 옆에 놓으면서)그런데 무슨 일이 에요?지현이 잘 회복되구 있죠?

종혁 ….(보는)지현이 있는 데가 어디죠?

현경   ?....무슨 얘기에요?

종혁   모른다 소리/ 하지 마세요. 현경씨는 알고 있어요.

현경   ?..지현이가 집에 없다는 뜻이에요?

종혁   .....(보며)

현경   집 나갔어요? 그런데 친정에두 안 갔다는 뜻이에요?

종혁   ...몰라요?

현경   ....(황당해서 고개가 옆으로 앞으로 움직이고/보며)종혁씨 나 몰
      라요.

종혁   정말입니까?

현경   정말이에요 연락 없길래 전화할 기분 아니구나 그러구 나두
      전화 안했죠. 퇴원 전날 잠깐 보구 연락 없었어요··

종혁   ....(시선 피하면서)

현경   .....언제 나갔어요?

종혁   (안 보는 채)퇴원한 날입니다.

현경   .....그럼 오늘이

종혁   닷새 째에요. 나간 날 밤에 통화 돼 잠깐 만났는데 ...얘기하다
      가 화장실 간다면서 그대로 (쓰게 웃으며)토꼈어요...그 뒤 전화는
      죽여놓고 안 받고....전화 드려 보면...친정에서는 모르구 계세요··
      ...아마 어딘가 있을 데 만들어놓고 틀어박힌 모양입니다.

현경   (입 뻐끔한 채).....

종혁   ....(종업원 물 갖다놓고)뭐 드세요··커피 주십시오.현경씨는

현경   마셨어요.(물 잔 집으며)난 물이면 돼요. 미안해요.(종업원 아
      웃/물 마시고 내리면서)종혁씨 당황스럽겠네요.

종혁   우리 부모님은 아직 ...친정에 몸조리하러 가 있는 줄 아세요.

152

빨리 찾아서 친정이든 성북동이든 데려다 놔야 하는데 …이래두
되는 겁니까 현경씨?

현경 ……(보며)

종혁 현경씨는 알고 있을 걸로 생각했어요.

현경 (고개 흔들며)…몰라요··아마…당연히 그렇게 생각할줄 알고 나
두/ 끊어버린 거 같네요…

종혁 이런 식….감당하기 힘들군요.…..결혼 링 빼놓구 나가서 그길로
종적을 감춰버리면…나더러 어떻게 하라는 거에요…

현경 …..잠깐 만났다면서요··

종혁 그만두자구요··더 이상은 못하겠다구요.(좀 웃듯이)

현경 …걔가 거기까지 갔을 때는 정말…더 이상 못하겠다는 결론이
나와서일 거에요.

종혁 자기 혼자 저지를 게 아니라 나랑 얘기해서 같이 해결을 했어
야죠.

현경 ……(보다가)우리같은 사람들…종혁씨 집에 적응하기 어려워요.

종혁 어려워도 잘 했어요…생각보다 훨씬 잘하구 있었어요.

현경 그럴려니 애가 얼마나 골병이 들었겠어요.

종혁 ……(보다가)골병 들만큼 이상한 집안 아닙니다. 지현이가 얼
마나 과장했는지는 모르지만··

현경 (보며)….

S# **카페에서 두 사람 나오면서**

종혁 약속했습니다.

현경 네 약속 했어요··

종혁 그럼··

현경   (끄덕이며)네..

종혁   (돌아서 걷기 시작).....

현경   (보면서)......

S# 작업실 복도를 걸어오고 있는 현경

현경   (키 꽂아 돌리고 들어간다)

S# 작업실

현경   (들어오고)

유자   (대파 다듬다가 돌아보는)무슨 일인데?

현경   (핸드백 처치하며)....

유자   무슨 일로 종혁씨가 널 찾아?

현경   별일 아냐…나중에 얘기하께.

유자   또 비밀이니? 정말 김새서 동거생활 못하겠다.

현경   (책상 의자에 앉으면서)돈두 잘 벌겠다 그럼 따루 나가.

유자   ?….(했다가)나두 굴뚝인데 당분간은 더 비벼야겠다…뭐야. 지현이한테 무슨 문제 있는 거지.

현경   (돌아보며)너한테서 얘기 안나간다는 약속하면 말해주께.

유자   너 정말 사람

현경   (오버랩)지현이가 약간의 우울증 같대….잘 좀 위로해주구 도와주라구.

유자   …..어어 그래서 걔 요새 통 전화 안했구나.

현경   그랬나봐…

유자   이유가 뭐래?

현경   너 멸치 대가리니?

유자   하기는…체력으로 감당 안되지 정신적으로도 장난 아닐테지

지칠 때 되기는 됐어.

현경 (핸드폰 찍는)

　　E 전원 차단 메시지

현경 (접어서 책상에 놓고 노트북 전원 켠다)아침 너야.

유자 하구 있어.

현경 먹게 해. 개 밥 멕이지 말구.

유자 너 자꾸 그럼 니 밥에 침 뱉어 줄거야 내가.

현경 ……(문서 불러내며)…

유자 정신과 치료 받게 하라 그러지 왜.

현경 ……(시선 내리고 생각 딴 데)

유자 응?(돌아보며)

현경 (돌아보며)…뭐.

유자 정신과 치료 받게 하라 안 그랬냐구.

현경 정신과는 무슨

유자 (오버랩)오래두면 안 좋아.우울증두 초기에 잡아야 한단 말야.
　　약 좋아서 효과 보는 환자 많대두라. 의사 잘 만나면

현경 (오버랩)알아서 하겠지. 걱정 말구 밥이나 만들어 내.

유자 소문 무서워 병원 안 보낼지두 몰라 그런 집안.

현경 아 너는 몇날 며칠 우울할 때 없니? 너 병원 간 적 있어?

S# 지현의 오피스텔

지현 (조금 쓰다가 멈췄다가를 반복)……

　　E 밥솥에서 밥이 다 됐다는 신호음 들리고

지현 (일어나 밥솥 열고/김 팍 나고/주걱으로 밥 한 번 뒤집어놓고 도로
　　밥솥 뚜껑 닫는)……(식탁에는 간단한 반찬 그릇 랩 씌워 놓여져 있고)

S# 강욱의 거실

강욱 (음악 틀어놓고 책 보고 있다).....

민경 (아침 준비하고 있는 중).......(문득 돌아보며)청소기 좀 밀어주라.

강욱 (돌아본다)...

민경 아줌마 안 오는 날이잖아...

강욱 하루 쯤 안 밀어두 돼...(도로 책)

민경 아이 키우면서 이선생은

강욱 (오버랩)아 그래 알았어.하께.(일어난다)

민경 하기 싫으면 놔두구...이따 내가 하면 돼...

강욱 (그냥 아웃)

민경 ....(도로 일로)

강욱 (청소기 들고 나와 작동시키는데)

민경 점심은 우리 집에 가서 먹자.

강욱 ?....(돌아보는)

민경 홀루 하루 쉬는 날 밥만하면서 보내기 너무 지겨워.

강욱 내가 하께...(하며 밀기 시작)

민경 앉아서 얻어먹기두 편하지 않으니까 우리 집에 가 먹자구.

강욱 늬집에 가는 건 내가 편하지 않아...가구 싶으면 혼자 가서 먹어.

민경 ......(돌아보며)

강욱 ......(그냥 미는)

　　　E 전화벨

강욱 (청소기 끄고 받는다)네에....어 형..웬일이에요.

민경 ?(돌아본다)

S# 청주 본가 안방

형　어 아버지 어머니 모시구 지금 막 출발하는 참인데 너 오늘 특
　　　별한 약속 없으면 제수씨하구 나와서 점심이나 하자구....(엄마 아
　　　버지 옷 입고 있고/형수는 노인들 거들고 있는)응 처 이모댁에 결혼식
　　　이 있어. 무슨 결혼식을 오후 세시에 하는 지 모르겠더라. 지금 올
　　　라가서 늬형수랑 엄마 백화점 볼일 잠깐 보구 점심먹구 결혼식가
　　　면 되거던?

S# 강욱의 거실

강욱　예 알았어요. 장소 정해요 나갈테니까....아니 형이 정해요··백
　　　화점 식당두 괜찮죠 뭐···예···알았어요 열두시요···예 끊어요··(끊고
　　　돌아보면)

민경　(주방에서 모르는 척 움직이고 있다)

강욱　형 아버지 엄마 모시구 사돈댁 결혼식에 오신대.

민경　들었어··

강욱　나가서 점심할려구 하는데···허선생 어떡할래.

민경　당연히 나가야지 뭘 물어. 아직 살구 있는 동안 아냐?

강욱　·····

민경　나는 밥하기 싫구 이선생은 우리 집 가기 싫구 잘됐네 뭐···

강욱　(청소기 집어 드는데)

민경　안나간다면 또 석달 열흘 삐질 거 아냐···

강욱　·····(그 말투가 싫다)

민경　아냐? 삐져서 입 붙이구 있는 꼴 정말 보기 싫어.

강욱　····(청소기 스위치 넣는다)····

민경　?(돌아보는)

강욱　(청소기 미는)······

S# 목장 길을 들어오고 있는 종혁의 자동차

지현부 (한수와 일하다가 돌아본다)? 니 누이 오나부다.

한수 네..

  [자동차 멎고 종혁 내려 인사한다.]

지현부 그래 왔어? (하며 기웃이 자동차 안 들여다보고)?··혼자 왔어?

종혁 예 혼자 왔습니다. (인사하는 한수에게) 음 잘 있었어?

지현부 ?··그래?··왜 안 데리구 혼자 와.

종혁 (오버랩의 기분) 드릴 말씀이 있습니다.

지현부 그래 들어가.

종혁 아니 저···여기 밖에서 말씀드리겠습니다···

지현부 ?···무슨 일인데 그래··

S# 장소 조금 바꿔서

지현부 ·····(사위 보며 황당한)·····자네 지금····(바꿔서) 우리 애가 그러
  니까···며칠째라구?

종혁 닷새 쨉니다.

지현부 다닷새씩이나 애가 행방이 불명인데 이제야 얘기하는 거야?

종혁 죄송합니다. 걱정 안끼치고 수습하려고 했는데 연결이 안됩
  니다.

지현부 우리는 거기 있는 줄 알았지. 전화 안한다구 궁시렁거리면
  서 아마 즈 엄마 윗층으로 둬번 걸었을 거야. 안 받더래. 그런가부
  다 했지···이거 참···(다른 데로 고개 돌리며) 이게 무슨 일이야 이 녀석
  이···이런 짓 할 애가 아니야 그 자식···자네 집에서 애를 갖구 무슨
  짓을 했길래 이래. 이게/ 이게 도대체가 ·······으응?

종혁 짐작가는데 없으세요?

지현부 (고개 흔들며)작업실에서두 모른다면 모르는 거야.....어디 며
     칠 여행하구 있는 거 아닌가?

종혁 ....(보며)

지현부 가타부타 아무 말 없이 사라졌다는 거야?..그냥 아무 말 없이

종혁 (오버랩)아닙니다. 나간 날 밤에 잠깐 밖에서 만났습니다.

지현부 ?..그런데/그랬다면

종혁 (오버랩)얘기하던 중간에 화장실 간다구 나가서 사라졌습니
     다...그러고는 다시 잡을 수가 없어요.

지현부 허....허어어어.......(딴데 보며)

종혁 즈이 집에서는 몸조리하러 여기 와 있는 걸로 아십니다...지현
     이 오면..저한테 연락주시고...죄송합니다만 타일러두 주십시오...

지현부 ....(사위 보며)

종혁 즈이 부모님 아시기 전에 수습해야합니다 장인어른.

지현부 생각없는 물건 아니구....그러구 나온 애가.. 누가. 타이른다
     구 말 듣겠나?...

종혁 ....(보며)

지현부 자네가 장가를 잘못 들었구..우리 애는 시집을 잘못 갔어.....
     할말이 없네...

종혁 ......(보며)

지태 (저쪽에서 오며)왔으면 들어오지 왜 밖에서 그래...들어오세요
     아버지...차 준비하구 있어요..

두 사람 .....

지태 ?(오면서)...(이상하다)...왜요 아버지 무슨 일이에요.....

S# 지현의 오피스텔

지현　(뚜걱뚜걱 그리 원활하지는 않은 타이핑)··········

S#　지현네 마루

　[전 가족 다 기가 막혀서·········]

현식　(제 방에서 뛰어나오면서)엄마 도마도 쥬스 좀 해주세요.

초희　나중에 해주께 들어가 있어··

현식　지금 해주세요 지금 먹구 싶단 말예요.

초희　아침 먹은 지 얼마나 됐다구 그래.나중에 해준다니까아?

현식　흐으웅 엄마아.

지태　(버럭)안 들어가?

현식　?

지현모　아 왜 소리는 질러 애가 뭐 안다구.

진이　(오버랩/일어나며)내가 해주께 현식아. 이리 와··이리 와.(입 나온 현식 데리고 주방으로)

지현모　어이구우우우우우·····

지태　미친 기집애예요 이거··호강에 겨워 까불어두 분수가 있지 애두 하나 제대루 못낳는 기집애가

지현모　(오버랩)오래비라는 거 말하구는/(확 올라서)우는 놈두 속이 있어 울어. 너는 니 동생을 그렇게 몰라? 오죽 했으면 그러구 나왔을까 응?불쌍한 거 어디 가 처박혀 무슨 생각을 하나 그 걱정이 먼저래야 그게 형제구 피붙이지 원 호강에 겨워 까불다니/호강에 겨운 애가 집에 와 그렇게 목놓아 우니?울어?

지현부　시끄러워··조용히 해.

지현모　애두 하나 제대루 못낳다니/애가 붙어 있게 하지를 않는데 어떻게 나. 꼭두새벽부터 오밤중까지 한시두 편할 새 없이 볶이는

데 무슨 애가 붙어있냐구. 너 그 소리두 할 거야? 딴 남한테두 그런 소린 못하는 거야. 이 싸가지 없는 화상아.

초희　아이 어머닌 괜히 이이한테 들러붙으셔서는

지현모　들러 붙었다 그래 들러 붙었어‥시에미한테 하는 말 뽄새하구는

초희　(오버랩)이이두 속이 상해서 그러는 거죠오오. 속상하면 괜히 어기짱으루 사람잡는 소리 나오구 그러잖아요오오오.

지태　아는 척 하지 말구 가만 있어…

지현모　싫다싫다 그러는 거 지뜻 받아 안보냈으면 좋았어. 결국은 이게 뭐냐 이게.

초희　아유 그렇게 말씀하시는 건 아니네요 어머니.

지태　가만 있어.

초희　누가 쇠사슬 묶어 끌어간 것도 아니구 결국은 아가씨가 간 거에요 어머니.

지현모　쇠사슬 묶어 끌구 뒤에서 몽둥이루 패구 그래서 갔다 왜 그래‥

지태　저 원망하시는 거에요?

지현모　너두 원망하구 나두 원망하구 늬 아부지두 원망하구 다 원망해. 왜‥우리가 잘못했어. 우리가 잘못한 거에요 여보오오‥

지현부　(무겁게 일어나는데)

　　　E 전화벨

한수　(세 번 울릴 때가지 있다가 제가 받는다)네 목장입니다……누나.

모두　(기함을 하고)

지태　(총알같이 전화로 덤벼드는데)

지현모　(아들 밀치면서)놔둬. 내가 받어.

지태 어머니.

지현모 놔둬 글쎄 이사람아! 십리 도망간 사람 천리 도망가게 만들지 말구/여보세요 여보세요?……너 차아아암 맹꽁이다..못살겠으면 나 못살겠시다 딱 그러구 정리하지 무슨 일을 이렇게 해애 이것아.

S# 오피스텔

지현 (울면서/눈물 닦아내면서)죄송해요 엄마. 아버지 계셔?…아버지하구 얘기하구 싶어..바꿔줘요….아버지…(눈물 하염없이 떨어지면서)..옆에 오빠 있는 거 같으니까…듣기만 하세요.나 오빠 무섭구 싫어….

S# 마루

지현부 그래..얘기해…응…응 그래…그래 알었어……그래…알었다구…(하고 끊는다)

모두 ?

지현모 아니 그러구 끊어버리면 어떡해요..

지현부 (일어나며)잘 있대. 걱정하지 말래.

지현모 여보.

지현부 들어와…회갑 집 갈 준비해야잖어.

지현모 ?(회갑집은 없던 스케줄이다/눈치채고/그러나 좀은 애매하게) 에..에에..(일어나는)

지태 (일어나며)아니 어딨는지두 안 물어 보시구 그냥 끊으시면 어떡해요.

지현부 전화 또 한 대. 어딨냐구 물으면 말할 거 같어? 잘 있대. 걱정 말래. 그렇게 알면 돼.

(방으로)

지현모　(방으로)

S# 헬스에서 뛰고 있는 종혁⋯

S# 강욱의 침실

민경　?(옷 꺼내다가)먼지 많은데 어딜 데리구 나가..(무슨 말 안되는 소리야)

강욱　(옷 입으면서)아버지 어머니 백일 날 보구 못보셨어. 여기 들리신다는 말씀두 없으셨구 데리구 나가서 보여 드릴 거야⋯

민경　⋯⋯(보며)유감이 많은 모양인데 그럼 차라리 들려 가시라구 해⋯오셔서 유진이 보구 가시라구. 그럼 될 거 아냐⋯

강욱　⋯⋯

민경　응?⋯

강욱　(돌아보며)그래두 돼?

민경　몇날 며칠 계시지만 않으면 돼.

강욱　⋯⋯

민경　그렇게 하자구..(옷 입으며)

강욱　(좀 올라서)우리 엄마 아버지가 몇날 며칠 얼마나 계셨다 그래.

민경　?

강욱　지금까지 사흘 계셨던 거 단 한 번야⋯하루 묵어가신 거 두세 번이구.

민경　네번야.(대드는 건 아니고/잘못 알았어)

강욱　(말이 안돼 고개 틀면서)⋯

민경　너 그런 표정 정말 싫어..걸핏하면 그 얼굴/너 나 싫은 거 있으면 나두 너 싫은 거 있어. 그 얼굴 좀 안할 수 없니? 싫증나 죽겠구/

말 안돼 미치겠다는 표정/

강욱 (나가며)유진이 옷 입혀.

민경 ....

S# 헬스 휴게실

종혁 (핸드폰 들고 있다가 탁 꺼버리는)·····

S# 아파트 밖

강욱 (외출복 입은/예쁘게/아이 안고/아이 보따리도 들고 나온다)

민경 (따라 나오는/물론 둘 다 기색이 좋을 거 없다)

  [자동차 쪽으로····]

강욱 (아이 넘겨주려 하는데)

민경 ···(말없이 제 자동차 열고 운전대로 탄다)····

강욱 ·····(잠시 보다가 뒤자리 문 열고 타는)·····

민경 ········(앞 보며 기다리다가 뒷문 닫기자 급출발)······

강욱 ·····(상당히 흔들리고)세워.(그냥 움직이는)······세우지 못해?

민경 (끼익 멈춘다)·····

강욱 (다시 출렁하고)····(오히려 착 같아서)애 태우구 성질 펴 어쩌겠
  다는 거야.

민경 ....

강욱 ····내려···너 유진이 하구 집에 있어. ···내려 빨리····

민경 ·····(시선 내리고)

S# 골프연습장

종혁 (볼 때리고 있다)·····(스윙 세 번쯤)

S# 강남 쪽 조촐한 냉면집····방바닥····

지현 ····(쿨쩍거리면서 눈물 닦아내고 있고)

부모　……(가슴 아프게 보면서)……

지현　…밥 잘 먹구 잠 많이 자구/ 잘 있으니까 걱정 마세요…

지현부　너만 잘 있으면 어떡해…(조용히)최서방한테 이건 할짓이 아니야 이 자식아…이러는 건 아니지이‥저엉 못살겠으면 나 못살겠다 집에 보내다오 그렇게 시작해서 /그 집에 있으면서 해결을 보구 나와야지 너/…이건 아니야 너 크게 잘못한 거야.

지현　그렇게 해서 해결 안나요. 그 사람하구 얘기해서 끝 날 때 기다리다가는 그 집에서 늙어죽구 말 거야.

부모　………(아버지는 딸 보며/엄마는 탁자 내려다보며)……

지현　나 정말 …아버지 엄마 실망시키구 싶지 않았어요……그게 제일 가슴 아퍼…(복받치며) ………

지현모　너 정말…죽어도 못 살겠니?

지현　그렇게는 못살아…그렇게 살다 죽을 수는 없어.

지현모　최서방이 때려?‥그런 건 아니잖아.

지현　내가 능력이 없어‥그런 남자/ 그런 집안 감당할‥그릇이 못된다구. 무능하단 말야…

지현부　(오버랩의 기분)정말……생각을 바꿀 여지는‥ 털끝만큼두 없는 거야?

지현　(고개 세게 흔들며)아뇨. 아니에요. 싫어요……

부모　……(보며)

지현부　최서방하구는 언제까지 끊구 있을 거야. 사람 애 말리지 말구 연락해.좌우간 어찌됐거나 간에 끝을 내두 만나면서 해야 할 거아냐…어른들은 아직두 우리 집에 있는 걸로 아신다는데……저 혼자 얼마나 속이 타겠어…

지현　제가 알아서 할께요.

지현부　(끄덕이며)만나. 만나면서 포기하게 만들어…이건 사람 골탕 먹이는 거야.…부부루 일년 넘게 살았는데‥못살겠다면서 골탕까지 먹일 거 없잖아….

지현　(끄덕인다)….

종업원　주문 안하세요?

지현부　(종업원 올려다보면서)주문…주문 해야지요…해야지…당신 물냉면이지?

S#　냉면집 앞‥

　　[나오고 있는 세 사람……]

지현　택시 타구 가세요….

지현모　너 전화번호 내…핸드폰 말구 전화 있을 거 아냐.

지현　아직 안 놨어 엄마. 그리구/ 있어두 엄마 모르는 게 나아.알면서 최서방 안 가르쳐주기 힘들잖아.

지현모　있는데두 모르구 핸드폰은 꺼놓구 답답해 사람 어쩌란 말야.

지현　내가 날마다 하께. 날마다 하께 엄마…

지현부　(그 동안 택시 잡고)타. 택시 잡았어‥

지현모　알았어요.(하고)너 돈은 있지?

지현　그럼요‥떨어지면 달라구 그러께‥얼른 타요‥

지현모　후우우우우 (한숨 토하면서 택시로)…‥

　　[택시 뜨고]

지현　……(한쪽 손바닥으로 입 막으며 돌아서 걷기 시작하는/터지려는 울음)……

S#　지현의 오피스텔

166

지현 (들어와 맥없이 침대에 걸터앉으면서)………

S# 백화점 식당/방 안/일식집

  [부모/형 내외 강욱 내외/유진 식사 기다리는 중…]

강욱모 (아이 무릎에 세우면서)아이구우 이 녀석 그동안 한뼘은 큰 거 같네유 여보.으흐흐흐흐흐. (큰며느리에게)안 그려? 훨씬 컸지 안 그려?

형수 아무래두 컸겠죠 어머니.

형 누굴 닮은겨 쟤는.

강욱 아직 잘 모르겠어요‥

강욱부 애비 아니면 에미 닮았겄지…아직 몰르겄다 증말 이 자식은‥

강욱모 강욱이 닮았슈…아 봐유 왜 몰라유. 딱 지 애비 요만할 땐데‥

형 그럼 심각하쥬 엄마. 기집애가 제수씨 닮어야지 똑 떨어지게 개성있구 이쁘지/애 닮어서는 시집 보내기 어려워요.

강욱모 아이구 그렇구나 참.니가 사내가 아니구 여자구나 응? 오호호호호(민경 보며)너 닮었다.너 똑 닮었어‥

강욱부 저런저런.

다 같이 (웃고)

강욱모 밤낮 뒤집힌 건 어떠‥좀 나진 겨?

강욱 네.(대답하려는데)

민경 약간 나졌어요 어머님. 그렇게 심하지는 않아요‥

강욱모 에미 고생시키지 말어. 효녀는 그라는 거 아녀.알었어?으흐 흐흐흐흐(얼굴 부비며)

민경 (그러는 게 좀 신경에 걸려서)주세요 어머니 제가 데리구

강욱모 아이구 아녀. 얼마만인데 안구 좀 있자.

강욱부 그런데 너는 왜 얼굴이 전만 못한겨?

민경 ?저요?

강욱부 그려.강욱이가 뭐 속썩이냐?

강욱모 속 썩일 게 뭐가 있어유. 양반 중에 양반이.

강욱부 아낙 얼굴 상하는 건 남편 탓여. 너 어떡하는겨‥

강욱 네 저

형수 어린애 때문에 힘들어서 그래요 아버님‥더구나 동서는 병원 일두 하니까 고단하지?

민경 네‥죽을 지경이에요‥

강욱부 보약 좀 지어 올려야겠구먼.

민경 아우 아니에요 아버님. 괜찮아요. 염려 마세요. 저 좋아요.

강욱부 양의 한약 질색하는 거 /그거냐?

민경 네‥저 한약 써서요 아버님.

형 결혼식 보구 우리는 아파트 계약하러 움직였다 내려간다.

강욱 ?아파트요?

형 애들 진학 문제 때문에 아무래두 서울루 옮겨야겠어서‥

강욱 (아버지 본다)

강욱부 복잡하게 늬들한테 짐 더맡기구 그라지 말구 내가 그라랬다. 모두덜 내 식구 아니면 짐스러워하는 인정이니 별수 읍는 일여.

강욱 그럼 아버지 엄마는

형 아 나랑 늬 형수는 아주 옮기는 건 아니구 주말에만 잠깐 올라와 애들 보구 그랄껴.사람하나 두구.

강욱 에에…

형수 동서 이제 걱정 안해두 돼‥좋지?(악의가 있는 건 아니다)

민경　네..잘 됐네요…자신 없어서 걱정했는데…

　　　[방문 열리고]

강욱부　자아 밥 들어온다아아.밥 먹자아…

S#　강남 쪽 어느 공원 벤치…

　　　[나란히 앉아 있는 지현 부모….]

지현부　…..(심란해서/나란히 한 화면 속에서)

지현모　(손수건으로 눈물 찍어내며)….

지현부　그럴 거 없어…할 수 없어…지가 못 살겠다는데야 할 수 없는
　　　노릇이야….

지현모　….

지현부　요새 애들 말루..지 인생은 지꺼니까……누구보다두 지가/
　　　지 인생 놓구 열심히 생각해서/결정했겠지. 우리 자식 결정을 ..믿
　　　어 주자구…

지현모　오래비 무서워 집으루두 못 들어오구…응응..

지현부　지태 아니구두 집으루 들어오기는 그랬겠지이….독립할 나
　　　이야 괜찮아.

지현모　마음 고생이 얼마나 심했으면……(아예 손수건으로 눈 가려버
　　　리고)

지현부　그래애애….(한숨 푸우욱) 그게 불쌍해……당신 최서방 전화
　　　번호 모르지?…

지현모　(울며)집에 있지요…

지현부　(끄덕이며)…그래 됐어…..됐다구……

부부　…….

S#　빌라 단지로 들어오는 민경의 자동차…..

[주차하는….]

S# 차 안…..

민경 (운전대에서)저녁 먹구 가께…이선생은 혼자 해결해…

강욱 (뒷자리에서)….그래 그렇게 해…

민경 (내리고)

강욱 (아이 안고 내린다/보따리도 함께)

[아이 민경에게 넘어가고]

민경 차 갖구 가…어차피 애데리구 운전 못하니까 엄마 차루 가께.

강욱 …..(끄덕인다)

민경 (빌라로 들어가는)….

강욱 …….(보다가 운전대로)

S# 운전하면서 아파트로 가고 있는

강욱 …..

S# 빌라 거실

서여사 (아이 안고)그 노인네들은 왜 그렇게 자주 오르락 거려.

민경 뭐어..백일 때 오시구 첨인데..

서여사 그래서 집에는 안들리구?

민경 결혼식 가셨다 아파트 계약하구 곧장 내려 가신대요.

서여사 무슨 아파트?

민경 왜 얘기했죠.형 천재 쌍둥이 애들 고등학교 진학 서울로 시킨
다구. 우리 집에 맡긴다 그러더니 아파트 사서 둔대나봐요.

서여사 그거 듣던 중 반가운 소리네..어따 맡겨 맡기기를..

민경 이서방은 그것두 김새요…

서여사 ?

민경   내가 싫어하는 눈치 보여서 그렇게 됐다 생각할 거거든.사실 이구.

서여사   당연하지.누가 좋대 그걸..아무튼 핑계만 있으면 개갤라구 드는 사람들 딱 질색야.아파트 사 놀 능력있는 사람들이 애초부터 왜 실없는 소린 한 거야 그래.

민경   해결됐으니까 끝났어요..(아이 일으켜 엄마에게 주며)목욕 엄마 가 시켜요.

서여사   아 니가 시켜..나 귀찮아.

민경   엄마가 좀 해요오오. 나 기운 없어어.

서여사   어이구.(일어나며)알았어 이모 들어오면 이모한테 씻기라 그래…나 전화할데 있어..(침실로)

민경   차암 이상한 할머니야.

서여사   (돌아보고)

민경   다른 할머니들은 손자손녀한테 뼈가 녹는대요…목욕 한번 안 시켜주구

서여사   아 애 씻기다 혈압 오를까 그래.

민경   어으어으.

서여사   (들어가고)

민지   (내려오며)언제 왔어?

민경   지금..어디 가니?

민지   유진아아아아(아이 건드리며)홍식이랑 우리 아버지 만날 거야.

민경   홍식이 엄마 안 좋아하는데 너 아버지까지 같이 만나는 거야?

민지   엉.왜?

민경   얼마나 시끄러울려구 그래…정말 걱정이야.

민지 유진아 이모 갔다 오께에에에? 놀아 나 나가.(현관으로 가는데)

이모 (시장거리 들고 들어오며)나가니?

민지 네..

이모 (들어오다)아이구 유진이 왔구나아아아.(시장 바구니 든 채 다가와 바구니 놓고 아이에게 손 뻗는데)

민경 손 씻구 이모오.

이모 유난스럽기는..야 그렇게 안 키워두 돼.(아이 뺏어 안으면서)그렇게 키운 애들이 더 약골야.알지두 못하구 그러지 유진아 응?

S# 아파트 거실

강욱 (들어와서 아파트 키와 자동차 키 적당한 곳에 아무렇게나 놓고 주방으로 가서 주스 한 잔 따라 들고 침실로 가다가 오디오 세트에 음악 넣고 침실로)

S# 침실

강욱 (들어와 주스 잔 놓고 상의 벗어 장에 걸고 주스 마시면서 나가려다가 침대 위에 벗겨 놓은 아이 옷 보고 다시 주스 잔 놓고 아이 옷 집어 얌전하게 개켜서 침대 안에 넣고 민경이 벗어놓은 옷들도 집어 침대에 길게 걸쳐놓는다)

S# 거실

강욱 (주스 마시며 나와서 소파에 푸욱 앉으며)…………

S# 지현네 마루

[부부 들어오고 있다…]

지태 (전화 중)니가 모른다는 게 말이 돼? ….안 믿어 글쎄 말해..지현이 어디 있니 응?

S# 작업실 복도 구석

172

현경 (핸드폰 들고)아우 참 오빠 정말 모른다니까요? 우리 엄마 아부지 내 동생들 목숨 걸고 맹세해요. 저 몰라요 몰라서 답답해 죽을 지경이라구요 지금 저두우우.(그래도 혹시 유자 들을까봐 소리 죽여서)……(듣다가)오빠··부모님에 형제들 목숨까지 걸구 거짓말하겠어요네?……정말 몰라요…그래서 저두 지금 배신감에 기분 드러워요··나쁜 기집애 이건 친구두 아냐 진짜…

S# 마루

지태 (부모는 그냥 방으로 들어가고 없고/)짐작되는 데 없니?…늬들 여행갔을 때 어디 다시 한번 가구 싶다거나 그랬던 데두 없어?……그래 알았어. 연락오면 너 즉각 여기루 알려··그래 믿는다····(하고 끊고 불끈 일어나 안방 앞으로)현경이두 모른대요 아버지.

지현부 E 그래 됐어…애 태우지 말어…나타날 때 되면 나타나겠지…

지태 어떻게 애를 안 태워요 아버지. 죽었는지 살았는지두 모르구우.

S# 안방

지현모 (남편 옷 갈아입는 것 거들면서)죽긴 왜 죽어. 죽을 일두 많다····

S# 마루

지태 (입맛 써서 있다가 자기 방으로)

S# 부부 침실

지태 (들어오다 보면)

초희 (낮잠 자고 있다)……

지태 ……(미워서 보다가 침대 가까이 가)이 사람은 짐승이야 동물이야. 지금 잠이 와?

초희 ····

지태 (건드리며)일어나 일어나. 아버지 어머니 들어오셨어. 일어나

빨리.

초희 아으응 들어오셨으면 들어오셨지 뭐어어어.

지태 (이불 걷고 엉덩이 철썩)빨리 일어나 나가서 왔다갔다 해. 누구 속터쳐 죽일래?

초희 아으ㅇㅇㅇㅇㅇㅇㅇ

S# 성북동 전경(밤)

S# 종혁의 방

종혁 (엎드려 자고 있다)‥‥‥‥(사이드 테이블에 술병과 컵)

노여사 (들어온다‥‥침실로)‥‥애‥‥‥애‥‥

종혁 (숨 푹 내쉬며)예‥예‥

노여사 왜 저녁을 안 먹는대‥‥먹어야지 굶으면 어떡해‥

종혁 ‥‥‥‥

노여사 애애‥

종혁 생각없어요‥자야 해요‥잠이 필요해요 저‥‥

노여사 먹구 올라와 또 자면 되잖아‥‥‥아버지 걱정하셔‥‥응?

종혁 죄송해요‥자겠어요‥‥‥

노여사 ‥‥‥(보다가 돌아서다 술병 본다)‥‥‥술 마셨니?

종혁 ‥‥조금요‥‥

노여사 아니 술은 왜 마셔. 안 먹구두 자는 사람이‥‥

종혁 ‥‥‥‥

노여사 ‥‥(보다가 이게 나 때문에 이러나 싶은 얼굴/좀 나빠지면서 돌아서 나간다)

S# 거실

최회장 (퀴즈 프로그램 보고 있다/)‥‥‥(아내 오는 기척에 돌아보며)내려 와?

노여사 그냥 잘 모양이에요….생각 없다네요..(앉으며)

최회장 굶으면 쓰나…

노여사 저게…지 댁 유산한 게 내 탓이다아아 데모하는 거에요.

최회장 ?건 무슨 소리야…

노여사 아(자신이 놀래켰다는 건 남편은 모른다)…아 내가 지 댁 편하
게 안해 줬다는 거죠 뭐. 더 이상 뭘 더 어떻게 해…

최회장 결혼 초기에 편한 시어머니가 어딨어.

노여사 그러게요….

최회장 짝 생기면 짝 편 드는 게 아들 놈들야…우리는 그 시절 없었어?

노여사 그래요(한숨 섞어 일어서며)뭐 필요한 거 없으세요?

최회장 없어.

노여사 그럼 저는 들어가 누워요.

최회장 초저녁이야.

노여사 (그냥 안방으로)

S# 안방

노여사 (들어와 보료에 앉아서)…………

S# 친정 안방

지현모 (아예 자리 펴고 누워 한 손 이마에 올리고)……

지현부 (앉아서 뻑뻑 담배 피우면서)………

S# 지현의 오피스텔

지현 (책 보고 앉아 있다)……

S# 강욱의 거실

강욱 (혼자 라면 먹고 있는/ 책 보면서)……

S# 민경 친정 주방

이모 (시금치 다듬다가)?……(보고 있는)아직두 그럼 어떡해 이것아 이제 그만 잊어버릴 때 됐어.

민경 (커피 뽑아지는 것 보며)글쎄 그게 그러네 이모….별 재미가 없어요…피차 사사건건 부딪치구 사사건건 피차 김새하구….우리 그래요 요즘……아니 요즘이 아니구 쭈욱 그래..죽 그렇게 살아요…

이모 니가 잘못하는 거 아니니? 이서방 용한 사람이잖어..

민경 글쎄에에

이모 내가 아주 냉정하게 객관적으로 봐두 /이서방보다는 너한테 문제 있다 너.

민경 (돌아본다)

이모 너 너무 니 본위야…어린애 문제두 그러는 거 물론 아니었구 그리구 즈 엄마 불러올린다는 건 왜 싫대.

민경 싫으니까 싫대지.

이모 싫어두 글쎄 부부가 원만할려면 그런 표시는 안하는 거야. 싫어두 좋은 얼굴로 그러까? 그럼 그러자. 그럼 나두 좋지 뭐. 그러는 거란 말야..

민경 그래주기 싫은데 뭐….이뻐야 그래주지….그만큼 이쁘지가 않어…

이모 이서방 없으면 죽는다더니 왜 살어보니까 별 거 아니니?

민경 걔 아직 그 기집애 생각 많이 해…그런 애가 어떻게 이쁠 수가 있어.

이모 ……(보며)

민경 용해? 어이구 이모는 소가지가 얼마나 못됐는데…사람 깔아 뭉개구 무시하구 /..말할 수가 없어…이중인격이라니까?

176

이모   아무리 스피드 시대래두 권태기 빨리두 온다………(나물 다듬다가)하기는 올 때두 됐다. 학교 때부터 계산하면 그럴 때두 됐어.

민경   학교 때까지 치면 어떡하우. 그때는 그냥 친구였는데 뭐.

이모   아 친구루 지낸 세월은 세월 아냐?··

민경   갠 나 사랑 안해…

이모   (나물 만지며 시렁치도 않다)귀엽게 굴어 글쎄…누가 건드리래?…이서방은 뭐 사람 아니구 남자 아니야? 너는 무슨 짓을 하든 이서방은 그저어 상관없이 아씨 모시듯 그래야 해?

민경   (일어나 커피 다 뽑힌 커피포트 빼면서)그만 둡시다. 이모랑 내가 무슨 얘기를 해.(커피 따르는)

이모   ····(보다가)잘 난 허민경 어디가구 그렇게 됐니.

민경   잘난 허민경 천덕꾸러기 됐다우……봐….찾지두 않잖아.

이모   저녁두 안챙겨주구 몰라라하구는 그래두 찾기는 바래?··니 잘못야 니 잘못 /전부 다 니 잘못이라구.

민경   (커피 입으로 올리며)……

S# 강욱의 거실

강욱   ·····(거실 가운데 서서 바지 주머니에 두 손 찌르고 바닥 보며 우두커니…)

　　M 음악은 여전히……

S# 지현의 오피스텔

지현   (노트북 두드린다)……

F.O

S# 회의실

　　[간부 일곱 명 정도.]

종혁 케이피는 우리 회사 특화 상품이랄수 있는데 케이피 지수를 개발하는 게 어떨까요.회사 이름 따서 제이에취 케이피 인덱스라고 해서 지수를 개발해 보자구요.채권도 말이에요 지수 개발해서 제이에취 본드 인덱스 라고 만들고 그럼 우리 회사에 대한 인지도도 높아질거고 말예요.채권은 그런 거 없잖아요.

강부장 거기서 만들었죠 미래

종혁 (오버랩)아 그렇군…뭐 상관있나.우리도 만듭시다.

심부장 내 생각에도 본드 인덱스는 꼭 필요해요.

문부장 그런데 그게 네 명이 작업해두 꼬박 한달 이상 걸려요.

종혁 그렇게 힘드나요?

심부장 쉽지 않은 만큼 할만한 일이지.많은 사람들이 쓰기만 해 준다면야

종혁 쓰기만 해 주면야 힘든 게 대순가…심부장 그것 좀 해주쇼.응? 케이피 하고 인덱스 만들자구.

심부장 글쎄에‥내부적으로 껀 당 얼마씩 준다 그러면야(웃으며)

종혁 아 줘요 줘.

심부장 그런데 이런 식으로 맡다보면 업무가 너무 많아지는데‥

종혁 아 시끄러워요. 그냥 해요.

문부장 (서류 보며)그리고 장외시장 매매로 넘어가야 하는데…너무 많거든요?

종혁 아냐 계속해요.

강부장 조금 있으면 점심 먹어야 하는데요.

종혁 점심 살래요?

모두 (웃고)

178

종혁   (서류 보며)계속해요.

문부장   채권시장에서 장외 시장을 두 개 로 나눴습니다 그래서

S# 사장실

종혁   (들어와서 테이블로 가 앉으면서 우편물들 훑어보면서 하나씩 제끼
다가 문득)……(종이칼로 뜯고 알맹이 꺼낸다)

지현   E 얼마나 황당해 하고 있을지 생각하면 정말 미안해요.

줄곧 잘해주려고 애쓴 당신한테 이러는 게 도리가 아니라는
거 압니다.

한 마디로 당신 여자로 살기에는 내가 너무 무능하고 부적합
해요.

최선을 다해 당신 여자가 되려고 노력했지만 나는 지쳤고 이
제 해방되고 싶어요.

한달 쯤 뒤에 연락할께요.

그때는 정리가 돼 있었으면 해요.

종혁   (편지 확 구겨버린다)……(있다가 벌떡 일어나며 담배 태워 물고 서
성거리면서)………(한동안 그대로이다가 도로 테이블 의자로 가 앉으며
전화기 들고 114)

E 일일사 메시지.(잠깐 기다리라는)

종혁   …….

안내 응대   F (사람 응대)네에.

종혁   이강욱 성형외과 부탁합니다‥

안내   다시 한 번 말씀해 주십시오.

종혁   이강욱/이강욱 성형외과요.

안내   F 어디 있는 거지요?

종혁 모르겠습니다…강남 어디 아니겠어요?

안내 F 잠깐 기다리세요………

안내 (기계음/)문의하신 전화는 ***국에 ****번입니다.

종혁 (전화 끊었다가 다시 건다)

간호사2 F 네 성형외괍니다.(종혁….)여보세요?

종혁 이 선생 계십니까.

간호사2 F 어디시라고 전해드릴까요.

종혁 …친굽니다.

간호사2 F 잠깐 기다리세요.(전화 놓고 잠시 있다가)

강욱 F 네에……여보세요.

종혁 (전화 꽝 끊으면서 연결로 전화기 집어 테이블 꽝꽝꽝 내리치고 벌떡 일어나 창으로 가 서서)……

여비서 (놀란 얼굴로 문 열고 보는)……?

종혁 ……(그대로)

여비서 (조용히 겁먹고 문 닫는다)

종혁 (이마로 손이 올라가는)……(꼼짝도 않고 한참 동안)…………(그 상태에서 손만 내리고)……(눈 내리깐 채)……(힘 쭉 빠지면서 그래 못할 것도 없어……테이블로 가 다른 전화기 집어 들고)……(마음 가다듬는)….

S# 강욱의 진찰실

간호사2 (문 열고)선생님 점심요.

강욱 어 고마워요.(책 놓고 일어서는데)

  E 밖의 전화 울리는

강욱 (그대로 움직이고)

180

S# 진찰실 밖

강욱   (나오는데)

간호사2   (네 성형외괍니다…잠깐만 기다리세요)선생님.

강욱   아 (받는다)네에..

종혁   F 혹시… 박지현일 아십니까.

강욱   ?……

S# 종혁의 사무실

종혁   ……(선 채다)

강욱   F …누구시죠.

종혁   (눈 감았다 뜨면서)나 최종혁입니다.

강욱   F ……네..그런데 무슨 일이시죠.

종혁   실례가 될 수도 있겠습니다만….솔직하게 대답해 주시기 바랍
니다…..

강욱   …..

종혁   여보세요.

강욱   F 듣고 있습니다…

종혁   최근에…집 사람 만난 적 있습니까?

S# 강욱의 진찰실 밖

강욱   ….아뇨 전혀 없습니다…

종혁   F 통화는(남아 있는데)

강욱   (오버랩)없습니다. 전혀 없습니다..

종혁   F 알았습니다. 실례했습니다. 안녕히 계십시오.

    [전화 끊어지고]

강욱   …………

S# 종혁의 사무실

종혁   (의자에 길게 던져지듯 앉아 눈 질끈 감고 아구 악물고)········(참아 넘기는)··········

      E 전화벨

종혁   ······(한동안 두었다가 받는다)네 최종혁입니다····(자세 고치면서) 네 장인 어른··

S# 카페라기보다 다방풍

종혁   (들어와서 찾아서 움직인다)

종혁   이 동네까지 웬일이세요.

지현부   (물 마시다가 올려다보며)어 앉어···

종혁   소식 있습니까.

지현부   전화로 할래다가··얼굴보구 얘기하는 게 졸 거 같아서.

종혁   지현이요.(오버랩의 기분)

지현부   어제 낮에 만났어.

종혁   어디 있답니까.

지현부   그건 모르네

종혁   ·····

지현부   말 안해·· 밖에서 얼굴만 보여주구 헤어졌어···

종혁   ······(보며)

지현부   있을 데 만들어 들어갔나본데 전화두 아직 안 났대···걔는·· 자네 보기가 무서운가봐··아니 무섭다기 보다 안 보구 싶은가봐···· 자네 성격 뻔히 아니까··만나면 또 싱갱이해야 하구··그게/ 하기 싫 은 모양이야··

종혁   아픈 거 같지는 않습니까.(안 보는 채)

182

지현부　우리 내외…밤새 잠 못자구 얘기를 했는데….아무래두 자네가 뇌 줘야겠네…

종혁　?(보는)

지현부　미안한 거야 이루 말할 수가 없지만…애 보니까 가망이 없겠어…

종혁　이유가 뭐랍니까.

지현부　지가 무능하대….감당할 그릇이 못된대…

종혁　…..(가만히 보며)

지현부　장가 잘 못 들었어….미안해…

종혁　저한테 연락하라는 말씀은 하셨습니까.

지현부　했지…그런데 연락할 성 싶지 않어…

종혁　….(고개 옆으로 돌리며)

지현부　그래서 말인데…에이 나쁜 기집애 그러구….자네가 그만 포기하구 말어…

종혁　아버님은 어떻게 그렇게 간단하세요…

지현부　…자네한테 보내는 거 아니었든 거 같아….주제가 못되는 애를 보냈어..

종혁　그런 말씀 마십시오.그런 건 아니에요.

지현부　….언제까지나 어른들 속이구 넘어갈 수 있는 거두 아니구… 그래서…우리 집 사람이 자당님 찾아 뵙구 백배 사죄하구/우리 애 물러나는 게

종혁　(오버랩의 기분)아닙니다.그러지 마십쇼…제가 알아서 합니다. 가만 계세요.

지현부　….(보다가)친정에 있다 그래놓구 언제까지 이대루 있어.

종혁　어디서 만나셨습니까…

지현부　갈비집…

종혁　어디 있는 건데요.(에서)

S#　**지현의 오피스텔**

지현　(노트북 켜놓고 냄비에서 삶은 우동 그릇에 옮기는 중)

　　E 노트북 소리/편지가 왔습니다.

지현　?……(노트북으로)……(이메일로 들어가는)

강욱　F 지현씨가 읽을 수 있을지 없을지도 모르면서 몇자 적습니다.

　　방금 전에 최종혁 사장 전화 받았습니다.(지현?)

　　최근에 지현씨 만난 적 있느냐/통화한 적은 있느냐는 질문을

받고

　　전혀 없다는 대답을 했습니다.

　　도대체 무슨 일이 있는 겁니까…

　　걱정으로 가슴이 심장이 오그라드는 느낌입니다.

　　이 편지 꼭 읽을 수 있기를 바랍니다.

지현　….(의자에 앉으면서)

S#　**강욱의 진찰실**

강욱　…….(컴퓨터 켜놓고 마치 답장 기다리는 것처럼)…….

　　E 노크.

강욱　네..

간호사2　선생니임..(왜 안올라오세요)

강욱　아 미안해요.(시스템 종료하면서)금방 올라가요..

S#　**종혁의 사무실**

종혁　(전화 들고 회사 복도 걸어오며/기다리고 있다가)….어 나 최종혁

이야…어 그럼 잘 있지…거긴 어때…어 다름이 아니라 너 써먹을 데
가 생겨서 찾았어. 야 힘드는 거 아냐 간단해. 왜 미리 떨어 막강한
녀석이. 너한테는 파리 한 마리 잡는 일야 떨지 마….하하하 나는
파리채가 없어서 그래 임마(하며 제 사무실로 들어가는)

S# 병원 주방

강욱 (들어오며)미안합니다‥허선생 미안해요‥

민경 무슨 전화 받았는데‥

강욱 어 별 일 아냐.기도했나요?

간호사3 아뇨.

강욱 그럼 하세요‥‥(간단히 하고)잘 먹겠습니다…

간호사4 낙지 볶음 너무 맛있게 됐어요 선생님…

간호사3 우우우 너무 매워서 눈물이 쏙 빠져요‥매운 거 잘 못 드시
는데 잡숫지 마세요.

강욱 그래요? 얼마나 매운데 그러지?(하나 집어 씹고)음‥맵기는 맵
군요. 울고 싶은 사람 먹고 울면 되겠네‥

민경 그럼 내가 먹으면 되겠네.(집는다)

간호사1 선생님 울고 싶으세요?

민경 응.

간호사4 왜요 선생님.

민경 우리 이선생이 날 미워하거든.

간호사들 에에/설마아‥말두 안돼‥

민경 왜 내말은 곧이들을 안듣니. 나쁜 애들야 진짜…이선생 말에는
안 그러면서/어 이거 진짜 맵다.(물컵 집으며) 고춧가루 이거 뭐 쓴
거야. 고추가루 새루 샀니?

간호사4　제가 집에서 갖구 왔어요. 어제 새로 빨았다는데 찌개가 아주 맛있더라구요? 그래서 조금 얻어 왔어요.

민경　(물컵 내리며) 이거 살인이다 (혀 흔들면서) 우우우 우우우우

간호사들　(또 조금 웃고)

S# 지현의 오피스텔

지현　.....(편지 화면 보면서).......(있다가 편지 처리하고 일어나 우동으로) ......(식탁에 놓고 먹기 시작).....

S# 오피스텔 근처 야경

S# 지현의 오피스텔 안

지현　(원고 쓰고 있다)......(쓰다가 멈추고 궁리하구 몇 자 쓰다가 멈추고) ....(그러다가 뒤로 기대면서 목 좀 주무르다 문득/......있다가 얼른 일어나 노트북 케이스 꺼내서 안 포켓에서 사진 봉투 꺼낸다)

　[언젠가 현경 유자와 같이 찍었던 사진/야외/]

지현　...(죽죽 넘기다가 한 장 뽑아낸다)......(셋이 다 좋은 사진/또 한 장/ 현경이와 둘이 찍은 것).......(보며 조금 웃는).......

S# 성북동 주방(밤)

노여사　(납작하게 편 더덕에 고추장 양념 바르면서)....(볼이 있는 대로 늘어져 있는)

제천댁　(만두 빚으면서 눈치 보고)...

미스장　(만두 빚고)

노여사　참..세상에 살다살다 별 해괴한 일을 다 겪구 사는구먼....(옷 벗고 있다)

제천댁　...(흘끔 잠깐 보고)....

노여사　엿새 째야.....이럴수는 없는 법이야...

186

제천댁　글글쎄요 사모님 …새 댁이 몸이 안 좋아 앓구 있는 건 아닌지 싶네요.

노여사　아프면 전화 한 통 할 기력두 없이 아퍼?

제천댁　….글쎄요…

노여사　도오저히 이해할 수가 없는 애야….이해할 수가 없는 집안이 구…이건 원 사람이 무슨 경우가 있어야지…딸이 그러구 갔으면 그 즉시 전화 한 통 넣어서/여러가지루 참 면목없는데 아이까지 보내 줘 몸둘 바를 모르겠다든지 무슨 얘기가 있어야 할 거 아냐‥그게 원칙 아냐 제천댁.

제천댁　예 그러믄요 사모님.

노여사　사람 겪어봐야지 겉보구는 모른다는 게 참 맞는 말이야…그 렇게 안 봤는데……

제천댁　……

노여사　하기야 애가 즈 부모한테 뭐라 그랬는지 모르지……아니 뭐 라 그랬대두 그렇지 /부모가 뭐야…출가 시킨 자식 시집불평 눈물 쏙 빠지게 야단치구 훈계해서 바로잡아야 하는 게 부모 아냐? 안 그래?

제천댁　네에.

노여사　회장님 아시면 당장 호적 파라 그러실 일야…

제천댁　(보는)?

노여사　전화 오는 거야‥혹시라두 회장님께 실수하지 말어. 미스 장두.

두 사람　(대답)

노여사　(일하던 것 놓고 일어나며)아이구 아이구 허리야……(나간다)….

두 사람　(일어나서/안녕히 주무세요 사모님)

노여사 어이 서둘러 끝내구 자요‥(나간다)‥‥

두 사람 (도로 앉아서 만두)‥‥

미스장 (눈치 보면서 속살거리는)이층 사모님 도루 오실까요?

제천댁 ?‥‥그게 무슨 소리여.

미스장 저는…어쩨 안 오실 거 같은 느낌이 들어요.

제천댁 ?‥‥왜‥

미스장 나가신 게 이상하잖아요…저 방에 있었단 말예요‥그런데 저
두 안 찾아보구 그냥 나가신게 좀 그렇잖아요.

제천댁 뭐…자구 있거나 그런 줄 알구 미스 장 봐줘서 그랬겠지.

미스장 그렇다면 왜 전화 안해요…

제천댁 ‥‥

미스장 예?

제천댁 입 다물구 할 일이나 해.우리는 아무 것도 모르는 사람들야‥
본 거두 들은 거두 없어‥그래서 말할 거두 아무 거두 읎서. 알어?

미스장 저는요 우리 사모님 좋으시기만 한 분인줄 알었었어요.

제천댁 ?(얘가 무슨 말을 하려고)

미스장 이층 사모님한테 하시는 거 보구… 많이 느꼈어요.

제천댁 ‥‥뭐얼.

미스장 시어머니는 무서운 거구나아‥

제천댁 쩟/ 그러다 사모님 들으시면 당장 쫓겨나.우리 사모님 제일
싫어하시는 소리가 당신 무섭다는 말인데 어디서……(만두소 그릇
만두 피 하나로 싹싹 훑으면서)새댁이 실수한 거야…친구한테 사모
님 무섭다는 소리하다가 들켰으니 혼나지 안나?

S# 안방

188

노여사   (어둠 속에 앉아서)

최회장   (자고 있고)·····

S# 친정 마루

[마루는 어둡고 열린 화장실 불빛 새어 나오고/]

[화장실에서 엄마 왝왝거리며 토하는 소리.]

S# 화장실

지현모   (변기에 대고 토하는 중)

지현부   (등 토닥여주면서)다 나온 거 같애...다 됐어······

지현모   (헐떡거리며/배가 너무 아프다)...

지현부   (물 주고)뭘 잘못 먹은 거야...

지현모   (물 마시다가 그만두고 남편 밀어내는)당신 나가요.

지현부   왜.

지현모   아 글쎄 나가라면 나가요..말 시키지 말구우우.(하며 괴춤 잡고/설사 기미)

지현부   그냥 해.

지현모   아 쌔우겠어.빨리 나가라니까요?

지현부   알었어 알었어.

S# 화장실 밖

지현모   (아버지 튀어나오는데)문 닫어요.

지현부   응 그래.(문 닫는데)

[와르르 쏟아지는 설사 소리.]

지현부   ....?..(있다가 허둥지둥 방으로)

S# 안방

지현부   (들어와서 허겁지겁 서랍에서 약그릇 꺼내 뒤진다..지사제가 어떤

건지 알 수가 없다·····그러다가 도로 튀어나간다)

S# 마루

지현부　(지태에 방 앞으로 두두리며)현식아...현식아······야 이눔아 지
태야!

지태　E 네 네 아버지.왜 그러세요

지현부　(오버랩)왜 그러나마나 큰일났어.이눔아 늬 엄마 아퍼.빨랑
나와 빨랑.

지태　예 예 알었어요.아버지.

　[잠깐의 사이에]

지현부　(화장실 앞으로)여보 괜찮아?····뭐해··괜찮아?

　[왝왝 토하는 소리.]

지태　(나오면서)어디가 편찮으

지현부　토하구 싸구 난리났어.약 찾어 약. 설사 멎는 약 먼저 찾어 빨리.

지태　예 알었어요.(황급히 제 방으로)

지현부　에미 깨워 깨워서 뜨건 물 좀 만들라 그래 엉?

S# 지태의 방

지태　(들어오며 불 켜면서)예 아버지. 여보 여보 일어나 어머니 편찮
으셔.일어나.(하면서 약이 어딨나 찾는)

초희　····(한 번 꿈틀하고 만다)

지태　약 어딨어 약! ···(조금 더 찾다가 돌아보면 초희는 그냥 자고 있고)
이 여편네 증말/(홰액 이불 치워버리고 마누라 왁살스럽게 잡아 일으
켜 흔든다)약상자 어딨냐구 약상자!

초희　그건 뭐할려구우우.

S# 마루

[아버지 엄마 부축해서 화장실에서 나오고 있다.]

지현부   걸을 힘 있어? 업으까? 업어주까?

지현모   (밀어내며)아이구 쯧..

지현부   약 먹었으니까 이제 그칠 거야…곧 그쳐.(하는데)

지현모   (아버지 떼밀고 도로 화장실로)

　　　　[이내 좌르르르르 쏟는 소리…]

지현부   (황당해서)아아아아안되겠다 너 얼른 가서 의사 모셔와.의
　　　사 데려와 빨리.

지태   아버지 시간이 몇신데요.

지현부   몇시가 무슨 상관야 몇시가. 늬엄마가 죽는데에.

지태   요새 왕진 안해요 아버지.

지현부   그런데가 어딨어.며가지를 끌어서라두 데려와.뒷일은 내가
　　　책임 질 테니까아.

지현모   E 여보오오.

지현부   ?(귀가 번쩍 띄어서)응? 왜애…

지현모   E 이리 좀 들어와요오..

지현부   응 그래.그래.

S# 화장실 안

지현부   (들어오며)왜 왜..

지현모   (변기 타고 앉아서 맥 없이 올려다보며)수선 떨지 말구 가만 좀
　　　있어요오…금방 날테니까 의사 안와두 돼요오.

지현부   좀 나지는 거 같어?..당신 기분이 그래?

지현모   (끄덕이며)맞어요 기분이 그래요..이제 나가요..

지현부   아 해애.

지현모　아이구 참 기운 없어 죽겠는데 밑 닦는 거 까지 볼 거에요?

S# 안방…

지현부　(앉아서 뜨거운 물 마시고 있는 아내 다리 주무르며 아내에게서
눈을 못 떼고)어때 좀 나?..나?

지현모　나요…

지태　이눔으 기집애 그냥..어이..(하고 일어나 방문 열고)뭐해!

초희　E 다 돼 가요오오..

지태　아직두 안 끓어?

초희　E 끓어요 끓었어요 붓구 있어요오오.(하다가)아아악!

모두　(놀라고)

지태　(튀어나가고)

지현모　재 왜 저래..

S# 부엌

지태　(뛰어 들어오는데)

초희　(한 손 데어서 띠워 들고 너무 아파서)하아하아하아하아하아.(뜨거운
물 부어서 수건에 싸 배에 대거나 하는 용도로 쓰이는 고무 유단포에 주
전자 끓는 물 붓다가 데었다/고무 유단포와 주전자 등)

지태　어이그으으으으(아내 휘잡아 수도로/물틀어 화상 입은 곳 씻겨내
면서)잠 안깼니? 아직두 안 깼어?

S# 안방

지현모　(배 아파서 쩔쩔매는)……

지현부　(같이 어쩔 줄을 모르는)……

지현모　(다시 설사하러 가려고 엉금엉금 기는)

지현부　(방문 열고 아내 잡는)..어이구우우우우 속상해..어유 속상해…

192

S# 지현의 오피스텔

지현 (이메일 쓰고 있다)

    ** 현경아 나 지현이.

    유자 신경쓰여서 전화 대신 편지 써.

    벌써 알고 있을 거라고 생각해.

    그이가 분명 너 찾았을 테니까 말야.

    **[여기까지는 이미 써 있고/계속되는 타이핑]

    너한테 연락 안한 이유 알지? 그러니까 화는 내지 마.

    나는 잘 있어....

    완전히 정리되는 데까지는 아직 넘어야 할 산이 많겠지만 어쨌든 다시는 내 자리가

    아닌 곳에 들어가 내가 아닌 나로 사는 일은 없을 거야.

    보고 싶다.....연락할게..

S# 작업실

    [작업 중 두 여자.]

    E 현경 화면에 편지 도착 메시지.

유자 (편지가 왔습니다에 잠깐 돌아보며)배철수 편지 왔다.

현경 (받기 클릭하면서)귀두 밝다.....?.........(눈으로 빠르게 편지 보는)

S# 강욱의 침실

    [둘이 각각 등 돌려대고 책 보는........]

강욱 (일어난다)

민경 .....왜..

강욱 잠이 안올 거 같아서...(나간다)

민경 .....(일어나 나가는 문 보며)....

S# 서재

강욱 (들어와 컴퓨터 켜고 ……이메일로……찾으나 회신은 없다)….(끄고 기대앉으며)…

S# 지현의 오피스텔

지현 (커피포트로 커피 뽑아내는데)

　　E 편지가 왔습니다.

지현 (노트북으로 가서 편지 받는 클릭)

　　[＊＊화면 글자.(소리와 함께)]

　　＊＊ 망할 기집애. 유자 아직 초롱초롱이야.

　　들키면 시끄러워. 유자 쓰러진 뒤에 쓸테니까 내일 아침에 봐.

　　종혁씨 물론 만났어…화 안났어. 어떤 경우에도 나는 너한테 화 못내.

　　왜냐…너를 좋아하니까.

　　그런데 너 정말 확고한 거니? 다시 생각할 수 없어?

지현 (편지 집어넣고 다시 커피로 가서 따르는데)……

　　E 차임벨‥

지현 ?……(문 쪽으로/무심하게)누구세요?

종혁 E 문 열어‥

지현 ?……

194

제27회

S# 오피스텔 안

지현　……(황당한 채)…

종혁　E ‥(나직이) 어서 문 열어.

지현　‥내일/내일 내가 연락할께요.

종혁　E 문 열어 빨리.(좀 강하게)

지현　……(포기하고 문 연다)……(보며)

종혁　……(보며 잠시 있다가 뚜벅뚜벅 들어와 방 훑어보며)

지현　……(보다가 문 닫으며 차분하게)어떻게 알아냈어요.

종혁　?(돌아본다)……

지현　새벽 한시에요.

종혁　이게 당신이 원하는 거야?……성냥갑만한 방에 침대 하나 책상 하나 놓구 이렇게 지내는 거?…음? 이거야?

지현　(보며/반발은 아니고)이것보다 더 작아도 상관없어요. 비꼬지 말아요‥

종혁　……(보며)

지현 (냉장고로/…찬물 꺼내 따라 들고 와 내밀면서 본다) 많이 마셨어요?

종혁 ….(보다가 냉수 컵 받아 식탁으로 옮겨 놓으면서) 짐 싸. …

지현 …..(그저 보는)

종혁 명령 투 싫댔지 참…짐을 싸 주시겠습니까..

지현 …..(보며)

종혁 안할 거야?

지현 …..(그대로)

종혁 (눈 꽉 감았다 뜨면서/치밀어 오르는 감정 억누르면서) 여러 말 하
게 만들지 마. 당신 소재 아까 세시쯤 알았어. 그때부터 이 시간까
지 나 제정신 아니었어. 내가 무슨 말을 지껄이는 줄도 모르면서
회의하구 브리핑 받고 미팅하고 저녁 먹고 술먹고/…..그러다 온
놈이야…들어서는 대로 너를 세방 쯤으로 아예 죽여버리고 말까/
아니면 유리창 깨고 내가 뛰어내려 버릴까 ….그런 놈이야.

지현 …….

종혁 성질 건드리지 말구 하라는대로 해……안 할래?

지현 ….(보며)

종혁 …..(보고 있다가) 당신 집으로 갔다가 내일 아침에 들어가는 거
야. 그런다구 말씀드렸어….

지현 …..(보는)

종혁 쉴 만큼 쉬었어. 들어가야 해.

지현 들어갈 거 같으면 나오지를 않았어요.

종혁 (오버랩의 기분) 좋아 무슨 말인지 알아들어.그런데 /이런 식으
로 당할 수는 없어. 알아? 이게 뭐야. 최소한 예고편이라두 몇번은
틀어줬어야 하는 거야. 나는 당신이 이럴 수도 있다는 건 상상두

196

못했어. 이럴 작정이면서 그 동안 한 침대에서 자구 옷 챙겨주구 그랬던 거야? 내…등에 꽂을 칼/ 갈면서 음?

지현   (안타까워서)그렇게는 생각하지 말아요. 그건 아니에요.

종혁   ….아니면.

지현   나한테 맞는 내 자리는 아니지만 죽는 날까지 그냥 뭉갤 수 밖에 없다구 생각했었어요. 살다보면 어머님두 나아지겠지. 나두 굳은 살 백히겠지…반은 포기하구 반은 희망 걸구 그렇게 살았어요. 이런 식으로 끝낼 생각 안 했었어요.

종혁   그런데..

지현   두번째 아이 실패하고 병원에서 처음 생각했어요…이쯤에서 그만둬야 하는 거 아닌가..

종혁   ….

지현   퇴원해서 집에 갈 때까지두 그만둬야하는 거 아닌가였지 짐쌀 생각은 안했었어요……집에 들어갔는데…어머님 바쁜 사람 불러 퇴원했다구 좋은 얼굴 안하셨어요..나는 뭔가 싫었어…나는 당신 몇시간 회사 일만두 못한 존잰가…정말 싫다.. 더 못살겠다..또 아이가져 그때는 제대로 낳는다는 보장두 없구/그 상태로 어머님하구 계속 살아야할 날들이 너무 끔찍하구 싫었어….잘못 받아들이지 말아요. 당신 어머니 탓하는 건 아니에요..어머니 때문 아니니까..누구 탓도 안해요. 나 자신 때문이야. 나는/나 영원히 애 못날거구/

지현   E (보는 지현 위에)어머니한테는 평생 찍혀있는 사람이구/당신 아무리 능력있구 나한테 잘 할려구 애 쓴다 그래두 당신 보는 건 하루 기껏 네다섯 시간/.그것두 거의 잠자는 시간이야…나머지

는 거의 다 어머니 눈치 보구/ 꾸중듣구 가슴 조이면서….나 참을
성 없다 그랬잖아요.

종혁　짐 싸.

지현　(좀 터지면서)당신 싫은 점은 여전히 싫지만 그래두 나쁜 사람
아닌 거 알구 정두 들었단 말야. 그렇지만 더 살기는 싫어. 나는 글
두 너무 쓰구 싶구/ 더 이상 내가아닌 나로 살기는 싫어.(단호한)

종혁　……(보며)

S#　지현의 목장

지현부　(아들과 함께 탈진한 엄마 부축하고 나와 지태의 자동차에 싣는다.)

지현부　애 왜 안나와 왜 안나와아.

지태　(벼락같이)빨리 안나오고 뭐해!!

초희　(뛰어나오며)나가요 나가요오오오‥

S#　지현의 오피스텔

지현　(식탁의 물 잔 집어 들며)되는 일없고 화려한 결혼이나 해보자‥
약혼했던 거 내가 실수한 거야. 잘못한 일인 줄 알았을 때 확실하
게 처리했어야 했는데…내가 뭔데 당신을 그렇게 힘들게 만드나…
그래서 결혼해버린 거두 실수였어.(물 한 모금 마시고 내리며) ‥‥그
렇게까지 힘들줄 몰랐었던 거두 내 실수구/나 이렇게까지 적응력
없는 줄 몰랐던 거두 내 실수야…봐 줘요.(물 잔 놓고 돌아서 보며)
당신하구 나쁘게 헤어지구 싶지 않아. 나를 좀 이해해 줬으면 좋
겠어…

종혁　……(가만히 보며)

지현　짐 안싸요. 억지 부리지 말아요.

종혁　나쁘게 헤어지구 싶지 않다면서 이런 식으로 뒤통수 갈겨?

지현 잘하구 살려구 내딴에는 노력했어요.믿거나 말거나 때때로 당신한테 좋은 감정두 느꼈었구 /당신 나/아이가진 거 기뻐하지 않는다 그랬지만 그건/ 나 사는 게 너무 힘들어서였지 속마음은 아이 낳아서 당신 기쁘게 해주구 싶었어. 방실방실 웃으면서 당신한테 살갑게 안한 거/나 알아. 그건.. 당신 없는 하루 종일이 그렇게 즐겁지가 않았구 내 자리가 너무 불편했기 때문이야.

종혁 ……

지현 나…놔 줘요…일년만 살아보라구 했잖아…일년 넘었으니까

종혁 (오버랩의 기분)그래 그런 말/ 했어….그런데 나는 아직 준비가 안돼 있어. 당신이 준비시키지를 않았어.

지현 ….(보며)

종혁 도저히/정말 도오저히 안되겠다면 어쩔 수 없어. 나하구 사는 게 이래야 했을 정도로 큰 고통이었다는 거/…좋아 납득 안되는 채로 수용하께….집에 있는 시간 별로 없는 내가 모르는 부분이 있겠지…그 정돈 줄 몰랐던 거 미안해…사과해(부드러울 필요 없음)

지현 (고개 돌리며)사과할 필요는 없어요.

종혁 (오버랩)나두! 더 이상 당신한테 매달리구 싶지 않아! 당신 뭐야. 당신 뭔데 번번이 나를 이렇게 돌게 만들어. (지현 무슨 말인가 하려는데 연이어서)닥쳐. 입 다물구 가만 있어. 안 그럼 너 …(억누르며)가만 안둬……(보며/격앙된 감정 자제하는 노력)

지현 …..(보며)

종혁 모든 게 다 니 탓이구 니 실수라구? 하…그 따위 반성문은 나두 얼마든지 쓸수 있어. 그게 나한테 멕힐 거 같아? 아니 나두 써 볼까? 그래 쓰지 못 쓸 거 없어. 첫째 너 맨 처음 만났을 때 너한테 혹

했던 거 부터가 결정적인 실수였어. 그 다음/만나자구 전화했던 게 두 번 째 빌어먹을 실수였고 /너를 내 여자로 결정해 버렸던 게 세 번째 한심한 실수였어…그 다음/ 나를 별로 좋아 안하는 거 알면서 눈 딱 감고 약혼했던 게 천치같은 실수였고 그 다음 마지막으로/…사진까지 받아들고도 결혼으로 밀어부쳤던 게 위대한 실수였어. 자 누가 더 많이 실수했니.

지현 종혁씨.

종혁 (상관없이 터진다)너는 니 실수 때문에 내 집안에 들어와 하루 하루를 지옥처럼 살았다 그러자 그래. 나는 내 실수 때문에 니/ 사고 처리 전담반으로 할짓 못할 짓 다해가면서 /내 부모한테 평생 동안 할 거짓말 한꺼번에 다해가면서/때때로 너 히히덕거리면서 찍힌 사진 눈앞으로 휙휙 지나가 기분 개떡이 되면서/……나는 아무 것도 안 치르구 훌륭하게 살고 있는 줄 알아?

지현 ……(보며)

종혁 음?….누가누가 더 잘 하나지 그렇지?

지현 피차….(시선 내리며)할 얘기 다 한 거 같네요…

종혁 ……(보며)

지현 (돌아보며)이제 그만 가요.

종혁 …..(보다가)좋아 너무 늦었어. 그럼 여기서 자구 움직이지.(하며 상의 벗는)

지현 헛고생하지 말아요 나는 죽어두 안 가요.

종혁 (휙 돌아보는)

지현 (식탁 의자에 앉으며)다시는 당신 집에 발 안 들여놔요. 어차피 사고처리 전담반이니까 전담반이 처리해요.

종혁   (두 주먹이 움켜쥐어지는)……

지현   ……

종혁   ……(혼자 참아 넘기고 한 손으로 입 막듯이 하며 천장 올려다보았
      다가 허탈하게 손 떨어트리면서)죽어도 발 들여놓기 싫어도 나를 봐
      서 한번은 들여봐 줘야겠어…이건…나뿐만이 아니라 내 부모님··
      우리 집안 전체에 대한 모욕이야…그렇게 당하게 만들 수는 없어.

지현   쫓겨나야 하는 거라는 말이죠…

종혁   (담담하게)적어도 우리 두 사람 합의는 있어야 한다는 뜻이야.

지현   (조용히/돌아보며)합의했다 그럼 되잖아요.

종혁   길게 잡아 한달만 아무 일 없는 듯 같이 있자… 그럼…원하는대
      로…해주께….

지현   …….

종혁   그것도 못해 주겠니?

지현   ……(보며)…..

종혁   너 여기 놔두구 나혼자 그냥 갈 거같아?!!

지현   …..

S# 시간 경과/같은 오피스텔

종혁   (지현 침대에서 눈 감고 있고)…..

지현   (창밖 내다보며 서 있는)……..

S# 심야의 거리/오피스텔에서

S# 오피스텔 안

지현   (창에 서서)…….(한동안 그대로 있다가 천천히 돌아보는)…..

종혁   ….(돌아누우며)….(그 바람에 덮은 것 벗겨지고)

지현   …(보다가 다가가서 이불 제대로 해주는데)

종혁 (지현의 팔목 잡는다)····(눈 감은 채)

지현 ····(보는)

종혁 ······(잡았던 손목 놓으며 그 팔이 눈으로 올라가고)······

지현 ·······(눈물이 고이면서)····

F.O

S# 지현의 오피스텔 주차장에서 빠져나오는 종혁의 자동차(새벽)

S# 운전하는 종혁과 옆자리의 지현

종혁 ·····

지현 ·······(담담하게)집에 전화 해야 해요···

종혁 ······해··(역시 담담하게)

지현 (핸드폰 꺼내서 번호 누름)

  F 전화벨 가는 소리··

진이 F 네에 목장입니다.

지현 어 진이야 난데

진이 F (오버랩의 기분)어머 언니.

지현 F 아버지 아직 안 일어나셨어?

진이 F 안 일어나신 게 아니라 어머니 편찮으셔서 다 같이 병원 가시
  구 지금 난리에요.

지현 (오버랩의 기분)어디가 편찮으신데.(종혁 돌아보고)

S# 마루

진이 잠수신 게 잘못됐는지 정신없이 토하시구 설사하시구 그랬대
  요.(옆에 있는 남편 보며)즈이는 자느라구 몰랐는데 거기다 형님은
  손까지 데구/지금 응급실에서 주사맞구 계시대요.

S# 자동차 안

202

지현　(오버랩)병원 어딘데.어느 병원야.....알았어...오빠 핸드폰 갖
　　　구 나갔나?..어 그래..너 모르겠다 알았어 내가 해보께.

종혁　(오버랩)병원에 핸드폰 사용 못하잖아.

지현　(끊으려다가)어 애 진이야..병원에서 핸드폰 사용 못하기 때문
　　　에 통화 안될 거야 그러니까 너 아버지하구 통화 되거나 들어오시거
　　　나 하면 나 지금 집에 들어간다구 그렇게 아시라구 말씀드려. 나중
　　　에 내가 전화드린다구 응?..그래...응 그래 알았어...(하고 끊으면서)...

종혁　누가 편찮으신 거야.

지현　엄마..

종혁　어디가 어떻게..

지현　토산가봐요......(하며 속상해 창 쪽으로 고개 돌리고)

종혁　(잠깐 보고 운전하면서)......

지현　(조금 머리 기대며 눈 감으며 한 손 이마로 올린다)......

종혁　......

S#　집 앞에 멎는 자동차..

S#　내리는 두 사람

정원　(문 열고 나오며 인사)

지현　(목례하고)

S#　정원

　　　[들어와 집으로 움직이는 두 사람....]

S#　거실

최회장　(신문 뒤적이고 있는데)

　　　[둘 들어온다.]

종혁　(아버지에게 다가와서) 안녕히 주무셨어요.

최회장 ?....(지현 쪽 돌아보는)

지현 (목례)

최회장 일찍들 움직였구나.

종혁 네.

최회장 그래 잘 쉬었냐?

지현 네에..

노여사 (주방에서 나오면서)왔니?

종혁 네 어머니.

지현 (목례)…

노여사 무고하시구?

지현 네..

종혁 장모님께서 편찮으세요.

노여사 ?..어디가.

종혁 위가 탈이 나신 모양입니다…병원에 들어가셨어요.

노여사 저런/

최회장 (오버랩의 기분)그런 거 같으면 며칠 더 있다 올걸 그랬다…아무래두 너 때문에 병 나신 거 같은데…

노여사 (소파에 앉으면서)병 날만두 하지요…어린애 잘못돼 와 있는 딸 자식 보면서 속이 편할 수 있나 어디..그래서 이제 움직일만 하니?

지현 네에..

노여사 그럼 어이 올라가 옷 갈아입구 아침 준비 거들어라…

지현 네에..

지현 (가방 집으려)

종혁　내가 하께.(제가 들고 앞서고)

지현　…(따르는)

S# 거실 침실

종혁　(들어와서 적당한 곳에 가방 놓으면서)나 씻어.

지현　(끄덕이며)그래요‥

종혁　……(벗으며 침실 쪽으로)

지현　……(보며)

S# 거실

지현　(옷 갈아입고 내려와 주방으로)

부부　(각자 자기 할 일)…

S# 주방

지현　(들어오며)안녕하셨어요 아주머니.

제천댁　(온 것은 이미 소리로 알고)아이구 어서 오세요…너머 반가워요.

지현　네‥미스 장두 잘 있었어?

미스장　네에.(수저 들고 식탁으로)

지현　내가 노께.

제천댁　친정이 좋지요?(소리 죽여)

지현　‥(그냥 웃어 보이고)

제천댁　그래두 다시는 이렇게 오래 비우지 마세요‥안 계시니까 왠지 사장님이 꺼주울하더라구요.

지현　…(그저 조금 웃어 보이고 수저 놓으면서 엄마가 걱정되는)……

S# 어느 준종합병원 응급실

지현모　(링거 꽂은 채 영감 한 팔 옷 잡고)아 입원은 무슨 입원이에요. 쓸데없이.

지현부　아 환자는 가만 있어.(팔 뽑으려 하며/인턴쯤 앞에 세워놓고)방 없으면 일인실두 좋으니까 우리 집 사람 우선적으루

지현모　(오버랩)필요없어요 선생님.이 양반 말 듣지 말구 내 말 들어요.설마만 미면 되지 입원은 무슨 죽을병 들었다구 입원야. 설사미 었어요.애 가자 그만 집에 가자 애비야.

지태　가만 계세요.주사 약 아직 좀 남았어요. 가더라두 약은 다 맞구 가야죠.

지현부　(오버랩)가기는 어딜 가.입원시킨다니까.

지현모　(오버랩)입원 안해요 글쎄.

지현부　말 들어 당신 이러다 죽어.(초희는 한 손에 붕대. 화상 치료/한 손 으로 엄마 다리나 팔 주무르는)

인턴　(소리 내어 웃으면서)하하하 안 돌아가시니까 걱정하지 마세요 아저씨. 굳이 꼭 입원하실 필요 없으니까 약 다들어가면 댁으로 모셔 가세요. 입원실 더 필요한 환자 많아요 아저씨.

지현모　(안심하고 누우며)내 뭐랬어 내 뭐랬어 어이구우우우 수선은 아무튼지간에‥

지현부　(의사가 그렇게 얘기하니까 더 우길 수는 없고 그래도 입원은 시 키고 싶고)…

지태　현식이 준비해서 학교 보내라구 했어?

초희　했어요…

S#　식사하는 성북동 가족

지현　‥‥‥(서 있고)‥‥

S#　침실

종혁　(출근 옷 갈아입는데)

206

지현 (담담하게 시중 드는)……잠깐요‥(하고 솔 꺼내 등 부분 밀어주고/
손수건 내민다)

종혁 (받으면서 안 보는 채 담담하게)어머니 가 뵙구 싶으면 말씀드려
주께.

지현 그럴 거 없어요‥(보며)‥이따 전화나 할래요.

종혁 그래‥그러는 게 좋겠어…말 들을 꺼리 만들 필요없어‥

지현 (끄덕이는)

종혁 고생해…나갔다 오께‥

지현 (끄덕이며)일 열심히 하구 들어와요‥

종혁 흠흠 그럼 열심히 해야지…(하고 나가는)

지현 (따른다)

S# 거실

지현 (종혁 따라서 내려오고)

종혁 아버님 나가셨어요?

노여사 아니야 오늘 좀 늦게 나가신단다‥서재 계셔.

종혁 (서재 앞으로)아버님 저 다녀오겠습니다.

최회장 E 그래‥

종혁 다녀오겠습니다.(엄마에게)

노여사 수고 하시게‥

종혁 (나가고)

지현 (따라 나간다)

S# 현관 앞

종혁 (나오다가 따라 나오는 지현 돌아본다)…….

지현 ……(보며)

종혁 (그냥 돌아서 계단 내려가는)

지현 ……(보며)

S# 강욱의 거실 주방

　　[두 사람 아침 식사 중…]

강욱 ……

민경 ……간 맞지··

강욱 ?…음 맞어··

민경 가능성 보여.(파출부)

강욱 ?……응…

민경 …(두 사람 다 꼭 하고 싶어하는 얘기는 아니고 일상을 이어가는 분위기)유진이가 이제 자리잡을래나봐.

강욱 그래··어제는 두 번 밖에 안 깼어.

민경 한결 낫지 뭐니····정말 죽을 거 같더라. 밉구 야속하구…누구 줘버렸으면 좋겠더라구.

강욱 (쓴웃음)····

민경 ……(먹는)

강욱 ····(먹는)

민경 이런 날씨에 병원에 틀어박혀 환자나 보구 있어야 하는 거…재미없어…

강욱 허선생 환자 보는 거 좋아하잖아…이틀만 환자 수 적다 싶으면 신경쓰구.

민경 그거야 이선생은 이미 소문 날대로 난 솜씨지만 나는 그 정도는 아니잖아. 환자 줄어들면 나보다 더 실력있는 의사 어디 나타났나 신경쓰여.

강욱   그만하면 됐어..욕심부리지 마...

민경   정말...인정하는 거야?

강욱   인정해..피부과 전문의로 인정해..

민경   단 걸로는 인정 못하구?

강욱   말꼬리 잡지 마.

민경   이 선생이 꼬리잡게 말을 해.

강욱   (국그릇 들고 일어선다)

민경   (돌아보고)

강욱   (국 두 국자 더 퍼 들고 와 앉아 먹는)...

민경   도시락 싸갖구 소풍 가구 싶어......(보다가)다음 일요일에 우리
        간호사들 다 데리구 가평가 하루 놀다 오까?

강욱   뭐..나쁠 거 없지...

민경   토요일 오후에 떠나는 거 어떨까. 일박이일루

강욱   (오버랩의 기분)토요일엔 수술 있어...

민경   그럼 토요일은 안되겠구나.

강욱   간호사 하나만 남겨 놓구 먼저 떠나든지...나는 환자 경과 보구
        일요일에 들어갈테니까....

민경   그것두 방법이야....바베큐 하까?

강욱   좋을대로..

파출부   (나타나면서)침대 시트 세탁할까요 선생님?

민경   ?...아 네..그런데 오늘 혹시 일기예보 아세요?

파출부   글쎄요

강욱   오후되면서 흐린댔어.

민경   그럼 하지 마세요 아주머니...하루 종일 볕 좋은 날 빨아서 하

루에 말리자구요.

파출부   네 알았어요.

강욱   유진이 뭐해요?

파출부   (돌아서다 되돌아보며)놀아요 선생님.

강욱   네에..(조금 웃으며)

S# 부부 침실

민경   (마지막 옷 입으며)언제 나올 거야?

강욱   되는대로..

민경   점심은.

강욱   같이 먹을께…(핸드백 집는 민경)잠깐 있어. 유진이 갖다 주자.
책 볼 거 있어.

민경   그래 그럼 안아..

강욱   (유진 안아 올리며)오늘은 일찍 좀 가주셔야겠어요오오…아줌
마한테 우유병 챙기라 그래.

민경   그럴 필요없어. 이모가 보따리 들구 다니는 거 보기 싫어서 우
유병이랑 기저귀랑 다 사놨대.

강욱   아아..

S# 아파트에서 나오는 두 사람

S# 자동차로 타고/자동차 안··

민경   (시동 걸고 민경 돌아보며)이유진 오늘 기분 어떠셔?

강욱   이유진 오늘 기분 좋아요.

민경   (웃고 출발)…

S# 서여사네 주방

　　　[아침 먹으면서]

이모   아 혈압 올리지 말구 잊어버려요. 뭐 빚내서 쏟아붜 걱정이
        유 뭐가 걱정이야. 쑤셔 박히는 대 있으면 차구 올라갈 때두 있겠
        지.하루 이틀 한 증권두 아니면서 뭘 그렇게 신경써.

서여사   누구는 신경쓰구 싶어서 써? 다 날리게 생겼어 지금.

이모   글쎄 언니는 날려두 괜찮아…퇴직금 때려넣구 빚내서 집어넌
        개미 아저씨 아주머니들이 목매구 죽을 일 났지 언니는 개미 아니
        잖아…까짓 몇십억 보다는 언니 건강이 훨씬 중요하구 언니가 훨
        씬 비싸니까 신경 끄구 느긋하게 생각해. 니가 이기나 내가 이기나
        해보자 어디/니가 올라가는 날 있겠지.

서여사   쥐뿔두 없는 게 배포만 커갖구는

이모   하나 밖에 없는 여동생 쥐뿔두 없게 만들어 놓지 말구 증권으
        루 풀쑤는 돈 나나 주지/

민지   그럼 고맙다는 소리나 듣지.

이모   글쎄 말이다.

민지   우리 아버지 실버타운에나 들어가시게 해주면 좋잖아?

서여사   ?

민지   걱정 마요 괜히 해보는 소리니까.아버질 왜 실버타운에 가시
        게 만들어.결혼해서 내가 모시구 살 건데‥

서여사   ?뭐라구?

민지   ?‥결혼해서 모시구 산다구.엄마 증권때매 귀두 잘 안들려요?

서여사   누굴 뭐 어째?

이모   형부 모시구 산대요.

서여사   ?누가 형부야. 너는 왜 그래.

이모   아 헤어졌어두 형부는 형부아뉴.민지두 있구.

서여사   이것들이 혈압 오른 김에 아주 쓰러트릴려구 작정을 했나.

(수저 탁 놓으면서)

이모   (오버랩)알았어 알았어요 잘못했어요…밥이나 먹어요··민지야

그만해.

서여사   (오버랩의 기분)못된 것들….생각없이 그저 아무소리나 픽

픽/느이 둘이 작당하면 그래 나 죽이는 거 간단하겠지…간단할 거

야..(하며 일어나 나간다/웬일인지 기운이 별로 없다)

이모   ?…(민지와 마주 보고)….(있다가 얼른 일어나며)얘 우리가 너무

했나부다.

민지   ….(나가는 이모 보며)

S# 거실

서여사   (리모트콘트롤 눌러 케이블 경제 채널/여덟 시쯤)…..

이모   (나와서 눈치 보는)……

민경   (아이 안고 들어서며)유진이 왔어요오오오.(서여사는 상관없고)

이모   (아이고 잘됐다 반색)아이구우우우 오늘은 서분이 여사 손녀딸

출근이 이르네에에에? 이서방두 일찍 나가니?

민경   (아이 넘겨주면서)아니 책 볼 게 있대요.

이모   으응.(그래) 언니 유진이 왔어요.

서여사   ….

민경   ?(이모 본다)

이모   (한 손으로 뿔 만들어 보이고 아이 데리고 서여사에게)이모 할머니

아침 먹어야 하니까 유진아 외할머니하구 있어어어? 할머니 안녕

하세요오오(아이 안고 인사시키듯)해.응?안녕하세요오오오

서여사   아 비켜 안 보여.

S# 빌라 주차장

강욱   (서서 담배 태우며 기다리고 있고)

민경   (나와서 자동차로)타.

강욱   아냐 나 운동삼아 걸어가께.

민경   데려다주구 가께에.

강욱   잠깐인데 뭐…천천히 걸어두 십오분이잖아.

민경   차 타면 삼분이야…책 볼 시간 애껴…산책할만한 길두 아니잖

　　　아.(하며 먼저 타고)

강욱   …(별수 없이 탄다)

S# 차 안

민경   (시동 걸고)

강욱   (타면서 따로 만들어놓은 작은 병에 담배 끄고 마개 닫는다)

민경   (출발하며)끊으면 좋을텐데…

강욱   (잠깐 보고 그만둔다)

S# 지현의 주방

　　　[설거지하는 지현과 미스장……]

미스장   저 혼자 해두 되는데에에…

지현   (웃으며)괜찮아…

미스장   사모님 오셔서 좋아요…

지현   그래?…

미스장   왜 전화 안 하셨어요?

지현   ….

미스장   사모님 화 많이 내셨었어요…(조심스럽게 소리 죽여서)

지현   그러셨을 거야..

미스장 걱정 들으셨죠.

지현 아니 아무 말씀 안하시든데?

미스장 어우 얼마나 화를 내셨었는데에…(이상하네 노인네)

지현 ….

미스장 안 오셨으면 아마 오늘쯤 우리 사모님이 하셨을 거에요‥ 잘 오셨어요.

지현 (웃어 보이는데)

제천댁 (종종 들어오며)사모님 출타하세요.

지현 (얼른 손 닦으며 나간다)

S# 거실

지현 (나오고)

제천댁/미스장 (나온다)……

노여사 (안방에서 나오면서)제천댁 사골 피 빼서 곳기 시작하구

제천댁 네 사모님.

노여사 문 있는대로 열어놓구 구석구석 먼지 좀 다 내쫓아.

제천댁 네 그럴께요.

노여사 얘는 아직 몸이 시원찮으니까 아무 것도 손 못대게 하구 쉬 게 하구.

제천댁 네에‥

노여사 늦어서야 돌아올 거야…해지기 전에는 못 오지 싶어‥

제천댁 네에‥

노여사 (움직이다가 돌아보며)하루 종일 나 없는데 너 볼일 있으면 나 가 볼일 봐‥말없이 니 볼일 본다구 늙은이 기다리게 하지 말구…

지현 ….

214

S# 정원

노여사 (앞서 내려오고)

지현 (뒤따르고)

제천댁 (따라 내려오고)

S# 대문 앞

나오는 세 사람.

노여사 (대어져 있는 자동차에 오르고)

제천댁 다녀 오세요 사모님.

노여사 그래..

[자동차 뜨고]

두 여자 (인사하고)….(정원사도 나와 인사하고)

S# 대문 안

지현 (먼저 들어와서/대문 닫는 제천댁에게)어디 가시는 거에요.

제천댁 먼데 가세요..당진 사시는 친정 오라버니가 많이 편찮으신
가봐요. (두 여자 움직이면서)삼년 전에 간 수술을 하셨는데 아마 재
발하신 거 같지요오.

지현 네에..

제천댁 어제 밤에 안부 전화하셨다가 아셨대요…속이 아프셔서 그
냥 어쩔 줄을 모르시네요…

지현 …..

S# 지현의 거실/침실

지현 …..(들어와서 침실 전화로)…(전화 거는)

S# 친정 마루

E 전화벨

초희　(지태 앞에 현식이와 겸상 놓아주는 찰나.)얼른 먹구 나가요 늦었
　　어요.

지태　전화나 받아. 먹자

현식　네

초희　네 목장입니다… 아이구 아가씨.

지태　?..전화 이리 내.

초희　내가 알아서 할테니까 당신 밥먹구 출근이나 해요.

지태　이리 내.

초희　아이구우 참. 어머니 편찮으셔 정신 없는데 당신까지 왁왁거
　　려서 어머니 병 더치게 만들구 싶어요?

지태　(밥상에서 전화로 휙 움직이는데)

지현부　(오버랩으로 방문 열고)전화 놔.내가 받을 거야.

초희　예 아버님.(전화 놓고)

지태　(아내 노려보며 별수 없고)

S# 안방

지현부　(아내는 늘어져 눈 감고 누워 있고)..(전화 들고)여보세요….오
　　냐 아버지야….그래 얘기 들었어..어떻게 그렇게 했어..마음 바꾼
　　거야?….안 바꿨는데 왜 도루 들어가.

지현모　?(눈 뜨고 보는)

지현부　……………(대꾸 없이 한참 듣다가)그래 최서방 말두 일리 있
　　어..있으면서 해결보구 나와야지 그게 뭐냐구……그래서…최서방
　　하구는 얘기가 잘 된 거야?너 원하는대루 해준대?……야 니엄마
　　죽일뻔 했어. 나 아주 혼났어..난리두 아니었다….엄마 바꿔주까?..

지현모　됐어요 전화받을 기운 없어요..

216

지현부   그래두 받어….얘기해 늬 엄마야..(하고 전화 귀에 대주는)

지현모   (눈 감고)..괜찮어….그래 괜찮어….(울음 터지면서)그래 그럼 누구 때문이야 너때문 아니면..잘하구 살 자신없으면 애저녁에 가지를 말지 이게/ 이게 뭐야 이 기집애야…남의 집안에 못할 짓 해 너 골병들어 최서방 허리 꺾어 놔 이게 뭐냐구 이 매련한 것아 응? 잘하구 살면 좋잖아 잘하구 살면….잘못했다 소리두 듣기싫어. 잘 못인줄 알면 잘못 안하면 될 거 아냐.팔짜가 어떻게 될려구 이러는 거야 너…..시끄러 꼴두 보기 싫어..(하며 수화기 손으로 밀어낸다)…

지현부   쯔쯔쯔쯔쯔…..애 지현아…(전화 끊겼다)…(수화기 무겁게 놓는다)왜 그래 나하구 얘기할 때하구는 딴판으루….

지현모   기집애가 좀 아둔한데두 있구 두루뭉수린데두 있구 그럼 좀 좋아요.(남편한테 푸파거리듯)이건 그저 쓸데없이 예민하기만 해서 애 하나두 제대루 못붙잡구 어으어으 그게 등신이지 딴 게 등신이야? 뭘 그렇게 신경을 쓰구 스트레스를 받어..일단 결혼 했으면 이게 내가 갈길이다 만사 다 접어치우구 뜬뜬하게 살어내야지 어 이구우우 어쩌다가 내가 그런 천치를 나 낳는지이이이

지현부   ……(물끄러미 보다가)천치래두 우리 자식이야…어쩔 거야…. 열내지 마 또 아퍼….당신 아프면 나 정신 없어..혼이 나가버린단 말이야….

지현모   후우우우우우우 왜 들어갔대요…

지현부   들어가서 해결해 준다 그랬대….약속했대…

지현모   최 서방이 놔준단대요?

지현부   그게 그 소리 아니겠어?

지현모   최서방 운 텄다 그러세요…그런 기집애 데리구 살어봤자 평

생 고랑땡이 먹는거라구.....

지현부 왜 그렇게 심하게 그래애.

지현모 (눈께 한 팔로 덮는다).....

지태 E 아버지 저 출근해요..

지현부 (일어나며)그래...(나간다)

S# 마루

지현부 (나오며)나가 봐..

지태 지현이 뭐래요..얘기 잘 됐대요?

지현부 들어가 해결봐준다 그래서 들어갔대.....

지태 ?..무슨 해결요.

지현부 봐 준다 그런대..

지태 ?..기어이 안살구 말겠다는 거에요?

초희 어머나..

지현부 밥 먹자 배고프다..(한수 아침상 진이와 준비 중)

초희 네 차려요 아버님...

지태 그래서 아무 말씀두 안하셨어요?

지현부 어이 나가.머리 아파.나가.

지태 (나가면서)어으 나쁜 기집애...어으 망할 년..

초희 현식아 빨리 나와 빨리.

현식 (제 방에서 뛰어나오며)네에에에.

초희 빨리 나가 빨리

현식 할아버지 할머니 학교에 다녀오겠습니다/

지현부 오냐

현식 (뛰어나가는)

S# 지현의 침실

지현 ……(침대에 걸터앉아서)……

S# 강욱의 서재‥

강욱 ‥‥(책 보고 있다가)………(컴퓨터 전원 넣고 이메일 체크)……(아무 것도 들어와 있지 않다)……(담배 피워 물고 내뿜으며 일어나 잠시 서성 거리다가 앉아서 이메일 작성으로 들어간다/쓰기 시작/(화면은 안 보여 도 상관없음))

강욱 E 컴퓨터를 아예 사용하지 않고 있는지요. 무슨 일이 일어나 고 있는 건지요. 핸드폰은 왜 꺼져 있는지요. 무슨 일인가가 줄곧 머리에서 맴을 돕니다…양수리에서 잠깐 만났던 것이 꿈이 아니었 나 하는 생각이 듭니다. 그럼 지금 이 상황도 꿈인가요. 내가 꿈 속 에서 헤매고 있는 건가요. 그쪽 상황이 별로 좋지 않다는 건 알겠 습니다만 /

S# 지현의 침실

강욱 E (지현/다리미질할 준비하고 있는 위에)그렇다고 지금 와서 내 가 할 일은 그저 걱정하는 일밖에는 아무 것도 없습니다. 그쪽에 절대로 마음 쓸 일은 만들지 않을테니까 상황만 알려 주십시오… 제대로 알고 내가 도와야할 일이 있다면 돕겠습니다‥

지현 ……

S# 둘이 만났던 서점

강욱 ……(훑으면서 혹시나 지현을 찾고 있는)…………

S# 지현의 침실

지현 (침대 시트 바꾸고 있다)……

S# 종혁의 사무실

종혁   ….(서류 들여다보고 있다)….

지태   (다소 긴장해서 보고 있는)

종혁   (사인해서 서류 들고 일어나며 내민다)

지태   (받는데)

종혁   장모님 편찮으시다든데 좀 어떠세요.

지태   말두 말게.기집애 속썩이는 바람에 토사곽란이 나서서 밤새
　　　응급실에 들어가 계셨어…

종혁   그럼 병원에 계세요?

지태   아냐 새벽에 집으루 들어가셨어.진정되지 싶은데 모르지‥속
　　　상해 죽겠네.(못 보는 채)

종혁   …(책상 위 치우면서)

지태   (보며)애 들어갔다면서.

종혁   네….아침에요.

지태   아예 다리 부질러 앉혀. 그게 아버지 어머니가 오냐오냐 키워
　　　서 생긴 거 하구 틀리게 고집 불통에 기가 쎄.

종혁   흠흠 네…

지태   글쓰는 인간들 원래 우리같은 사람하구 다른 데두 있구….평
　　　생 글쟁이하구 살구 싶었던 애가 자네 집에 들어가 어른 모시구 시
　　　집살이하면서…쉽지는 않은 노릇인거 자네두 어느 정도 이해는 해
　　　줘야할 거야‥

종혁   가셔서 일 보세요.

지태   면목이 없네….

종혁   형님 그러실 거 없어요.다 제가 무능한 때문이에요‥

지태   그런 말 하지 말게…우리 집에서는

종혁 (오버랩)일 보세요.저 손 씻으러 들어갑니다.

지태 그래…(끄덕이고 나간다)

종혁 ……(서서 문 보다가 의자에 기대앉으면서)……(고개 천장으로 하고)
……(그대로 있다가 문득 몸 일으키며 전화에 손 뻗는다)

S# 작업실 근처 카페

종혁 ……(앉아서 창밖 보고 있는)……

현경 (들어와 앉는다)…

종혁 (잠깐 일어나는 시늉하고 앉으며)안녕하십니까.

현경 종혁씨두 저두 안녕 못하잖아요 지현이 때문에…

종혁 그 사람 쪽 소식 없었어요?

현경 아니에요…어제 이메일 왔었어요··우선 간단하게 답장하구 나
중에 다시 썼는데 아직 그 답장은 못 받았어요…

종혁 뭐라구 그랬든가요.

현경 그냥 ··안부 편지였어요…집 나왔다 그러구····완전 정리까지는
넘어야 할 산이 많겠지만 …다시는 안 들어간다구요…

종혁 (오버랩의 기분)집에 들어갔어요.

현경 ?…

종혁 아니 끌려들어갔다구 해야 맞겠네요.

현경 잡았어요?

종혁 잡았어요.

현경 어디서요?

종혁 강남에 오피스텔 잡아 들어가 있드군요…

현경 ····(보다가)그래서 ··얘기 잘 됐어요?

종혁 잘된 거 전혀 없어요…해결해 줄테니까 집에 들어와 한달만 더

있으라구 했습니다…

현경 …..(보며)

종혁 (시선 내리고)지현이 그사람 못 잊구 있는 겁니까?

현경 ?..

종혁 (보며)그 성형외과의 말이에요. 그래서 이러는 건 아닌가 해서요.

현경 아니에요 그건 아닐 거에요…

종혁 …..(가만히 보면서)

현경 그건 아니에요··그래 보이지는 않았어요. 그 사람 얘기하는 거 한번두 들은 적 없어요.걔 결혼하구 종혁씨에 대한 감정 많이 좋아졌어요…바빠서 그렇지 잘 해줄려고 애쓴다구…트집 잡을 거 없다구…그랬어요.

종혁 (고개 옆으로 돌리며)아닙니다. 트집 잡힐 거 많아요.그 사람은 나 일방적인 거두 싫어하구 말투도 싫어해요.

현경 그건 결혼 전에두 그랬잖아요.

종혁 현경 씨 지현이 편이겠죠.(하고 나서 돌아본다)

현경 ….군이 말하자면 그래야 하는 거 아니에요? 처음부터 지현이 친구였으니까….지현이가 힘들다 그러면 힘들어서 어떡하니 그럴 수 밖에 없어요.

종혁 우리가 헤어지는 게 옳은가요.

현경 ….(보다가)아이만 잘못되지 않았어도 이러지 않을 거에요. 지난 번 사고에는 나두 책임이 있어요…그날 내가 전화만 안했으면 아무 일 없었을 거에요.

종혁 (오버랩의 기분)우리가 헤어지는 게 옳은가요.

현경 …..(보면서)…

222

S# 성북동 주방

제천댁   (점심 상 차리면서)..어디 외출할 일 있으면 하지 그러세요..사
  모님두 그렇게 말씀하시구 가셨구 또⋯⋯집에 계셨다구 말씀드리
  면 되는데⋯

지현   아니에요.나갈 일 없어요⋯(하는데)

  E 인터폰.

미스장   (받아서)네에..네 아저씨 알았습니다.(내려놓으며)이층 사모
  님 친구분 오셨대요.

지현   ?..내 친구?

미스장   네⋯

지현   (얼떨떨한 채 나간다)

S# 거실

지현   (나와서 현관으로 나가려는데)

현경   실례합니다아아(하면서 들어온다)

지현   너 웬일야.

현경   니네 어머님 안계시다구 종혁씨가 정보줘서.

제천댁   (나오면서)어서 오세요.

현경   아유 네 안녕하세요⋯별고 없으시죠?

제천댁   네 그럼요 우리야 뭐. 지금 점심 먹으려는 참인데 들어오세요.

현경   호호 그럴까요 그럼?(들고 온 꽃 든 채 움직이며)얘 들어와 밥
  먹자.

지현   ⋯⋯(현경 보며)

S# 병원의 식당

  [간호사들 다 먹은 밥상 부지런히 치우면서 한편 딸기 접시 내놓고

하는··]

간호사1 (딸기 내면서)작년에 우리 가평 가서 너무 재미있었지.

간호사2 우리 너무 웃다가 나중에 울었잖아요.

민경 그래 그때 뭣때매 그랬지 참?

간호사3 선생님 생각 안나세요?

민경 엄청 웃었던 건 기억하는데 뭣때매였는지는 모르겠는데? 이 선생 기억 나?

강욱 글쎄··

간호사4 아이 왜 이선생님 수술하신 환자요/머리털 거의 없는 아주 머니 가발쓴 거 몰랐다가 저 입원실 들어가서 환자보구 띠리링 해서/ 어머나 스님두 성형수술을 하네에에··

민경 아아

간호사1 생각나세요?

민경 그래 생각 나. 생각나지.

강욱 음.(웃으며)

간호사1 시장 뭐뭐 보면 되는지 메모 해주세요. 그럼 즈이들이 신경 하나두 안쓰시게 짝 다 끝낼께요.

민경 응 그러구 결정적인 걸 빼먹는 거야 응? 어머나 선생님 마스터 드를 빼먹었어요. 어머나 양파 안샀어? 양파 한 자루 넣었는데 분명히이?

간호사2 아이 이번에는 안 그래요 선생님.(그러는 동안 모두 앉아 딸기 먹는 데까지)

강욱 (일어나며)열심히들 먹어요···

민경 왜··

224

강욱　나는 좀 신데?

민경　뭐가 시다구..신 거 못먹으면 늙은 거라드라.

강욱　그래 나 늙었어…

간호사1　설탕 드릴까요?

강욱　아냐아니에요 됐어요…나는 담배가 훨씬 맛있어요.많이들 드
　　　세요.(하고 나가고)

간호사4　선생님네는 여보 당신 안하세요?

민경　?..여보당신이라….아직 여보소리는 안하는데?..당신 소리는
　　　가끔 어쩌다 하는데..

간호사3　그럼 댁에서두 이선생 허선생 그러세요?

민경　뭐 이상하니?

간호사3　그게 아니라 여보 소리가 참 좋은데…

간호사2　맞어. 여보 소리 참 좋지 그치…

민경　그래? 그럼 한번 써 봐야겠네..

간호사4　이선생님은 결혼하시구 나서 훨씬 점잖아지신 거 같아요…

민경　그러니?

간호사3　네..점잖아 지셨어요.

민경　점잖다 젊지 않다. 곤란한데? 어떻게 젊게 만들지? 마음 성형
　　　시키는 의사는 없나?

간호사들　(웃고)

S# 강욱의 진찰실

강욱　(담배 태우면서 전화 찍는)
　　　E 전원 꺼져 있다는 메시지

강욱　(전화 끊고)………

S# 지현의 거실

[찻잔 놓고 앉아서………두 여자….]

현경 나 솔직하게 얘기하게…물론 나는 어디까지나 니 결정 존중
해.존중하는데 내 솔직한 마음은 너 그냥 ….결혼 유지하구 살았음
좋겠어…

지현 …..(보는)그이가 부탁하대?

현경 전혀 아냐…부탁 안했어 그냥 집 비었으니까 놀러가두 된다 소
리 밖에 안했어……(보다가)말 안했지만 느껴지는 거 있잖아. 종혁
씨가 안됐어…그래서 하는 말이야..

지현 (끄덕이며)그래 그이두 안됐어 그래…

현경 (오버랩의 기분)살가죽 좀 두껍게 만들어서 씩씩하게 살아
봐.시어머님 하시는 말씀 한 마디 한 마디에 스트레스 받을 거 없
이 시어머니는 그런 거니까 상관 안하면 될 거 아냐.

지현 너 한번 살아봐 그렇게 되나…그리구..어머님 힘드는게 전부
아니야 현경아…나는 정말 체력두 너무 딸리구….그만두자…얘기
할 거 없어..어쨌든….한 마디루 이렇게 살수는 없다야…나는 한 알
갱이두 없는 거 같어…껍질만 왔다갔다 하는 거 같단 말야.

현경 ….(보며)

지현 새벽에 눈 뜰 때두 죽게 피곤하구 /저녁에 잘 때는 죽음이야…
아버님 어머님 잠자리 들어가시면 그때 잠깐 해방인데..해방이면
뭐해 만세부를 기운두 없는데….늘 감시 당하는 거 같구 늘 눈치 봐
야하구 늘 명령아니면 지시 받아 움직여야하구 ..(찻잔 들면서)나
자신이 한심해서 더 못하겠어…

현경 종혁씨가 괜찮은 남자잖아…

226

지현   …그래 괜찮아.

현경   그런데… 상쇄 안돼? 더하구 빼구 안되냐구.

지현   ….(잠시 보다가/답답해서)얘 나 기운 없어. 심하게 얘기하면 여기 사역 아주 심한 감옥이구 그이는 간수구 어머님은 간수장이야.

현경   ….(보며)

지현   그냥 나 살던대루 살구 싶어. 내맘대루 자구 깨구 나 보구 싶은 사람보고 보기 싫은 사람 안 보구/명령/ 지시같은 거 안받구 내 머리루 생각해서 내가 움직이구 싶은대루 움직이며 살구 싶단 말야.(울음이 나올 것 같다)시어머님한테 꾸중듣구 남편한테 야단 맞구 일 도와주는 사람들한테 챙피해 하면서 그렇게 살구 싶지 않아. 친척 누가 오면 또 무슨 사건이 벌어지나 조마조마하기두 싫구 일 년에 서른 몇번 씩 챙겨야하는 무슨 날들두 싫어. 남편이 다이아몬드 광산이래두 나 싫어. 나 나처럼 살구 싶단 말야…

현경   그래 미안해. 그만해. 그만 하자….

지현   (두 손으로 얼굴 가려버린다)……

현경   ……(보며)

S# 작업실 복도

현경   (뿌우해서 걸어오고 있는/들어간다)

S# 작업실

현경   (들어온다)

유자   일 안하구 뭐하구 댕기는 애냐구 물어보라드라.

현경   누가.

유자   배철수.

현경   (핸드백과 옷 처리하면서)별 참견 다하네.

송기자 (소파 테이블에서 노트북 치다가 말고 커피 잔 들며)지현씨는 잘
회복되구 있나?

현경 잘 회복되구 있어.

송기자 (소파에 기대면서)아무래두 한 사람한테 몽땅 다 주지는 않는
거 같아.

현경 뭐.

송기자 복 말야….박지현씨두 그렇잖아. 미모에 재능에 잘난 남편에
빵빵한 시집에 다 가졌는데 건강이 허술하잖아…

현경 그래서 뭐 위안이 된다구?

송기자 대개 그렇드라구. 아무리 부럽게 만사 좋아보이는 사람두
제대로 들여다보면 한가지씩은 빠지는 게 있더라…(일어나 커피포
트로 가면서)

유자 (프린터 조작하면서)너 빨리 끝내서 보내란대. 수다 떨 시간 없
어.배철수 식식거리더라 피디가 성질 핀다구.

현경 젠장 그만둬 버릴까부더라. 즈들이 뭔데 하나는 성질피구 하
나는 식식거리는 거야. 같잖게.

유자 (돌아보며)뭐 너 똥 밟구 들어왔니?

S# 성북동 전경(밤)

지현 (전화 들고 있다)엄마 좀 어떠신가 해서요…

S# 안방

지현부 (링거 꽂고 누워 있는 엄마)엄마 주사 맞어….아니 아직 아무
거두 안 멕여..보리 차만 마시구 주사 맞구 그래….걱정하지 마..너
저녁 먹었어?….최서방은 아직 안 들어왔지?

S# 지현의 방

지현   아직 멀었어요.…아버님두 아직 안 들어오셨구 어머님은 당진
       가셔서 늦으실래나봐요..조금 전에 전화 왔었어요.…네…네…엄마
       한테 죄송하다구 전해 주세요.…네…그럼 끊어요 아버지..(끊는데)

S# 친정 안방

지현부   (전화 끊으면서)당신한테…죄송하다구 전해 달래.…

지현모   .…(눈 감은 채)

지현부   아 어지간하면 눈 좀 뜨고 얘기 좀 해.…이러다 죽을까봐 겁나..

지현모   .…..

지현부   한날 한시에 죽기루 했잖아. 나는 아직 죽을 생각 없어.…..으응?

지현모   소화제나 찾어 잡숴요.…밥이 되었다면서.…

지현부   괜찮을 거 같어..

지현모   삼백육십 오일 하는 밥두 어떻게 제대루 못하구 어이구후우
       우우우

지현부   당신 때매 애들두 혼이 나가서 그렇지 뭐.…(하며 일어서는)

지현모   어디 가요..

지현부   담배 피울려구 그래..

S# 마루

지현부   (나온다)

진이   (빨래 개키다가)뭐 드려요 아버님.

한수   (같이 일어서고)

지현부   아니야 필요한 거 없어.(현관으로)현식에미는

진이   주무신다구 들어가셨어요..

지현부   자야지 그럼… 잠 많은 사람 못자구 바빴으니까 자야지..(나
       가고)

한수   (따라 나간다)

S# 집 밖

지현부   (계단 내려와 서며 담배 불붙이고 푸우 내뿜으며 하늘 보는)

한수   (긴 나무 의자 갖다놓아준다)

지현부   (돌아보고 앉으면서)속이 상해서….정말 죽겠다…

한수   (보며)….

지현부   이날까지 속 끓일 일이라고는 없이……무사아하게 살았는데 말이다….

한수   ……(그저 아버지 보며)

지현부   무슨 변곤지 모르겠어….내 집안에 이런 일 생길지 몰랐다…

한수   누나가 정말 힘드니까 그러겠죠오….

지현부   ….

한수   어지간해서는 그럴 사람이 아닌데….진이하구두 그랬어요…누나가 그렇게 나올 때는 그럴만한 이유가 있을 거다…우리가 다같이 이해해 줘야한다….

지현부   그렇지…이해해 줘야지 그래….그게 가족이지….우리는 가족이니까 …누가 뭐래두 우리는 이해하구 감싸 안아줘야지.

한수   네..

지현부   앉어라..(돌아보며)

한수   아니에요..

지현부   앉어 이 녀석아..

한수   (조심스럽게 옆에 앉는다)

지현부   ……(보다가 머리에 손 없으면서)나가서 친구들하구두 어울리구 좀 그래…

한수   (그냥 웃는)…

지현부   사회성이 그렇게 없어서 어떡해…

한수   친구들 만나 봤자 맨 쓸데없는 소리나 지껄이구 저는 별로 안
        좋아요…

지현부   그래서 너는 천상할 게 가게방밖에 없어 이눔아··

한수   (그냥 웃는)····

지현부   후우우우우우(어둠 보며 한숨)

S# 지현의 침실

지현   (옆으로 쪼그리고 누워서)·····

        E 시계 재깍거리는 소리.

지현   (목 들어 시계 보면)

        [시계 여덟 시 반쯤.]

지현   (도로 눕는데)

제천댁   (뭐라고 웅얼거리는 소리. 잘 안들리는데)

종혁   E 네 일찍 들어 왔습니다.

지현   (벌떡 몸 일으키고)

종혁   E 네 안 먹었어요.

종혁   (들어오며 연결)주세요 아주머니.

지현   (거실로 서둘러 나가면서)왜 이렇게 일러요.

종혁   피곤해서…쉴려구(옷 벗으며)

지현   (따르면서)약속 없었어요?

종혁   뭐 껀 취소했어.

지현   …(시중 들면서)일찍 들어오니까 너무 이상해요.

종혁   어머니 아직 안 오셨다면서.

지현   늦으신대요.

종혁   잘 쉬었나?

지현   (조금 한숨이 섞이며)잘 쉬었어요.

종혁   잘 쉬었는데 왜 대답이 그래.

지현   (조금 쓰게 웃어 보이는)…

종혁   밥 먼저 먹자.(타이 빼내며)배고파…배고프면 더 피곤해.(하고
　　　 나간다)

지현   (타이 적당히 놓고 종종 따라 나간다)

S# 계단 /거실

종혁   (내려오다 돌아보며)왜 내려 와.

지현   보초 서줘야하잖아요.누가 밥그릇 뺏어갈까봐.

종혁   됐어. 비꼬지 말구 올라가.(하고 주방으로)

지현   (그냥 따라가는)

S# 주방

　　　 [상은 다 차려져 있고]

종혁   (앉으면서)당신은 먹었지?

지현   먹었어요.

종혁   그럼 올라가. 있을 필요 없어.

지현   (그냥 마주 앉는다)

종혁   (잠깐 보고 먹기 시작)….

지현   ….(보면서)

종혁   현경씨 왔었지.

지현   왔다갔어요.

종혁   오래 있었어?

지현 한 ..한 시간?

종혁 당신 지지자 뭐래.

지현 당신 지지자 됐든데요?

종혁 .....(보다가)그래서.

지현 뭐 ..그렇드라구요..

종혁 ...(그냥 먹는)....

지현 .....(보며)머리 아픈 일 있어요?

종혁 ?....나한테 지금 머리 아픈 일 있냐구 묻는 거야?

지현 ....

종혁 허..당신 참 재미있는 여자군.재미있는 여자야 아니면 누구 놀리는 거야.

지현 회사에 무슨 일 있냐구 물은 거 뿐이에요.

종혁 회사일은 머리 아플 거 없어.머리 아플 일 있대두 그건 내 인생에 아무 영향 없는 일들야....

지현 ....(보며)

종혁 머리 아픈 일 있냐구? 흠 ...후-후-후-후(기막혀서)

지현 바보같은 질문이었어요 취소해요.

종혁 괜찮아. 웃을 일 없는데 웃겨 줘 고마워..(하는데)

　　　E 인터폰

지현 (일어나 받는다)

제천댁 (뒤에서 나오고)

지현 네에...네 알았습니다.(놓으며)아버님 들어오셨대요.

종혁 (수저 놓고 일어나 나간다)

S# 거실

최회장 (들어오는)

지현 (목례하고)

종혁 (목례)

최회장 일찍 들어왔구나.

종혁 네.

최회장 니 어머니는 며칠 있으랬다.(제천댁 돌아보며)기다리지 말아요.

제천댁 네 회장님.(미스장도 나와 있고)

최회장 호전되지 않으면 나두 한번 다녀와야할 거 같아….(안방 쪽으
로/가다가 지현 따르려 하자 돌아보며)미스 장 들어와라.

미스장 네에 회장님.

제천댁 (슬그머니 지현 잡아당기고)

종혁 (도로 주방으로)

지현 (주방으로)

S# 주방

종혁 (들어와 앉아서 먹던 것 계속)

지현 (들어와 선 채로 보며)…..

종혁 외삼촌 간 수술 하신 게 도로 나빠지셨나봐.

지현 들었어요….

종혁 (먹으며)…..

지현 ….(보며)

S# 민경의 거실 주방

민경 (찻잔 들고 와서 놓아준다)….차 왔어..

강욱 어 고마워….(찻잔 들어 마시는)

민경 …(보다가 앉으면서 제가 보던 책 집어 들며 찻잔 집어 든다)…..(마

234

시면서 책 보는)

강욱 ......(책 보는).....

　E 유진 방에서 칭얼거리기 시작하는

민경 (찻잔 놓으며)어째 조용한가 했어.

강욱 (벌써 일어나며)저혼자 심심하다는 소리야‥데리구 나올게‥

민경 (보면서 도로 앉는)홀애비 자식 같애.(혼자 투덜거리는)..........

강욱 (유진 안고 나오면서)왜 심심해? 혼자 있는 거 싫어?‥우리 음악
　　　들을까?…자아아아.(음악 넣고)유진이는 음악들으면서 혼자 놀고
　　　엄마아빠는 책보구 그러자 응?......(아이 애기 의자에 앉혀놓고 장난
　　　감 바구니에서 딸랑이 꺼내 쥐여주면서)놀아 응?....너하구 눈만 맞추
　　　구 있다가는 엄마아빠 바보된다구…알았어?…흠흠‥(아이 만져주
　　　고 도로 제자리로 가 책 집어 드는데)

민경 (책장 넘기며)아버님 어머님한테 전화 드릴 때 안됐어?

강욱 ?…드렸는데‥

민경 언제‥

강욱 오늘‥병원에서‥

민경 이제 나는 전화 같은 거 드리든지 말든지 그런가부지? 혼자하
　　　구 말게.(시비 붙는 건 아니고)

강욱 성가스러워 하잖아…

민경 ......(보며)

강욱 지금까지 한번두 허선생이 먼저 전화드리자는 말/ 한 적 없잖아….

민경 할 필요 없었잖아.언제나 이선생이 나보다 먼저 챙기니까…

강욱 그래‥그런데 어쩌다 한번은 니가 먼저 챙겨줬으면 그런 마음
　　　들어…

민경 참 이상한 심뽀네…그럼 나한테 아주 맡겨…으례 자기가 하는
  일로 만들어놓구 그런 줄 아는 사람한테 그 동안 그럼 꼴아 있었다
  는 거야?

강욱 그런 얘기 아니야…번번이 전화 드려야지 그러는 거두 좀 그랬
  다는 얘기를 하는 거 뿐이야.

민경 ….(보다가)나 전화 드려 말어…

강욱 마음대로 해.하구싶으면 하구 말구 싶으면 말구…하면 좋아하
  시겠지…

민경 정말 김샌다…정말 김새….우리가 어떡하다 이렇게 돼버렸는
  지 모르겠어….

강욱 (보는)….

민경 (안 보는 채)어디서부터 뭐가 잘못됐을까…우리 둘 다·노력하
  기루 했었는데 말야…

강욱 노력하자 그러구는…다 안한 거겠지….우리 두 사람 다….

민경 그래두 전적으로 내 잘못이라 그러지는 않는 거 고맙구나··

강욱 그럴 리가 있나…그럴 수는 없어…

민경 ……(보다가)끝내는 거…생각해 봤니?

강욱 ?…아니…이 정도로 끝낸다면 세상에 끝 안내고 있을 부부 아
  무도 없어…

민경 그런데 왜 나는 니가 끝내구 싶어하는 걸로 보일까…너 저번에
  끝내자구 했잖아.

강욱 감정 최악일 때 한 소리는 넘어가는 거야……그런 일은 없어….

민경 ……(보며)

강욱 내가 원래……한번 상하면 오래가….너 날더러 쫌생이라 그러

236

지만 어쩔 수 없어. 그렇게 태어난 걸 어떡해..

민경 ....(보다가 전화 들어 찍는다).....네 저 유진 엄마에요 아버님. 별고 없으시죠?

강욱 (보는 위에)

민경 E 네 훨씬 나졌어요 아버님. 이제는 키울만 해요...네 안키우구 싶었어요 진짜.너무 힘들게 할 때는요....

S# 침실 거실

지현 (거실에서 종혁의 양말 개키고 있다)

종혁 (욕실에서 머리 털며 나온다)

지현 ?...

종혁 (가운 걸치면서 거실로 나오는)

지현 머리 안 말리고 나와요?

종혁 귀찮아.

지현 감기들면 어쩔려구...내가 말려 줘요?

종혁 ?....(돌아보는)

지현 자리 잡구 앉아요. 말려 줄테니까..(헤어드라이어 찾으려 움직이면서)

종혁 왜 그러는 거야..

지현 ?(돌아본다)

종혁 나랑 끝내는 여자 아냐?

지현 맞아요.

종혁 그런데 왜 갑자기 친절하게 구는 거야.

지현 ....(보며)

종혁 마음 바뀐 거 아니면 그러지 마...그런 친절 받구 싶지 않아....

뭐야..도망 보따리 싸 논 여자 물길어다 물독 채우구 빨래할 거 다
해 놓구 닭잡아 애들 포식시키는 거 비슷하잖아 그거?

지현 싫으면 그만 둬요..

종혁 이 상황에 당신한테 머리 맡기구 앉아있으면 내꼴 너무 바보
같지 않겠어?..음?...

지현 해주구 싶어서 그랬어요 싫으면 그만이구요...

종혁 싫어.병주고 약주지 마..(하며 테이블로 가 앉으며 컴퓨터들 켠
다)......

지현 (보다가)나 누워두 돼요?

종혁 ?...누워...마음대로 해. 하구 싶은대로...

지현 침대 아래 자리하나 만들께요.

종혁 (픽 웃는다)그럴 거 없어. 침대에서 자. 털끝 하나 안 건드릴테
니까 안심하구 자라구.

지현 .....(보며)

종혁 당신 그렇게 섹시하지않아.그리구 나 걸신들린 놈두 아니구 응?

지현 꼭 그렇게 얘기할 건 없잖아요..

종혁 잘 자...좋은 꿈 꿔(하고 컴퓨터로 돌아앉아 조작하는)....

지현 .....(보다가 침실로 들어가 잠옷으로 갈아입는)......

S# 종혁......

지현 (침대로 파고드는).......

S# 강욱의 침실

강욱 (침대로 오르며 책 집어 든다)

민경 (책 보고 있다가 강욱 쪽으로 돌아누우며 팔 두르는).....

강욱 .....(민경 잠깐 보고).....책 봐....

238

민경 (돌아누우며 책 집어 드는)‥‥‥

S# 종혁의 침실 거실‥

　　　[‥‥‥각각의 위치에서 두 사람…]

F.O

제28회

S# 가평 민경네 별장 /호숫가

[바비큐 파티 끝나고 난 자리 그대로인 채]

[간호사들과 부부/배구 토스 놀이든 무엇이든 놀이 중…자유롭게 떠들
어가면서……]

[누군가 한 사람이 공을 놓쳐서 공 잡으러 뛰는 동안]

강욱 (조금 숨차 하면서)야아 한해가 다르네…밥 먹구 금방이라 그런
지 왜 이렇게 힘드는지 모르겠다.

민경 헬스가 날마다 운동하는 사람이 왜 그래.

강욱 난 좀 쉬어야겠어요. 담배두 피우구 싶구…(집 쪽으로 움직이며)
놀아요 들.

간호사1 선생님 빠지면 재미 없어요.

간호사들 네에 재미없어요.

강욱 (돌아보며)늙은이 힘들어요.잠깐 쉬었다 나올게요.

민경 담배 있잖아.

강욱 떨어졌어.다 피웠다구(하며 가고)

[잠시 사이 두었다가]

간호사2 선생님 담배가 느셨어요.

민경 그렇지.

간호사1 네. 전보다 많이 피세요.

민경 봐 줬더니 군기가 빠졌어. 대충 좀 치우구 놀자.(식탁 쪽으로 움직이며)어수선해서 신경쓰여. 응?

간호사들 (적당히 대답하면서 식탁으로 달라붙는/)

S# 건물을 향해서 걸어오고 있는 강욱⋯⋯

S# 별장 거실

강욱 (들어와서 이 층 계단으로)

S# 이 층 메인 침실

강욱 (들어와서 장 속의 가방 옆 포켓에서 새 담배 꺼내 뜯어서 피워 물며 창으로 가 열린 창 앞에 서서 담배 태우는)⋯⋯⋯

S# 25회에서

지현 (문득 돌아보며)이러면 안되는 거 알아요⋯

강욱 ⋯⋯(보며)

지현 괴롭히는 거구 곤란하게 만든다는 거 알아요. 그렇지만

강욱 (오버랩)안 그래요⋯그렇지 않아요 지현씨⋯

지현 ⋯⋯(보며)

강욱 그렇지 않아요⋯

지현 ⋯⋯(보다가 울먹하게/고개 조금 옆으로 기울이며)따듯하게⋯⋯따듯하게 안아줘요⋯

강욱 (안고)⋯

지현 (안기고)⋯⋯(눈 감은 채)⋯잊지 않았어요⋯안 잊었어요⋯잊어버

리려 애쓰면서 살았던 거지 잊은 거 아니에요··

강욱 ····(안고 눈이 헤매면서)···

지현 어떻게 돼두 상관없어.(혼잣소리처럼)보구 싶을 때 볼 거야···
내 맘대루 할 거야···나 살구 싶은대루 살 거야.(더 달라붙듯)

강욱 (안아주는)

S# 침실

강욱 ······(눈 감았다 뜨며)·········(한동안 그대로 있다가 문득 장으로 움직
여서 장 속 상의 주머니에서 핸드폰 꺼내 번호 누름)

　　　F 신호 가는 소리··

강욱 ?··(신호가 간다)···

지현 F 네 여보세요.

강욱 ??/(통화가 된다)받기 곤란하면 끊어요······지현씨.

지현 F 아니에요 괜찮아요···

강욱 무슨 일이 있는 건지 내가 알면 안돼요?······내가 보낸 편지 못
봤어요?

S# 운전 중인 지현

지현 봤어요···답장은 안 썼어요.

강욱 F 무슨 일이 일어나구 있는 건지 얘기해요··그 사람···그런 전화
는 받구···연락은 안되구/얼마나 걱정이 되는지 몰라요······지현씨.

지현 (오버랩의 기분/눈물 크렁크렁해지면서)걱정하게 해서···미안해
요···별 일 아니구 그냥···조금 다퉜었어요···이제 괜찮아졌어요··그
쪽은 어떠세요 편안하시죠.

S# 침실

강욱 몸은 어때요···건강해요? 괜찮아요?

지현　F 괜찮아요··좋아졌어요···걱정하지 마세요··

강욱　걱정하지 말래두 나는 끊임없이 걱정이 돼요···

S# 거실에서 이 층으로 올라가는 계단이 거의 끝나가는 곳에 서 있는 민경

강욱　E 끊임없이 지현씨 걱정이 돼요·····이건 진심이요 행복하면
　　더할수 없이 좋은 일이고 행복까지는 아니더라도 무난한 결혼생
　　활이기 바랬어요··그런데 그건 것 같지 않아 마음이 아프고 불편
　　해요··

S# 침실

지현　F 그렇게까지 마음 쓰실 거 없어요··이제는 다 끝났어요··

강욱　···다행이군요···별일 없으면 다행이에요···조금쯤은 안심해두
　　되겠네요··

지현　F 네··그래두 돼요···

강욱　필요하면 연락해요···필요하다면 언제든 달려나갈테니까···

지현　F 그럴께요·····네 그럴께요···

강욱　···그럼···

지현　F 네···끊겠어요···

강욱　먼저 끊어요··

S# 자동차 안··

지현　····네 그러죠 그럼.(끊고)······(운전하면서)

S# 별장 침실··

강욱　(전화 끊고 벌렁 아무렇게나 침대에 누우면서)······

S# 계단

민경　·······(한동안 그대로 서 있다가··소리 없이 조용히 계단 내려오는)······

S# 거실

민경 (내려와 서서)……….(고개 옆으로 돌리면서/쓰디쓴 웃음)……

S# 호텔 레스토랑이 있는 고층 승강기에서 내리는 지현…

웨이터 (마치 대기 중이었던 것처럼 있다가)어서오십시오.안녕하십니까.

지현 안녕하세요.

웨이터 이리 오십시오.기다리고 계십니다…

지현 (조금 웃어 보이며)감사합니다.

S# 별실

웨이터 (먼저 문 열고 안내하고)

지현 (들어오며 창 쪽 본다)

웨이터 오셨습니다.

종혁 …..(창가에서 돌아보며)왔군.(하고 움직이면서)가볍게 와인 한잔 하지.

지현 일 끝났어요?

종혁 와인 좀 주세요.

웨이터 네 알겠습니다.(아웃되고)

종혁 (의자 빼주면서)앉아.

지현 (앉으며)약속 없어요?

종혁 (의자 밀어주면서)집에서 곧장 오는 건가?

지현 (돌아보며 끄덕인다)

종혁 (상의는 이미 벗어서 걸어두었고 마주 앉으면서)결혼 직전 우리 여기서 대판했던 거 생각하구 있었어.(안 보며)

지현 …(보며)

종혁 (보며 쓴웃음)당신 파혼하자 그러구 나두 마주 그러자구 소리

첬었지…최악이었었지.

지현 그때 정리하구 끝냈었으면 훨씬

종혁 (오버랩)아냐 그렇게 끝낼 수는 없었어. (보며) 후회 안해. 어쨌든 당신 내 여자로 일년 넘게 데리구 살았으니까.

지현 ….(보며)

종혁 나는 지금 두 가지 생각을 해. 하나는….일년만 살아보고 그때 헤어지자면 해방시켜준다고 했던 약속…그건 내가 자진해서 한 약속이기 때문에 원한다면 이행해 줘야한다는 생각….또 하나는 그 약속을 일년만 유예하고 …..다시 한번 기회를 갖고 싶다는 생각…. 두 가지 생각 중에서 물론 나는….후자를 원해.

지현 …..(보며)

종혁 내가 당신과 이혼을 하게 되면 우리 집안에서 이혼 최초 기록이 돼. 비정하게 얘기하면 당신을 증오하면서라도 이혼만은 안하고 결혼을 유지하구 싶은 게 솔직한 마음이야. 그걸 조건으로 거래를 할 수 있는 여자라면….지금부터 흥정을 한번 해보고 싶어.

지현 ….

종혁 경멸은 하지 마. 당신이 그럴 수 없는 사람인 거 알아. 그저 내 기분이 그렇다는 얘기를 하는 거 뿐야.

지현 (그저 보며)……

S# **가평**

강욱 (물가에 의자 놓고 기대앉아서 눈 감고 자는 듯 조는 듯)……

민경 (옆에 같은 모양의 의자에 앉아서 강욱 돌아보면서)……

　　　[두 사람……]

S# **호텔 레스토랑 별실**

종혁 ……나는 아직 당신한테 대단히….미련이 있어. 부모님과의 관계가 어떻게 되든….딴살림 날 수도 있어.

지현 그럴 거 없어요. 내가 원하지 안아요.

종혁 ……(보다가)원하지 않는다구 했었어.그러니까…(물 잔 잡으면서)당신이 원하는 건 오로지 …해방이다 그거지.

지현 ……(끄덕이며)그래요.

종혁 ……(보다가 물 마시고 내려놓으면서)제일 견디기 어려운 게 뭐야…

지현 ……(보며)

종혁 육체적인 거 빼고..한 마디로 뭐야. 남자로…남편으로 나를 사랑할 수 없는 거?

지현 (오버랩의 기분)그건 그렇게 중요하지 않아요. 당신이 이유는 아니에요. 나쁜 감정 없다구 했잖아요.

종혁 그럼.

지현 그렇게 살다 죽고 싶지는 않다구요.

종혁 어떻게 살았는데.

지현 내…존재감은 한톨두 없는 채로 스물 네시간/ 잠을 자면서도 긴장해서 그렇게 살면서 늙어죽고 싶지 않다구요.

종혁 ……(보며)

지현 당신은 그런 집안에 태어나 그 규칙 속에서 자랐기 때문에 실감 못할 거에요. 나는 감당할 수가 없어요.

종혁 ……(보는데)

   E 노크

종혁 네에.

   [와인 와서 놓여지고 시음시키려는데]

246

종혁   아 됐어요.

웨이터   그럼…(인사하고 나가고)

종혁   (와인 병/ 들면서)받아.

지현   …(글라스 든다)

종혁   (따라주고 자기 잔에 따라 마시고 내리면서/와인 잔 내려다보며)그
래서…기어이 끝을 내잔 말이지.

지현   ……그래 줘요.

종혁   ……(한참 동안 그대로 있다가 시선 들어서 보며)내가 동의 안하면?

지현   ……동의해 줘요.

종혁   동의 안하면··

지현   내가 할 수밖에 없어요.

종혁   어떻게.

지현   아버님 어머님께 말씀드려서요.

종혁   ……(보는)

지현   …(보는…순하게)

종혁   당신 집안에서는 자식의 이혼이 간단한 문젠지 모르지만 우
리 집안은 그렇지가 않아.

지현   우리 집안 보잘 거 없지만 그래두 자식의 이혼이 그렇게 간단
한 문제기만 하지는 않아요. 단지…자식이 죽는 거 보다는 낫다구
생각하실 거에요··

종혁   당신 …죽나? 죽을 정도루 그렇게 우리 집이 형편없나?

지현   형편없다 그러는 거 아니에요…내가 있을 자리가 아니라는 뜻
이에요.

종혁   ……좋아 그럼 어떻게 살 작정야. 계획이 있을 거 아냐.

지현　그저…혼자…책보구 글쓰면서 편안하게 살고 싶지 특별한 계획같은 거 없어요··

종혁　……(보다가 쓰게 웃으면서)그런데 왜 나는 그런 생각이 들지?… 당신은 그 성형외과의 그 작자하구 재회를 꿈꾸는 걸 거라구.

지현　……(보며)

종혁　음?··왜 그렇지?

지현　아이 낳구 행복하게 잘 살아요. 나는 헛꿈은 안꿔요.

종혁　…그래?

지현　그래요.

종혁　(잘게 끄덕이면서 와인 잔 비우고 다시 따른다)

지현　……(보면서)

종혁　(안 보는 채)아이 실패 안했으면…당신 이러지 않았나?

지현　……(보며)

종혁　?(하는 얼굴로 본다)

지현　아마….그냥 넘어갔을 거에요.

종혁　(끄덕이면서 글라스 들어 비운다)…

지현　천천히 해요.

종혁　(다시 따르며)당신 나랑 부부였던 적 있어?

지현　….(보다가)한 침대 쓰면서 아이를 둘이나 가졌었어요. 때때로 나를 기막히게 만들기는 했지만…다른 여자들이 남편한테 갖는 친숙함 같은 거…나두 있었어요.

종혁　……(보다가 바꿔서 좀 가볍게)마셔··안 마셔?

지현　운전해야 해요. 오피스텔 잠깐 들려 청소할려구요.

종혁　아··오피스텔…당신 둥지가 있지 참.(하며 또 훌쩍 마신다)

지현   ……(보며)

S# **가평 물가··**

강욱   (자고 있고)……

민경   ……(물 보면서 있다가 강욱 돌아본다)……

강욱   ……

민경   (일어나며)이선생…

강욱   ……

민경   유진 아빠··

강욱   ?…(찌그리고 보는)……왜··

민경   애들 놀라 그러구 우리는 그만 서울 가자.

강욱   ?…(몸 일으키면서)··왜··일박 이일 아니었어?

민경   따분하다….집에 가서 편하게 쉬었으면 좋겠어…너무 오랜
       만이라 그런지 어쩐지 남의 집 같구··애들 떠드는 소리두 시끄러
       워…아마 좀 피곤한가봐 쉬어지지를 않아.

강욱   (의자에서 일어나며)그래서 올라가자구?

민경   응…가자구··(하며 앞서고)

강욱   ……(보다가 민경 움직이는 쪽으로 움직이는)

S# **집 앞**

       [강욱의 차와 간호사들 타고 온 소형 자동차 한 대.]

       [간호사들 내외 따라 건물에서 나오면서]

간호사1   그러니까 유진이두 데려오자 그랬잖아요 선생님.

민경   글쎄 말야. 하루 쯤 괜찮을 줄 알았는데 영 아닌데?··눈에 삼삼
       해서 외박 못하겠어.

간호사2   어어이(오버랩)외할머니 계신데 뭐 어때요오.

민경   문단속 잘하구 자…개스 단속두 잘하구 웅?

간호사4   이렇게 가실줄 알았으면 시장 쪼끔만 보는 건데‥

민경   먹다 남으면 싸갖구들 가면 되지 뭘 걱정이야.

간호사3   갈비두 너무 많이 재웠어요.

민경   싸우지들 말구 잘 놀다 와.

간호사1   싸우기는요 선생님.

간호사들   (낄낄거리고)

강욱   (운전대 옆 문 열고 서서)자 그럼 월요일에들 봐요.

간호사들   네 선생님 안녕히 가세요.(등등)

강욱   (민경 탄 문 닫아주고 돌아가며)먼저 움직여 미안해요. 이건 순
전히 허선생 변덕때문이니까 우리 가구 난 뒤에 씹어두 나는 빼
줘요.

간호사들   (소리 내어 웃고)

강욱   (운전대에 오르고)

   [인사들 나누면서 자동차 출발…]

S#   **서울로 돌아오는 길의 자동차…**

S#   **자동차 안**

강욱   (운전하고 있고)

민경   (기대어 눈 감고)‥‥‥

강욱   (돌아보고)‥‥(돌아보다가 다시 앞 보다가 문득 다시 돌아보고)벨
트 안했어…

민경   ‥‥‥

강욱   웅? 벨트 해‥‥벌써 잠든 거야? (하는데)

민경   (눈 감은 채 벨트 빼서 채운다)‥‥

강욱   ……(운전하다가 음악 스위치 넣는다)…

민경   시끄럽다‥그냥 가자…

강욱   ?‥(잠깐 돌아보고 끈다)……어디 아파?

민경   아냐…좀 자께……말 걸지 마‥ 잘 거야…

강욱   ……(운전하는)……

S# 호텔 앞

　　[나오고 있는 두 사람. 종혁의 자동차 앞에 대어지고 지현의 자동차 바로 뒤에 잇달아 대어진다]

종혁   몇시에 들어올 거야.

지현   ?‥집으로 가는 거에요?

종혁   상관마 상관 말구 볼 일 봐.몇시 쯤 들어오냐구.

지현   집으로 가는 거라면 나두 그냥 들어갈께요.

종혁   상관없어(좀 불쾌한 듯이)

지현   ?

종혁   E 상관없다니까.

종혁   볼일 있다면서 볼일 봐. 생각해 주는 척 하지 마.(하고 자기 차로 오르고 뜨는 자동차)……

지현   …(잠시 보다가 제 자동차로 오르고 뜨는 자동차…

S# 동네 길

　　[종혁의 자동차 앞서고 바로 뒤를 지현의 자동차……]

S# 대문 앞

　　[자동차 멎고 종혁 내리고 지현은 제 차에서 내린다……]

종혁   (묵살하고 들어가고)

지현   (들어간다)

[자동차 처리하려고 나오는 노여사의 기사.]

S# 거실

종혁 (들어오면서)저 들어왔습니다…

노여사 (화분 만지다가)?…얘 너 만나러 나간다구 나갔다?(어떻게 된 거야)

종혁 네.같이 들어와요.

노여사 어엉..

지현 (들어온다)다녀 왔습니다….

노여사 오냐……(하고 보다가 계단 쪽으로 움직이는 지현에게)얘..(종혁 은 이미 아웃)

지현 (돌아보며)네.

노여사 점심 먹으러두 아니구 저녁 먹으러두 아니구….뭣 때매 밖에 서 만난 거야.

지현 (어떻게 대답해야 할지 ··하는데)

종혁 E 잠깐 같이 볼일이 있었어요 어머니··

S# 이 층 거실 입구에서

종혁 그 사람 올려 보내주세요…저 목욕물 받아야겠어요.

노여사 E 오냐 그래 알았다.

종혁 (거실로)

S# 거실/침실

종혁 (옷 벗으면서 침실로 와 벗은 상의 침대에 던지면서 침대에 걸터앉 으며 두 손 각각 무릎 잡고 구부리고)………

지현 (들어온다)……?……왜 그래요.

종혁 (일어나며)와인이 나쁘게 취하는 모양야…나 좀 토할테니까 당

신 내려가서 얼음 물 좀 만들어와…(하며 화장실로)

지현 (급히 나간다)

S# 거실

지현 (급히 내려와 주방으로)

노여사 ?….왜 그러니.

지현 속이 좀 안 좋은가봐요…물 갖다 달래요 어머님.

노여사 속이 왜 안 좋아.

지현 (대답 없이 그냥 목례하고 주방으로)

S# 화장실

종혁 (일어나 변기 물 내리고 물 받아 입 헹구고 수건 빼서 입 닦는)……

S# 침실

종혁 (천천히 나와서 침대 시트 걷고 들어가려는데)

노여사 (들어오면서)속이 왜 안 좋아 / 어떻게 얼마나 안 좋은데 응?

종혁 (누우려다 말고)점심 먹은 게 좀 걸렸나봐요. 걱정하지 마세요..

노여사 그럼 약을 먹어야지 (들어오는 지현)애 소화제 내라. 원 사람 이 체한 거 같으면 밖에서라두 어떻게든 약을 멕였어야지 불편해 하는 거 그냥 구경만 했니?

종혁 (오버랩)약 먹었어요 걱정하실 정도 아니니까 내려가세요…좀 쉬면 나아져요…여보 물 줘.(지현에게서 얼음물 컵 받아 벌컥벌컥 마시는)

노여사 ? 너는 속 탈 난 애한테 얼음 물 갖다 주는 거니? 아니 어떻게 기본 상식두

종혁 (오버랩/좀 오르지만 오히려 낮게)제가 얼음물 달랬어요 어머니. 이 사람한테 뭐라 그러지 마세요..

노여사　…..(아들 보는)

종혁　저 좀 눕겠습니다.(하고 피식 눕는)

지현　…(보며)

노여사　(못마땅하지만)옷 벗겨 줘라.

지현　…네…

노여사　(나가고)….

지현　(옷 벗겨주려 손 뻗는데)

종혁　(모질게 탁 쳐내면서)건드리지마…모르는 척 해…

지현　…(보는)

종혁　(엎어지면서)내려가 있어…부를 때까지 올라오지 마….내 꼴 보
　　지 마…..

지현　…..(측은해서 보는)…..

S#　빌라 단지 주차장

　　[와서 멎는 자동차.]

S#　운전대 안

강욱　(운전 멈추고 민경 돌아보며)다 왔어 그만 일어나….응?

민경　(눈 뜨고 보는)왜 여기야.

강욱　유진이 데려가야지.

민경　(도로 기대며)나중에 이따 밤에 데려가자.

강욱　….(보는)

민경　이상하게 피곤해…어차피 내일 찾으러 가게 돼 있으니까 더 두
　　자구…..아줌마두 쉬라 그랬잖아…저녁 해 먹어야 할 거 아냐.

강욱　…(대꾸 없이 자동차 출발시킨다)……..

민경　(다시 눈 감는)…(기대서)

S# 아파트 거실

민경   (앞서 들어와 곧장 침실로)

강욱   (들어와서 커튼 걷어놓고 침실로)

S# 침실

강욱   (들어와서 보면)

민경   (침대로 들어가 등 돌리고 누워 있는)····

강욱   왜 그러는 거야···어디 탈이 난 거 같으면

민경   (오버랩)아니야··그냥 피곤해·····놔둬·····옷 갈아입고 나가····나
     좀 자야겠으니까 두 시간만 방해하지 말아 줘.

강욱   ···그래 알았어···(옷 갈아입기 시작)····

S# 지현의 침실

지현   (침대에 걸터앉아서 엎어져 있는 종혁 보며)·········

종혁   ·········

S# 거실

강욱   (오디오 넣고 싱크대로 가서 쌀 꺼내서 씻기 시작한다)

S# 민경의 방

민경   (누워서 눈 뜨고 가만히)·········

S# 주방

강욱   (씻은 쌀 맑은 물 부어 담가놓고 마른행주에 손 닦고 서재로)····

S# 서재

강욱   (들어와 의자에 앉으며 담배 꺼낸다)···

     [방문은 열어놓은 채···]

S# 민경의 방

민경   ······(그대로 있다가 돌아누우며 눈 감는)······

S# 서재

강욱　(얇은 논문집 같은 거 보면서 담배 태우면서)………

민경　(들어선다)….

강욱　?…..(그냥 보는)

민경　잠깐 나올래?

강욱　?..왜..

민경　얘기 좀 하자….잠깐 나와…

S# 거실

민경　(나와서 싱크대로 가며)….

강욱　(나와서 보는)

민경　커피 앉히는데 마실래?

강욱　그래 줘…

민경　………..(커피 앉히면서)…..음악은 죽여라….성가스러워….

강욱　?….(한 번 돌아보고 움직여서 음악 없앤다)

민경　(메이커에 물 붓고/스위치 넣고)………..(소파 쪽으로 움직여 와서
　　　앉으면서)뭐해..

강욱　(오디오 세트 만지다가)아냐…아줌마가 청소하면서 건드렸나봐…

민경　와서 앉아…

강욱　……(와서 앉으며)왜………뭐야..말해…

민경　……(보며)

강욱　말하라구…

민경　(고개 딴 쪽으로 돌리면서)…..

강욱　……(보면서)가평서….밥 먹을 때…간호사들 열심히 준비한 거
　　　트집 잡는다구 뭐라 그런 거때매 그래?….무안했니?

256

민경 (돌아보면서 오버랩의 기분)나 너 박지현하구 통화하는 거 들었어.

강욱 ?……

민경 (시선 내리며)일부러 적발하려 했던 거 아니야. 화장실 볼일 보러 들어갔었어….(보며)주욱 그렇게 ··그러면서 지냈니?

강욱 아니야 그렇지 않아.

민경 그렇지 않대두 믿어주구 싶은 상황두 심정두 아니니까 변명할 필요없구 캐구 따질 생각두 없어…

강욱 민경아(오버랩의 기분)

민경 (오버랩)그런데 그거 하나는 궁금해. 걔…행복하지가 않다니?

강욱 ….(시선 내리고 어떻게 대답해야 할지 모르겠다)

민경 걔가 그래?

강욱 아냐 그런 말 안했어.

민경 그런데 왜 끊임없이 걔 걱정이 되니. 왜 걔 때문에 니 마음이 아프고 불편한 거야.

강욱 한참 전에 (보며)서점에서 우연히 부딪혔었어…정말 우연히… 차 한잔 같이 했는데…아이가 잘못돼…유산이 됐다드라….

민경 나 디 앤씨 하기 전이니 후니··

강욱 그때야.

민경 (쓰디쓴)그말이었니? 낳고 싶은 아이 잘못돼 상심하는 사람 어쩌구저쩌구 걔 얘기였어?….너 그래서 그렇게 지나칠 정도로 펄펄 뛰었던 거구나··

강욱 꼭 그런 건 아니야.

민경 행복해 보이지가 않대? 그래서 그 뒤에 계속 연락하면서 지내는 거야? 필요하다 소리 하면 달려갈 만반의 준비 갖추구?

강욱 ……(고개 떨군 채)

민경 이렇게 사는 거 이제 그만두자….너두 할짓이 아니구 나두 할짓
이 아니야….이건 결혼이 아니야….이건 ….피차 고문이야 그렇지.

강욱 ……

민경 니가 나한테 시비가 많구 못마땅한 게 많아진 거 너 내가 귀찮
구…싫어졌기 때문이야.

강욱 그렇지 않아.

민경 우리 서로 정직하자….아니라구 할 거 없어…곪아 부어오른 거
째구 터뜨려 버리구 말자….그냥 덮어봤자 더 크게 곪을 뿐이야…
…강욱아 나 봐….나 봐…

강욱 ……(본다)

민경 나두 너 미워…미워졌어‥싫어졌어….너는 걔 끼어들기 전 니가
아니야….너 꼴통이구‥잔소리쟁이구…나한테 인색해….전에는 그
러지 않았었어….그래서 나두…니가 힘들구…이쁘지 않아….더 이
상은 못참겠다….더 이상 그만두구 우리 이 관계…깨버리구 말자.

강욱 (오버랩의 기분)얼마 전에 그 사람 남편한테서 전화가 왔었어.
나하구 연락이 되구 있는지 알려는 전화였어‥내 문제가 ‥결혼할
때부터 그 쪽에서는 훨씬 심각했었던 모양이야. 나 때문에 결혼생
활이 원만치 못한 건가 …신경이 쓰여서 통화 시도했었는데 안되
다가‥오늘 처음 연결된 거야….

민경 내가 우리 집으로 옮길게.

강욱 ?….(보는)

민경 너 병원 자리 찾아서 옮겨.

강욱 민경아.

민경 언제든 달려나갈 준비가 돼 있는 남자하구 더 이상 안 살아.

강욱 그건 우리 생활을 깬다는 뜻이 아니야. 내가 도울 일 있으면 돕
      겠다는 뜻이지

민경 (오버랩)너는 나하구 사는 게 행복하니?..아니지.나두 아니야.
      둘 다 행복하지 않은데 답은 하나잖아.

강욱 유진이는 어떡하구…유진이가 있잖아.

민경 아이 때문에 묶여서 사는 거 나 안해.

강욱 우리 둘 다 유진이한테 피할 수 없는 책임과 의무가 있어.

민경 니가 다 해.…나 니 자식…키우기 싫어.

강욱 ?……

민경 (일어나며)서류 해갖구 와…(움직이는)

강욱 ……(있다가 일어나 침실로)

S# 침실

민경 (장에서 빈 가방들 꺼내 침대에 올리고 있다)

강욱 (들어와 민경 잡아 돌리는데)

민경 (주먹으로 볼따구니를 사정없이 갈겨버린다)….

강욱 ?….

민경 말리지 마 말린다구 내가 들을 거 같니?

강욱 유진이 할머니 쓰러지셔..이러지 말아.

민경 너 우리 엄마 안 좋아하잖아. 무슨 상관이야.

강욱 너 지금 무슨 짓 하자는 건지 제대로 알구 이러는 거야?

민경 알아 똑바루 알아. 내 걱정 해줄 거 없어.(하고 빈 가방 하나 더 꺼
      내 올려놓고 활짝 열어젖힌다)

강욱   ‥‥‥(보다가)그래 내가 잘못했어.다시는 안 그럴께‥약속해 다
　　　시는 안해.

민경   안 믿어. 너는 평생 바지를 내리지두 올리지두 못하구/그 상태
　　　루 살 거야. 난 그거 못 참아.

강욱   유진이를 생각해.

민경   유진이가 내 족쇄될 수 없어. 이것두 지 팔짜야. 나 상관없어!

강욱   어떻게 상관이 없어. 니가 낳았잖아!

민경   그래 지금 너무나 후회해. 너한테 평생을 걸구 살아보자구 유
　　　진이 낳은 거 너무 후회한다구!

강욱   감정적으로 처리할 일 아이야. 다시 생각해. 시간이 필요해. 시
　　　간 갖구

민경   (짐 싸기 시작하면서)시간 충분히 가졌어. 이러구두 더 살겠다
　　　구 뭉기적거리면 지렁이가 비웃어. 너한테 미련 없어. 충분히 푸
　　　대접받구 충분히 사기 당했어. 됐어. 더 이상은 죽어도 싫어‥‥(휘
　　　익 나가면서)죽어도 싫어.

강욱   ‥‥‥

S# 주방

민경   (나와서 커피 따라 입에 대다가 뜨거워서 펄쩍 놀라고/순간 커피 잔
　　　냅다 던져버리고 다시 방으로)‥‥‥

S# 침실

민경   (들어와서 짐 싸기 시작)‥‥‥

강욱   ‥‥‥(그저 보며)

S# 지현의 주방

지현   (제천댁/미스장과 함께 저녁 준비하고 있다)‥‥‥

E 인터폰 소리

미스장 (받는)네에..네 알았어요 아저씨..(끊으며)회장님 들어오세요.

지현 (하던 일 멈추고 급히 나가는)..

제천댁/미스장 (역시 마찬가지)

S# 거실

지현 (안방 앞으로)어머님. 아버님 들어오십니다..

노여사 E ....

지현 (다시 한번)어머님.

노여사 (나오면서)알아 들었어....

　　　　[같이 현관으로.]

최회장 (들어오는/운동하고 오는)

　　　　[목례들 하고..]

노여사 어서 오세요. 회장님.반갑습니다

최회장 ?..말은 반가운데 어째 얼굴은 안 반가와.

노여사 그럴 리가 있나요…(남편 따르면서)그래 공은 잘 맞았어요?

최회장 (안방으로 움직이며)맞다 안 맞다 그랬어….저녁 다 됐어?..집
에서 먹을려구 안 먹구 왔는데..

노여사 다 돼 가겠지요..(뒤돌아보며)서둘러라.종혁이 깨우구.

지현 네에..

S# 안방

최회장 (들어오며)애 들어와 있어?

노여사 일찌감치 들어와 자요…(옷 시중 들면서)…점심 먹은 게 얹혔
다나….

최회장 젊은 놈이 얹히기는 /무쇠두 소화할 나이에..

노여사　그러게 말이에요…

최회장　(문득 돌아보며)?…왜 볼이 늘어졌어…

노여사　늘어졌으면 늘어질 일이 있겠지요.

최회장　그래 그 일이 뭐야…

노여사　아 아실 거 없어요.

최회장　말해. 뭐야.

노여사　지 댁 유산한 게 내 탓이라구 생각해요…생전 그런 거 모르던
　　　　녀석이 퉁퉁거려 속상해 죽겠어요.

최회장　뭐라구 퉁퉁거려?

노여사　아 뭐라구가 아니라 나를 귀찮아 하는 거 같단 말이에요….
　　　　뭐라구 그러지는 않아요.

최회장　자격지심이구먼…

노여사　자격지심 들 거 없네요··

최회장　모르는 척 해요··처음두 아니구 극도루 조심시켰어야 하는
　　　　걸··어찌됐든 아예 친정으루 보냈던지 병원에 넣었던지 했어야 하
　　　　는 건데 그냥 뒀든게 우리 불찰이야…

노여사　……(그만두고 만다/놀래킨 것은 남편은 아직 모르고)…

S# 이 층 침실

지현　……(보다가 깨우는)아버님 들어오셨어요.….곧 저녁 시간이에요··
　　　그만 일어나요··응?…

종혁　몇신데…(눈 위에 한 손 올리고 눈 감은 채)

지현　여섯시 다 됐어요…

종혁　(손 내리면서)……(멍하니)……

지현　……(보며)

262

종혁　(불끈 일어나 화장실로)

지현　……(보다가 침대 시트 손질하는)

S# 강욱의 거실

강욱　……(테라스 밖에서 담배 태우고 있는)……

민경　(바퀴 달린 가방 큰 것 두 개 끌어다가 현관에 놓고/테라스 쪽으로
　　와서/많이 가라앉은)….청주 어머님 올라오시라 그래….

강욱　(돌아본다)….

민경　나머지 짐은 나중에 들어내께……(잠시 보다가 돌아선다)…….(현
　　관으로 가서 문 열어놓고 가방 끌어내는)

강욱　……(보며)

S# 아파트 현관

민경　(경비원에게 큰 가방 맡기고 저는 다른 가방 끌고 자동차 쪽으로)…….

S# 강욱의 시각에서/트렁크에 가방 싣고 있는 민경과 경비원….

S# 테라스에서 내려다보고 있는 강욱…….

강욱　…(거실로)

S# 거실

강욱　(들어와서 소파에 앉아 우두커니)………(앉아 있다가 벌렁 눕는다)…….

S# 서여사네 거실

서여사　(이모가 안고 있는 유진에게 과일 간 것 떠먹여주면서)맛있어?

이모　맛있지 그럼..맛있지? 그치 유진아? (하는데)

　　　E 전화벨

이모　(받으려 하는데)

서여사　내가 받으께.(받아서)네에..

민경　F 나에요 엄마..

서여사　어 그래. 여기는 꾸물거리는데 거기 날씨는 어때.

민경　F 날씨 괜찮았어요‥우리 서울 왔어요 엄마.

서여사　?내일 오후에나 온다드니 왜.

이모　왔대요?

민경　F 그렇게 됐어요. 그런데 있잖아요 엄마…

S# 빌라 단지로 들어오고 있는 자동차

민경　E 엄마 기분은 어떻수?‥‥아니 내가‥‥큰일을 저질렀거든요?

S# 자동차 안

민경　(주차하면서 울면서)그런데 엄마 혈압이 걱정돼서요…여기다 엄마 혈압까지 터지면 나 정말 죽을 수 밖에 없거든요……나 이서방하구 그만 살려구요……아니 싸우지 않았어 싸운 건 아니구 사실은/(주차 끝냈다)살기 싫은지 오래됐어요. 성격이 너무 안 맞아. 참을려구 애썼는데 도저히 더는 못 참겠어요. 그래서 그만 산다구.

S# 서여사네 거실

서여사　그만 사는 거 그렇게 간단한 거 아냐…

이모　?‥‥(하고 있다가 더?)

서여사　E (이모 위에)쓸데없는 소리 말구 이서방 데리구 지금 와…

민경　F (서여사 위에)나 괜히 이러는 거 아니에요.그동안 입다물구 아닌척 가만 있었을 뿐이에요‥엄마 나 한번 아니다 그럼 목이 빠져두 아닌 거 알죠? 이서방 아니야…나 더 안살아요 엄마.

서여사　알았어 그래. 당장 이서방 데리구 와. 와서 얘기해 얼른 와.(하고 끊으며)아닌 밤중에 홍두깨야 왜.(별로 심각하지 않다) 지 엄마 혈압 오른다 소리 안하구 있으니까 심심한 거야 뭐야.

이모　안 산다는 이유가 뭐래요.(아이 눕히면서)

264

서여사 성격 차이란다. 붕어 빵 모양 성격 똑같은 부부가 어딨어. 되지두 않은 소리야 왜.

이모 성격 차이 안살 이유 충분히 돼요.

서여사 아 하루이틀 사귀다 결혼했어? 새삼스럽게 성격차이는 무슨 얼어죽을···.

이모 그러니까 애를 지우는 게 아니었다구우··그걸 왜 지우래 지우라길·· 정나미 떨어져 이서방 못살겠다 그드래··

서여사 ·······(그게 문제가 되는 건가)···(안 보면서)

이모 정나미 떨어진 이서방 정나미 떨어지게 굴구 저야 무슨 짓을 했든 이서방 그러는 거 드러워 못살겠구/ 그런 거지 뭐.

서여사 아 내가 처음부터 지우랬어? 지가 힘들어 낳기 싫다길래 그럼 천천히 나라 그런 거지.

이모 낳기 싫다 그래두 낳으라구 했어야지··· 언니 길 안내가 틀렸다 그거야 내말은.

서여사 무슨 사내자식이 밴댕이 소갈머리야 그래··끝난 일은 끝날 일이지 그런다구 없앤 애가 있는 애루 될 거두 아니구 /아니 애를 얼마나 골탕을 먹이면 안산다 소리를 다 해 그래. 빌어먹을 녀석.

이모 ···데리구 온대요?

서여사 데리구 오랬으니 오겠지.

이모 이서방 오거든 그저 달래슈··슬슬슬슬 달래라구 괜히 또 오장복장지르지 말구···아 사위가 딸한테 잘하게 만들려면 장모가 있는 비위 없는 비위 다 맞추는 거에요. 딸 줘놓구 언니는 밤낮 뭐가 그렇게 통통한지 모르겠더라.(하는데)

  E 차임벨

이모   누구세요!

민경   F 나에요 이모오.

서여사   ?

이모   ?(벌써?/일어나 현관으로)아니 너 어디 집에서 전화한 거 아니
야?……(문 열고)

민경   (가방 끌어 들인다)

이모   ?…얘 너 이거 뭐야.

민경   ……(나머지 가방 끌어 들이는)

이모   민경아아아.

민경   (올라서면서)나머지는 이모가 민지랑 같이 실어와요. (소파로
움직이며)그리구 나 냉수 좀 주세요 미안해요 이모.

이모   ….(얼떨떨해서 보며 움직이지 못하고)

민경   (서 있는 엄마 옆으로 가서 옆으로 안고 고개 묻으면서)혈압 오르
지 마세요…엄마때매두 많이 참았는데 이제 더는 못참겠어.응? 혈
압 오르지 말라구요 부탁해요..

서여사   (앉히면서)도대체 이유가 뭐야.

민경   이서방 한테 싫증났어.더 살기 싫어.

서여사   그놈 없으면 죽는다던 때가 엇그제야.(지나치게 흥분하지는
말 것)어느새 못살 정도루 싫증이 났다는 거야?

민경   (엄마에게서 떨어지며)알았어요 엄마 쉽게 안 넘어갈 거에요…
바른대루 얘기하께요…이모 무울..

이모   그래..잠깐 있어…(하고 주방으로)

민경   ….

서여사   얘기 해 어서.

266

민경 물 좀 먹구요……조금만 기다려요…(울음 나오려는 것 참으면서)…..

서여사 …..(딸 보다가)빨리 물 갖구 나오지 뭐해!

이모 (물 들고 뛰어나와 준다)

민경 (한 컵 다 비우고 탁자에 내려놓으면서)걔….좋아하는 기집애 있는데…내가 안 놔줘서 하기 싫은 거 어거지루 결혼한 거에요.

서여사 ?(이건 쇼크다)

이모 얘.

민경 주사약 준비해요 이모….얼른요.(아무도 안 보는 채 침착하게)

이모 (일어나 주방으로)

민경 (역시 아무도 안 보는 채)결혼하면 잊을 줄 알았어요. 그런데 안 잊어. 못 잊겠나봐. ..(엄마 보며)지금두 (나오는 이모 위에)

민경 E 전화하구…만나구 그래.(이모?)

민경 ..엄마 잘난 딸…자존심 상하구…밉구…더는 못살겠어요…끝낼래요.

서여사 …….(맥 떨어져 보면서)

민경 엄마 미안해요…내가 바보였어…걔는 나..사랑 안해….나두 이제 걔 사랑 안해…그럼 끝인 거 아뉴?

서여사 ….(그저 보는)

S# 강욱의 거실

강욱 (소파에 길게 누운 채 눈 감고)….

　　E 차임벨..

강욱 (일어난다/어디서 왔을지 이미 아는/움직이는데)

이모 E 문 열어 빨리…유진 아빠 문 열어.

강욱 (문 연다)

이모 (들어서면서)자네 사람인가?··자네가 사람이야 응? 그 기집애
하구 여전히 만나구 여전히 전화질 한다면서!

강욱 이모님.

이모 나는 그래두 자네 믿었어. 사람으로 믿구 인격으루 믿었었
어.세에상에 마상에···믿는 도끼에 발등을 찍혀두 유분수지/천하
에 잡것들 같으니라구. 약혼자 놓구 바람난 인간같지두 않은 것들
이/참 질기기두 하다 엉?잘했네.썩 잘했어. 애 에미 보따리 들려
보내구 애 할머니 병원 실려가게 만들구 잘했어 그래···의사면 지
성인 중에 지성인이야. 소위 지성인이라는 사람이 그래 이거밖에
는 안되나? (아이 아무렇게나 소파에 놓으면서)자네 자식 봐 줄 사람
없어. 징그러워. 징그럽네··(하고 나간다)

강욱 ·········(한동안 그대로 있다가 아이 돌아본다)······

강욱 (아이 안아 올리고)············(한참 동안 있다가 전화 들고 번호 누름)
E 전화벨 가는 소리····

강욱모 F 네에 여보세요···

강욱 유진애비에요 엄마.아직 안 주무셨죠.

S# 청주 본가 안방

강욱모 어 아직 안 자지 그럼 아직 아홉시두 안 됐는데 어느새 자?··
에미 감기는 다 난 거 같드라.별일 없지?

강욱 F 네··아버지는 뭐하세요.

강욱모 (대야에 발 담그고 있는 남편 돌아보며)늬 아부지 발바닥 굳은
살 벗긴다구 발 담그구 기셔.왜 아부지한테 할 얘기 있는겨? 바꿔
주까?

강욱 F 아니에요. 엄마하구 얘기하면 돼요…엄마 지금 서울 오시기 좀 그렇죠?

강욱모 ?…지금?..지금 왜..(남편 아내 돌아보고/무슨 애긴가)

강욱 F 유진이 볼 사람이 없어요…

S# 강욱의 거실

강욱 엄마가 오셔야겠어요…

강욱모 F 유진이 볼 사람이 없다니이?

강욱 (오버랩의 기분)유진이 외할머니가 병원에 들어가셔서 지금 그 집 식구들 모두 병원에 갔어요…저두 출근해야 하구 아주머니한테만 맡기기가

강욱모 F (오버랩)아이구 그려 알었어….내가 어떻게 해 볼테니까 그려 알었어. 끊어.

강욱 (오버랩)저기 그런데요 엄마..하루 이틀에 해결될 거 같지 않으니까 엄마 짐 좀 넉넉히 싸갖구

강욱모 F (오버랩)그려 알었어.알어서 할테니께 어이 끊어.(소리 조금 멀어지면서)여보 당신 택시 한 대 내야겠슈.(에서)

  F 끊어지는 소리.

강욱 ….(전화기 내렸다가)……(놓는)……(시선 아이에게)….(한동안 그대로 있다가 일어나 주방으로/냄비에 물 받아서 가스에 올리고 불 켠다)…..(그러고는 우두커니)…..

S# 성북동 전경(밤)

S# 종혁의 거실 침실

종혁 (의자 옆으로 돌려놓고 앉아서)……(담배 태우면서)

지현 (의자에 앉아 빨래 개키고 있다)…..(그러다가 종혁 보는)

종혁 ……(그대로 담배만……)

지현 ….(빨래 개키는)……(다 개킨 빨래 들고 일어서는데)

종혁 얼마 만들어 주까…

지현 ?…

종혁 위자료 말야…

지현 필요없어요.

종혁 그래두 다시 이제 다시 결혼하게 되면 재혼이 되는데…그 보상
은 해 줘야 할 거 아냐.

지현 정말 필요없어요…나만 내보내 주면 돼요.

종혁 깨끗한 척 하지 마…당신 돈 없잖아.

지현 밥만 먹으면 돼요.밥은 먹을 수 있어요.

종혁 되두 않은 글 나부랭이 써서 벌어 먹겠다구?

지현 ……(보며)

종혁 그래두 그럴 수는 없지…최종혁이 이혼하면서 한푼두 안들려
내보냈다면 속 모르는 사람들 나 나쁜 놈이랄 거야.

지현 받았다구 할께요. 많이 받았다구…

종혁 고맙군….착하기두 하지……

지현 (침실로 움직여 옷 서랍에 넣는데)……

종혁 당신 이리와봐…

지현 ….(돌아보는)

종혁 (의자에서 일어서며)이리 와봐….빨리.

지현 (종혁 쪽으로 가 선다)…..(보며)

종혁 …..(보며)

지현 ……왜요..

종혁 정말⋯⋯반드시 ‥꼭‥기필코⋯이집에서 나가야겠니?

지현 ⋯⋯(보며)

종혁 다시 생각할 가능성은 단 일퍼센트도 없는 거야?

지현 ⋯⋯없어요‥

종혁 죽거나 정신병원에 갈 거 같아서?

지현 ‥보내 줘요.

종혁 내가 너한테 그렇게 가치가 없니?

지현 ⋯⋯(보며)

종혁 음?‥그만한 가치가 없어?

지현 나는 이 집에 맞지가 않아요. 나는 길들여지지 않는 사람이에
요. 나는 내 의지와 상관없이 짜여진 틀에 갇혀 정해진 룰에 따라
살 수가 없는 사람이에요.

종혁 반대 급부가 있잖아.

지현 나한테 중요하지가 않아요⋯연탄 때면서 산동네서 살아두 속
편하게 낄낄거리면서 따듯하게 기쁘게 /나는 얼마든지 그렇게
살 수 있어요. 당신 가진 거⋯나한테는 그게 무기가 될 수 없어요.
(설득)

종혁 화려한 결혼은 그럼 뭐야.

지현 실수였다 그랬잖아요. 다시는 같은 실수 안할 거에요.

종혁 ⋯(보다가)그래 참‥실수라 그랬다. 당신두 실수 나두 실수⋯
맞어‥그랬어.(하고 침실로 가면서 가운 훌렁 벗어 아무렇게나 던지고
침대로 들어간다)

지현 ⋯⋯(보며)

종혁 (한 손으로 눈 덮으며)불꺼⋯불이란 불은 몽땅 꺼⋯

지현 (불 끄러 움직이는)·····

S# **강욱의 거실**

강욱 ·····(아이에게 젖병 물리고 있는)······(다 먹었다. 젖병 빼고 곧추 안
고 트림 시키는데)····(트림)

  E 전화벨

강욱 (받는다)네에.

민지 F 무슨 일이에요 형부?

강욱 아 처제··

민지 F 엄마 병원 갔다구 병원으루 오라는 전화 받았는데 형부가
원인이라 그러드라구요···형부가 왜요··

강욱 그럴 일이 있어··병원에 가봐···알게 될 거야···

S# **운전 중인 민지**

민지 ?···그러니까 무슨 일이 있기는 있는 거군요.

강욱 F 음··

민지 엄마랑 붙었어요? 엄마가 형부한테 심한 말 했어요?

강욱 F 아냐 그런 거 아냐···끊구 얼른 병원에 가라구···

  F 전화 끊기는

민지 ?····

S# **병원 복도**

  [응급실에서 입원실로 옮겨지고 있는 서여사/이모/따라붙고/]

민경 ···(조금 쳐져서 움직이는)

민지 도대체 무슨 일야···

민경 ····(그냥 걷는)

민지 으응?

272

S# 거실

　[아이는 방으로 치우고]

강욱　　….(바닥에 앉아서)……(마루 저쪽에 시선 던지고)…..

S# 지현의 욕실

지현　　(두 무릎 싸안고 바닥에 앉아서)………

S# 거실

　E 현관 벨

강욱　　(샤워하고 나온 참이다/나오면서/가운 끈 매며)네 누구세요.

강욱모　E 애 엄마여.

강욱　　(문 열면서)벌써 오셨어요?

강욱모　(들어서면서 뒤돌아보는)늬 아부지 난리에 목숨 내 놓구 달려
　　왔어..운전 제엘 잘하는 기사 데리구 달려라 달려라 했다.

강욱　　위험하게 아버지는…

강욱부　(아내 가방 들고)아 그러니까 운전 젤 난 녀석 붙였지..빨리 왔지?

강욱　　생각보다 엄청요. 빨라야 열한시 반이라구 생각했어요.

강욱부　이제 열한시여.

강욱　　예..

강욱모　(가방 받아 자기 방으로 들어가고. 옷 갈아입으러)

강욱부　(소파로)그나저나 사부인은 거 건강이 그래서 어떡하냐. 늙
　　으면 그저 다른 거 다 필요없구 건강이 첫쩬데 말여.

강욱　　예..

강욱부　(앉으며)유진 에미두 걱정이 많겠다…

강욱　　(앉으며)네.

강욱부　앉지 말구 어이 병원에 가봐…애 보느라구 병원에두 못갔

구먼..

강욱 ..(어정쩡)

강욱부 엉?

강욱 늦었는데..내일 가 보죠 뭐..

강욱부 그게 무신 소리여 사위두 자식인데 그럼 못쓴다.

강욱 (오버랩의 기분)아이 식구들 가 있으니까

강욱부 (오버랩)어허어어 이 사람 왜 이랴.식구는 식구구 너는 너여…오늘 가 보는 거하구 내일 가 보는 거 달러 야…얼른 가 어이.

강욱 ….

강욱부 응?

강욱 예 그럼….(어쩔 수 없이 일어나는)

강욱모 (옷 갈아입고 나오면서)어이 들어가 주무세유. 졸리댔잖어유 자리 깔어 놨슈.

강욱부 시방은 또 안 졸리네..

강욱모 아 어이 들어가유…앉어서 졸다 또 거기서 그냥 주무신다 그러지 말구유…아부지 말씀이 맞는겨. 유진이 걱정은 말구 어이 병원에 가 봐. 당신은 일어나구유.

강욱부 아이구우 시끄러워 죽겠다 알었어 알었어 (일어나며)

S# 아파트 현관과 주차장

강욱 (아파트에서 나와 제 자동차 쪽으로)

　　S 자동차 안.

강욱 (자동차에 올라서)……(앞 보면서)……

　　[이윽고 출발하는 자동차.]

S# 운전하는 강욱……

274

S# 병원 복도를 오는 강욱

S# 그 층 간호사실

강욱 저기..서분이 씨 입원실이…

간호사 네..7209호실이에요.

강욱 감사합니다..(그쪽으로 가는데)…

민지 (병실에서 나오다가 본다)…

강욱 ….어떠셔…

민지 (유감은 없다)형부 반가와 할 사람 없는 거 같아요…

강욱 (끄덕끄덕)…

민지 며칠 입원해서 안정하래요. 아마 별로 좋지가 않은가봐요…

강욱 ….(못 보면서)

민지 ?(문득)유진이는 어떡하구요.유진이 차에 있어요?(벌써 나가
려는 태세)

강욱 아냐..청주 할머니 오셨어…

민지 (아아 하는)

강욱 언니 좀 잠깐 불러 줄래?…모르게…이모님하구 어머니 모르
시게…

민지 (끄덕이며)계세요…(하고 들어간다)…

강욱 ………

민경 (민지와 나오다 보고)?….왜애?

강욱 ….(보며)

민경 안 와두 돼. 우리 끝났잖아…

강욱 기어이 이렇게 일을 벌여야겠어?

민경 ….(보며)

강욱 참아 넘기면 될걸‥이게 뭐야.

민경 이강욱‥(오버랩의 기분)‥‥참아 넘길 수 있는 걸 안 참구 일 벌였다구 생각하지 마‥이런 사태/각오하구 한 거야…

강욱 ‥‥‥(보며)

민경 나는 이미 다리 건넜어‥‥‥그러니까 그렇게 알구 처리할 거 처리해 주라‥‥

강욱 급할 거 없어.

민경 아니 나는 급해‥‥한시가 급해…더러운 옷 빨리 벗어버리구 싶어.

강욱 ‥‥‥(보며)

민경 엄마 상태 좋지 않아. 절대 안정해야 해…지금 너 보구 싶지 않으니까 빨리 가주라…(돌아서 들어가버린다)

강욱 ‥‥‥

민지 (보며)‥‥

S# 병원 로비를 나란히 걸어 나오고 있는 두 사람

S# 어느 카페

민지 ‥‥‥‥

강욱 ‥‥‥‥‥

[찻잔 와서 놓여지고‥‥‥]

민지 ‥(찻잔 내려다보며)형부 너무했어요‥‥

강욱 ‥(찻잔 내려다보며)

민지 형부 내…꿈이었는데‥‥이렇게 실망 시킬 수 있는 거에요?…

강욱 ‥(찻잔 든다)‥‥

민지 (보며)하기 싫은 결혼을 왜 해요…

강욱 (한 모금 마시고 내리면서)언니가 원하는 이상‥‥해야한다구 생

각했어…

민지 그랬으면 성실했어야죠…

강욱 불성실했다구는 생각하지 않아….성실하려구 노력했구 대체
로 성실했어.

민지 계속 만나구 전화하구 그러면서 그것두 성실한 거예요?

강욱 계속 안 만났어. 그쪽두 결혼한 여자야 어떻게 만나.

민지 이모 얘기는 뭐예요 그럼.

강욱 최근에..서점에서 우연히 한번 만났구…..그 뒤에…한번 더 봤어….

민지 왜요…왜 만나요..

강욱 그거까지는 얘기하고 싶지 않아…

민지 전화하는 거 들었다든데요..

강욱 (끄덕이며)좀 걱정되는 일이 있었어…궁금해서 내가 걸었었어..

민지 그러니까 아직 안 끝난 관계군요.

강욱 아니 관계가 아니라…마음이 안 끝났다구 해야 할 거야.(보며)

민지 …..(보며)

강욱 (쓴웃음)이해 못 할 거야….못 할 거야..

민지 언니가… 무리가 아니군요.

강욱 (끄덕인다)아냐…..아니야…

민지 어떡하실 거예요…

강욱 선택권이 없어….언니 하자는대루 끌려갈 수 밖에…

민지 결혼두 언니한테 끌려서 이혼두 또 마찬가지루/.. 형부 의사는
없어요?

강욱 …..(커피 잔 내려다보며)

민지 네?

강욱   언니 이제 나 없어두 돼….없으면 안될줄 알았던 게…언니두 나
      두…착각했던 거야…..

민지   …(보며)

강욱   실망시켜서 미안해…..처제는 꼭….처제가 좋아하는 것보다 더
      많이 처제를 사랑하는 사람하구 결혼해…뭔가 완전히 개운하지 않
      은데…그저. 차지해 치우구 싶은 욕심 때문에 결혼하지는 마….

민지   …….언니가 많이 힘들게 했죠…

강욱   나두 그랬겠지…..언니두 힘들었을 거야…

민지   ….(보며)

S# 입원실

서여사   (잠들어 있고)…..

      [소파에서 소근거리는 투로]

이모   다시 생각해.눈 한번 더 감아.꼭 감구 넘어가.

민경   나 못해 이모.

이모   이혼한 꼴 뭐가 좋아. 니 엄마 좋으니?내 꼴 좋아?

민경   내 꼴 보전하자구 그 꼴 보면서 계속 살 수 없어…

이모   ….(달래려고)민경아..

민경   (오버랩의 기분)내 인생 더 이상 치사하게 만들구 싶지 않아
      요.단순하구 깨끗하게 살구 싶어.나밖에 없구 나밖에 모르는 남
      자랑 살구 싶어..여기저기 헌데 난 지저분한 놈하구 살구 싶지 않
      다구.

이모   …..너 이혼하는 건 그 기집애한테 지는 거야.

민경   ?…(보는)

이모   얼싸 좋다 그러구 신나게 만나구 다닐 거 아냐 두 인간…엄연

한 유부남 유부녀데두 그러구 다녔는데 이 서방 싱글 만들어봐 얼마나 좋아. 아마 그 기집애두 뛰쳐나와 둘이 붙어 버릴 걸? 니가 낳은 유진이 그 기집애가 키우게 만들 거야?

민경   ....(보며)

이모   차라리 아예 모르는 딴 여자 손에 크는 건 몰라두 너 그 기집애한테 애 내주구 싶으냐구.

민경   비약하지 마요...그 집안이 어떤 집안인데 뛰쳐나와. 걔는 즈 부모 없어? 그렇게까지는 못해요.

이모   누가 장담해.

민경   이서방 혼자 못잊어 그러는 거라구..걔는 이 서방만큼은 아니야..내가 맞어 전화 느낌이 그랬어.이서방 혼자 매달리는 느낌이었다구.

이모   저런 쓸개빠진 눔....

민경   도루 붙거나 말거나..그렇대두 내가 상관할 일 아니구..따지구 보면 그 기집애가 유진이 키우는 일 생기면 안된다는 거두 웃기는 오기에요...그런 일 생길 정도로 그렇게 엄청나게 애끊는 사랑이었다면....내가 무릎 꿇구 빌어야겠죠...훼방 놔 미안하다구..

이모   너 지금 뭐하는 거야...진짜 상관없어?

민경   상관없어요.....이모가 잘래요 내가 자요..

이모   ...들어가..내가 있을게..

S# 로비(팔깍지 끼고 나오고 있는 민경......)

S# 주차장으로 나오고 있는 민경...

S# 차 안

민경   (자동차로 오르면서 휴지 /뽑아 눈물 닦아낸다....)......(뒤로 기대서 머리 젖히고)……(눈 감고)……

S# 강욱의 거실

강욱   (들어오면서 문단속하고 …거실 불 끄고 침실로)

S# 침실

강욱   (들어와서 침대 보면 침대는 비어 있고)……(옷 벗으면서)……

F.O

S# 아파트 전경(아침)

S# 거실

[아침 먹는 중‥파출부 와 있고…다 같이 한상에서…]

강욱모   아주머니 간이 우리하구 딱 맞네요 여보.

강욱부   으응‥솜씨가 있으시구먼그랴.

파출부   아유 아무 것도 할줄 몰라요오‥

강욱부   (오버랩의 기분)사부인은 어느 병원에 기신거여.

강욱   ?…

강욱부   올라온 김에 인사나 챙기구 내려갔으면 싶은데

강욱   아니 그러실 거 없어요 아버지…절대 안정이라구 하니까 면회 두 어려우실 거구요…그냥 내려 가세요…

강욱부   그럼 나는 그냥 내려가니까 당신은 며칠 있다가 꼭 한번 들 여다 봐.

강욱모   야아 그라께유.

강욱부   거 혈압 그거 한방으루 한번 해보지 그라냐 왜.

강욱   한방 안돼요 아버지.

강욱부   늬덜 양의들은 무조건 한방은 깔아 뭉개더라. 왜 안 된다는 겨…중풍두 한방이 더 낫구

280

강욱 (오버랩)약 드신지 오래돼요‥지금 한방으루 바꾸는 거 위험해요…

강욱부 나 국 좀 보충해 주지?

강욱모 아이구 그류?(일어나려)

파출부 (벌써 일어나며)제가 드릴께요.

강욱모 그래유 그럼 고마워유…

S# 종혁의 침실

지현 (옷 입히고 손수건 준다)

종혁 (받아서 주머니에 넣으며)마지막으로 한번만 더 묻자.

지현 ‥‥(보는)

종혁 …정말 안되겠니?

지현 괴로워요 자꾸 그러지 말아요…

종혁 ‥‥‥(보다가)머리로도 이해가 안되구 마음으로는 더구나 수용이 안돼…왜 못 견뎌내. 작심하구 견뎌내면 얼마든지 극복할 수 있어. 존재감 소리 하는데 그건 생각하기 나름이야. 나하구 살면서 좋은 자식 낳아 우수하게 키워내는 건 어째서 의미가 없구 뜻이 없다는 거야. 세기그룹 가업 승계해서 지킬 내 와이프루 사는 게 어째서 그 초라한 오피스텔에서 사는 것만 못하다는 거야‥

지현 아무리 얘기해두 당신은 나 이해 못해요…

종혁 내가 바보야 니가 바보야 응?

지현 출근해요.

종혁 정말 마지막으로 한번만 더 묻겠어‥‥‥정말 마지막이야‥‥‥안되겠어?

지현 (눈물 크렁크렁해지면서 안는다)놔 줘요‥‥‥보내 줘요오…

종혁 ‥‥‥‥(한동안 있다가 차분히 떼어놓고 나간다)‥‥

지현   ······

S# 회사 종혁의 방

지태   ···(서 있고)

종혁   (사인하는)···

지태   개인영업팀 장홍일 대리 장인 어른이 돌아가셨답니다.

종혁   ···그럼 언제까지 자리 비우는 거죠?

지태   모레가 발인이랍니다.글피는 출근하겠지요.

종혁   (끄덕이며)알아서 처리하세요.

지태   두어사람은 조문을 보내야 할 거같은데

종혁   (오버랩)어딘데요.

지태   부산이에요.

종혁   너무 먼데···장인인데 안가면 안되나요?

지태   그래도 회사에서 아무도 안 보낸다는 건 좀

종혁   한 사람만 대표로 보내면서 조위금에 신경을 더 쓰죠.(서류 건
       네주면서)장인 초상에 두 사람 씩이나 빼는 건 좀 그래요.사람이 넉
       넉한 것도 아닌데.

지태   그럼 그러죠··그런데 지현이는 어떡하구 있는지···

종혁   밥먹구 잠자구 잘 있어요···

지태   고집은 꺾었어?···

종혁   아뇨···안 꺾이네요.

지태   ······

종혁   (화장실 쪽으로 들어간다)

지태   ····(난감하면서 있다가 나가는데)

       E 전화벨

종혁   (서너 번만에 나와서 받는다)네 최종혁입니다……여보세요…여보
세요?‥(끊으려 하는데)

이모   F 박지현이 좀 아는 사람인데요…잘 있나요?

종혁   ?‥…네 잘 있습니다‥…누구시죠?

S# 병원 공중전화

이모   네에 ‥잘 있군요‥아무 문제 없이 잘 있나요?

S# 종혁의 사무실

종혁   누구십니까. 신분을 밝혀 주십시오.

이모   F 이강욱이 처 이모되는 사람이 잘 있나 궁금해서 전화했더라
구 전해 주세요.

　　　　F 그대로 끊기는 전화…

종혁   ………

제29회

S# 제28회 끝에서

　　E 울리는 전화벨

종혁　(서너 번만에 나와서 받는다)네 최종혁입니다······여보세요···여보세요?··(끊으려 하는데)

이모　F 박지현이 좀 아는 사람인데요···잘 있나요?

종혁　?····네 잘 있습니다····누구시죠?

S# 병원 공중전화

이모　네에 ··잘 있군요··아무 문제 없이 잘 있나요?

S# 종혁의 사무실

종혁　누구십니까. 신분을 밝혀 주십시오.

이모　F 이강욱이 처 이모되는 사람이 잘 있나 궁금해서 전화했더라구 전해 주세요.

　　F 그대로 끊기는 전화···

종혁　·········

S# 공중전화가 있는 병원 복도를 걸어오고 있는 이모/전화 끊은 직후

이모   ……(이걸 해 말어/어디까지 해)……

S# 종혁의 사무실

종혁   ……(천천히 담배 꺼내 물면서)……(이건 또 뭐야)…(불 당기고 뿜는다)……

S# 입원실

민경   ……(눈 감고 있는 엄마 보면서)……엄마….나 출근해야 해요.

서여사   ……

이모   (들어온다)너 출근 안해?

민경   해야죠…눈 좀 떠봐요.…안 자구 있는 줄 알아요….응?

서여사   (눈 감은 채)보따리 들구 들어 가.

민경   ?…

이모   ?(머리맡 치우다가)

서여사   E 평생 한눈은 안팔지…그거하나 믿었던 게 기가 찬 노릇이지만 어떡해‥자식이 있는데

민경   엄마.

서여사   (오버랩)그년두 유부녀라면서. 니 이모 얘기 들으니까 유부녀두 보통 유부녀가 아니라던데‥지깐 년이 어떡할 거야…그 년 문제는 내가 처리할테니까 그렇게 알구‥들어가 살어.

민경   엄마 좋아할줄 알았는데 뜻밖이네.

서여사   일부종사 못하는 거 벼슬 아니야.

민경   누가 벼슬하자구 이래요?

서여사   내 팔짜는 닮을 거 없어.…나는….못사는 친정 살리자구 …머리큰 전실자식들 줄줄이 달린 늬 아버지한테 가….있는 수모 없는 수모 다 당하면서‥구미호 소리까지 들어가면서두 늬 아버지 받들

구 받들어서....너 하나 제대루 키울 유산 받아 들구..그리구 늬 아
버지 임종 지켰어....

민경 이모   ....

서여사   (한숨 섞어서)거기까지만 했으면 좋았어.....한참 젊은 나이
에...이불 속이 쓸쓸해서..민지 아버지 끌어들였던 게 일생일대의
실수였지...무능한데다..평생 돈이나 축낼 사람이더라.....나 민지
년한테 당하구 사는 꼴 /보기가 좋아?...

민경 이모   ...(보며)

서여사   자식 생각해서 참아....참는 거야.

민경   무슨 영광 있을 거라구 엄마. 영광없어요 내가 알아.

서여사   (눈 뜨고 맥없이 보며)헤어지면 영광일 건 또 뭔데....그런 거
없어....남자는 하나로 끝내...그게 깨끗해...

민경   ....

서여사   저기다 자식 하나 여기다 또 하나....그러구 평생 살래?

민경   다시 또 안 나면 돼요.

서여사   말두 안되는 소리

이모   (오버랩의 기분)건 정말 말 안 된다.

민경   내 나이가 몇인데 언제 다시 딴 남자 만나 언제 애 또 낳구 그래
요. 말 안되는 건 엄마랑 이모에요.

서여사   (숨 같이 내쉬면서)그럼 남의 자식이라두 키워야겠지.

이모   그럼 남의 자식 키우겠지.

민경   (쓴웃음)나는 지금 거기까지는 생각 안해요.

이모   거기까지두 생각해야 해 이것아..

민경   알았어요...알아서 할테니까 맡겨둬요...나 출근해요 그럼.

서여사   ……

이모   엄마 말 명심해서 새겨 들어…너까지 이혼을 하면 우리 집 여
      자들 팔자 그야말로 개꼬라지 돼….남들이 뭐랄 거야 남들이.

민경   (핸드백 챙겨 들면서)남들이 무슨 상관이야. 내 인생하구 무슨
      상관이 있다구..가요..(나간다)….

이모   죽 좀 먹을라우?

S#   병원 로비를 나오고 있는 민경……

S#   강욱의 거실

강욱   (서재에서 나오면서)아니 벌써 가시게요?

강욱부   (자기 방에서 나오면서)나두 바쁜 사람여…오밤중에 늬 엄마
      혼자 보내는게 안쓰러워 따러 왔던 거지 한가해서 온게 아니란
      말여.

강욱모   (오버랩의 기분)조석 사잡숫지 말구 꼬박꼬박 큰애네 가셔서
      들어유 야?

강욱부   그려 걱정 말어 하라는대루 할테니게 걱정 붙잡어 먀.

강욱   (오버랩)잠깐 계세요 아버지.저 옷 입구 나올께요.잠깐요.

강욱부   왜 그랴 옷은 왜 입어.

강욱   (벌써 움직이며)터미날 모셔다 드리게요.

강욱부   야야 필요읍서 필요읍다. 쌔구 널린 게 택신데 택시 타면 돼.
      니 기름 쓰는 대신 택시값 내면 되구/아 그래야 택시 영업두 시켜
      주지이..니 애비 택시회사 하는 사람여 야.(신 신으며)

강욱   (웃고)..

S#   아파트에서 나오고 있는 부자

강욱   아버지 불편하셔서 어떡해요.

강욱부 니 형수 있잖어.그럴 거 읍서…니 엄마 소원풀이 하구 잘된 겨..유진이 보구 싶어 눈이 진물른다는데 실컨 보구 재미있게 생겼 어어.(큰길 쪽으로 나가면서)

강욱 예에..

강욱부 병원에 열심히 가 뵈어라…아들 없는 집 사위루 들어갔을 때 는 아들 노릇할 각오 확실히 했겠지?

강욱 네.

강욱부 머리털 끝만큼두 섭섭한 생각 안드시게 잘햐. 돈이 다는 아 녀..돈보다는 마음여…마음이 쓸쓸하면 허당여.

강욱 네 아버지…

S# 종혁의 소회의실

　　　[임원 회의 대여섯]

종혁 아니 당분간은 약세 장셀 겁니다. 이 기회 이용해서 한국물 디 알 차액거래 적극 검토해 봅시다.

강부장 그리구 개인영업팀에 사람 하나 더 뽑아야겠는데요.

종혁 모자라죠.

문부장 모자라요..요새 종금사들 흔들거리구 있으니까 거기 애들 중 에서 똘똘한 녀석 하나 데려다 꽂았으면 좋겠는데…

종혁 그렇게 합시다. 필요하면 채워야지.

종혁 자산운용팀/케이알 코스탁 유상증자 팔로우업 계속하고 있 나요?

심부장 시황이 안 좋아서 쉽지 않은 상황이지만 큰 무리는 없이 계 속하고 있습니다.

종혁 해청 텔레콤 매수건은 어떻게 돼 가구 있죠?

이부장 이번 주말 정도면 결말이 날 것같습니다.

종혁 사이버 리서치 팀은요.

강부장 현재 벤처 데이터 베이스를 계속 검토하고 있습니다. 우리
회사 사이버 비즈니스의 한 방안으로 데이 트레이딩 시스템을 검
토 중이구요.

S# 목장 길로 들어오고 있는 지현의 자동차

지현부/한수 (같이 돌아보고)

한수 누나 오네요··

지현부 ···

　　　　[지현의 자동차 옆에 와 멎고]

지현 (내다보며)저 왔어요··

지현부 (뚜우 해서)그래·····어떻게 돼서 온 거야··

지현 엄마 보러요····한수 잘 있었니?

한수 네.

지현 엄마 좀 어떠세요··

지현부 들어가 보면 알 거 아냐···야 일하자.

한수 ··네···들어가 봐요 누나. 많이 나아지셨어요··

지현 (조금 애매하게 웃어 보이고 자동차 움직인다)

S# 차 안

지현 (집으로 움직이면서)·····(환영 못 받는 것)

S# 마루

초희 (신문 깔아 놓고 뒤적이며)저는 그냥 자리 옮겨서 아파트 구조로
한 오십 평 되게 집이나 새로 짓구 살었으면 좋겠어요··

진이 (콩나물 콩 같이 고르면서)오십평이면 대궐같겠다.

초희 대궐은 무슨 대궐이야‥그냥 살만 한 평수지‥요즘은 모두 대형화 추세라 백평짜리 빌라가 수두룩 하잖어…백평이면 칠십평은 나오는데요 어머니/칠십평 쫙 깔아노면 제법 넓게 쓰구 산대요 어머니.

지현모 (콩나물 콩 고르고 있고)‥‥

초희 땅 많겠다 우리두 백평 못 앉힐 거두 없지 뭐.

지현모 (오버랩의 기분/중얼거리는)속편해 좋겠다‥지 남편 사표를 내느니 마느니 하구 있는데 큰 집 꿈이나 꾸구 앉었구…

초희 (오버랩)설마 사표내게까지야 되까요 머…도루 들어가 조용하잖어요‥

지현 (들어오며)엄마…(시장 본 것/과일 기타)

진이 어머 언니(일어나며)오셨네에?

지현 진이가 제일 반가와하는구나…아무두 환영 안하는데‥

초희 환영 못받을 짓을 왜 해요 그러니까‥

지현 (엄마 옆에 앉으며)엄마…

지현모 (그저 보면서)……

지현 엄마 왜 그래요‥

지현모 어떻게 온 거야.(차분하게)

지현 엄마 보러요.

지현모 뭐 달라진 거 있어?

지현 (고개 흔든다)

지현모 (후루루루 숨 내쉬고)점심 준비 빨리 해 멕여 보내.

초희 (진이는 대답하고 벌써 일어서는데)어머님 아버님 속 그만 썩이구 마음 돌려요 괜히…힘 안든 결혼 생활이 어딨어요.

290

지현모   (오버랩의 기분)호박잎 사다는 거 쪄. 애 잘 먹어.

초희   그래두 아가씨는 확실하게 해결된 게

지현모   (오버랩)어이 일어나. 우리 모녀 얘기 좀 하게..

초희   어머닌 저 있으면 안되는 얘기가 어딨어요.이럴 때는 정말
눈물나게 서운해요..저는 안 그런데 어머닌 저 아직두 남의 자식
이죠?

지현모   아니야 안 그래.그래두 우리끼리 할 소리는 있어. 어이 일어
나 애 밥 빨리 먹구 가게 해 엉?

초희   네에..알았어요.(조금 삐진 기분이지만/주방으로)

지현모   .....(딸 안 보는 채)너 이렇게 와두 반가울 수가 없는게 /..솔직
한 심정이야..이게 뭐야 그래...

지현   ....(보며)

지현모   늬 아버지하구 나 밤잠 제대루 못자...오죽하구 여북했으면
그러겠나...가슴이 찢어지면서 늬 아부지랑 나... 포기는 했어...포
기는 했으면서두 기막히구 한심한 건 마찬가지야....에지간히 좀
하지이..사부인 원망두 이만저만 드는 게 아니구

지현   (오버랩)어머님 때문 아니라니까?

지현모   그 양반 때문 만은 아니겠지 그래..그래두 사부인이 어지간
히만 다독거려주구 감싸줬으면 막 생각 안했지 싶다....

지현   .....(보며)

지현모   느이들은 어땠는지 모르지만 우리 세대만 해두 시부모가 사
랑해 주시면(하는데)

   E 전화벨

지현모   (받는다)네에 목장입니다..

이모　F 박지현씨 친정인가요?

지현모　?··네 그런데요.(지현 제가 갖고 온 시장 보따리 들고 주방으로)

이모　F 친정어머님과 통화 하구 싶은데요.

지현모　전데요.실례지만 누구시지요?

S# 입원실

이모　(전화 막고)직빵 받았어 언니.친정 엄마래.

서여사　(누워서)흥분하지 말구 조리있게 교양있게 해.(차분하게)

이모　네··이런 일루 전화드리는 거 즈이두 참 기가 찹니다만은 어머니 혹시 아시구 계시나 해서요.

지현모　F 무슨 일을 말씀이세요?····밑두 끝두 없이 뭘··무슨 말씀이신지 모르겠네요.

이모　박지현씨 결혼한 여자 맞지요.

지현모　F 네 그런데요.

이모　결혼한 여자가 남의 집 남편 만나구 다니는 걸 뭐라구 하는지 아시나요?

S# 마루

지현모　?·····뭐라구요?(소리가 제대로 안 나온다)

이모　F 들어보신 적 있으시겠지만 가정 파괴범이라구 하지요.

지현모　·····(대꾸를 못 하고 입만 뻐끔)

이모　F 따님 그렇게 가르치시지는 않으셨을텐데 죄송합니다. 따님 두 가정을 가진 사람/남의 집안에 못할 짓 하지 말구 당장 손 끊구 자중하도록 좀 도와 주세요··

지현모　여여여보세요.

이모　F (오버랩)그럼 이만 도와주실 걸로 믿고 끊습니다.(하며 끊어

진다)

지현모   ....(정신이 횡하니 나간/....부들부들 떨면서 수화기 놓는데)

지현   (주방에서 나오면서)엄마 현식이는 성적이 좀 오른다네(하는데)

지현모   (불끈 일어나 지현 손목 잡아 끌고 현식이 방으로)

S# 현식의 방

지현   ?(끌려 들어오는)

지현모   (소리 극도로 죽여서)너 이게 무슨 소리야.응? 너 가정 있는 남의 남자 만나구 다닌 거야?

지현   ?

지현모   (끌어 꽉 앉히면서)바른대루 말해. 너 누구 만나구 다녔어. 그 눔 만나구 다닌 거야? 그눔 때매 집 뛰쳐나온 거야 엉?

지현   엄마.

지현모   (상관없이)도대체가 이게 무슨 기절초풍할 소리야 그런데 얘가아아.

지현   누구라구 그래요.

지현모   누구거나 간에 너 남의 남자 만나구 다닌 게 사실야 아니야. 사실야 아니야아.

지현   만나구 다닌 거 아니야.

지현모   아니면/..아니며언.

지현   결혼하구 두 번 만났어.

지현모   ?

지현   E 한번은 우연이었구 한번은 내가 만나자 그래서 만났어.

지현모   왜 만나재. ..니가 왜 만나재애.

지현   보구 싶어서..(울음 터뜨리면서)보구 싶어 미칠 거 같아서어어어

지현모 ……(보다가 등짝을 펑펑 때리기 시작하면서)미쳤어 미쳤어/그래 미쳤다 너. 미쳤어 미친 거야 웅?(때리기 멈추고 식닥거리며)너 미친 거야 웅?……어디 남편 있는 게 딴 남잘 만나구 다녀 이 기집애야. 환장했니? 환장했어 엉?

지현 (그저 고개 꺾고 소리 없이 울기만)

지현모 그래 두 것들 만나서 따로따로 해결보구 만나 살자 그랬니? 그래서 최서방하구 못산다 만세 부른 거야?

지현 그거 아니야 엄마아.

지현모 아니면 뒤집어.아니면 안 산다 소리는 왜 나오구 딸 단속하라는 전화는 왜 와.

지현 우리 같이 못 살아 엄마. 그 사람 자기 와이프랑 못헤질 남자구 아이두 있어요.그런 거 아니야. 최서방하구 그만 사는 거하구 그 사람하구 아무 상관없어. 그건 아니야 아니라구우우우··

지현모 안 보면 미칠거 같아 만났다면서./ 심뽀가 그 모양이니까 최서방하구 못살겠는 거야아. 그게 그건데 뭐가 아니야아.

지현 그게 그거 아니에요. 그게 그거 아니야…물론 나아 …하루를 살다 죽어두 그 사람하구 한번 살아보구 싶어 엄마. 그렇지만 그런 일은 일어날 수 없어요. 그러니까 그럴려구 최서방하구 헤지는 건 아니라니까아?

지현모 ……(맥 떨어져 보면서)……

지현 죄송해요…정말 미안해 엄마…(가슴 찢어지면서)우리는 그냥… 서로 잘 살기 바라면서….서로 걱정해주구 …그 이상은 아니에요… 그 이상은 안할게…약속해요··그 이상은 안할께요…

지현모 너 성북동에서 나오는데 그 이상 안할 거라는 보장이 어떻게 돼. 니 마음 하루를 살다 죽어두 살어보구 싶다면서/보구 싶어 미칠 거 같어 봤다면서/너 결국은 남의 집 평지 풍파 만들구 니 엄마 아부지 똥친 막대기 만들구 그렇게 안 만든다는 걸 어떻게 믿어.뭘루 믿어.

지현 안해….안 한다구요.

지현모 못믿어 ……

지현 안 할께….안하께요…나 그냥 일하면서 살면 돼….다시 안 만나면 돼…

지현모 (물끄러미 보며)나는 못 믿겠어…..

지현 …..

지현모 세상에 그건 할짓 아니야 너….자식까지 있는 남의 남자 욕심내는 거….그건 하는 거 아니야…하루를 살다 죽더라두라니….어이구후우우우우우우우….

지현 …(입 꽉 다물고 눈물 닦아내면서)….

S# 입원실

이모 이서방 왔어요..

서여사 나 좀 일으켜..

이모 (엄마 일으키고)….

강욱 ……(조금 떨어진 곳에서 보며)….

서여사 (일어나 앉아서 단정하게/…머리 한 번 쓸어 넘기고/침대에서 내려서는)

이모 (부축하고)

서여사 (한복 단정하게 입고 기다리고 있는 참이었다/소파 쪽으로 가서 앉으며)이리 와서 앉아.

강욱 ·······(그쪽으로)····

이모 앉아 이서방··

강욱 (앉는다)···

서여사 잘잘못 따질 기운이 없네····제 남편이/ 잠깐 지나가는 여자 한테 눈길만 줘두 토라지는 게 여잔데···민경이 안 산다구 나오는 거 무리 아니야···(차분하게)

강욱 ····(시선 내리고)

서여사 자네에 대한 실망이야 이루 말로 다할 수가 없고····당장이 라도 갈라서라구 하구 싶은 마음 굴뚝같지만···한번은 덮구 넘어 가세··

강욱 ····(안 보는 채 의외)

서여사 경솔하게 합의해주지 말어. 깨끗이 청산하구 다시 시작하자 그래. 자네 위해서가 아니라 유진이 위해서야·····왜 대답이 없어.

강욱 유진에미가··안 들을 겁니다.

서여사 듣든 안듣든 자네가 동의 안하면 될 거 아냐. 설마 지가 소송 이야 걸겠나.

강욱 ····

이모 만약 말대루 안하구 이대로 갈라서구 말면···나/ 가만 있을 줄 알아? 자네 완전히 매장시켜버리구 말지 가만 안둬.

강욱 (눈 감깐 감으며 어금니 무는)····

이모 그 기집애는 온전하게 둘 거 같아? 잘 생각해서 해··

강욱 헤어지자는 건 민경이지 제가 아닙니다.

이모 입두 크네. 그 소리하게 만든 건 자네야. 무골충 아닌 담에야 어 떤 여자가 그꼴 보구 살어. 새끼까지 낳아 놓구 딴 기집애랑 놀아

나는 걸 어떻게 보구 살어.

강욱   놀아난 거 아니에요. 그렇게 말씀하지 마세요.

이모   몸뚱이루는 안 놀았다 지금 그거야? 그건 누가 믿어..

강욱   이 문제는 민경이하구 얘기하십시오. 매장시킨다는 협박 무서워서 유진에미한테 매달려 사정하고 싶지는 않습니다..이혼을 원하는 건 에미에요(하며 일어선다)

이모   자네는 안하구 싶은데?

강욱   저두 하구 싶습니다. 그러나 그래서는 안되는 일이기 때문에 다시 생각하라구 했어요.그런데두 그 사람 말 안들었어요.

이모   너무 뻔뻔하다구 생각 안해 이서방? 응? 잘못한 사람이 누구야...일 이렇게 만든 사람이 누구냐구. 민경이가 바람 폈어?

강욱   저 바람 핀 거 아닙니다...진작 만났어야 하는 사람을 늦게 만나서 겪는 일일 뿐이에요.

이모   (입 벌리고 말을 못 하고)

강욱   유진이한테 제 엄마를 잃게 만들구 싶은 생각은 없어요·····다시 시작하는 건 민경이한테 달려 있습니다. 가보겠습니다.(하고 나간다)

이모   (입만 뻐끔거리면서 엄마 보았다 문짝 보았다)어으/어으 저런 순 날도둑놈..저런 강도 같은 눔.

서여사   너는 왜 나서 너는!

이모   ?

서여사   나서지 말구 가만 있으랬는데 뭐 잘났다구 나서서 곁동은 달아.

이모   ?...(할 말이 없고)

서여사 누구는 밸이 없어서 붙잡구 사정하는 줄 알아? 사십이 낼 모
  렌 기집애/성격이나 좋아? 까다롭기는 뭣같은 거/혼자 늙어가게
  하느니 도루 묶어놓는 게 낫다 싶어 그러는 건데 어이구우우우 참
  도움된다 도움 돼!

S# 주차장으로 나오고 있는 강욱⋯⋯⋯자동차로 오른다

S# 자동차 안

강욱 (타면서 바로 자동차 앞 포켓에서 담배 꺼내 물고 불붙여 뿜어내면
  서)⋯⋯⋯(눈 조금 찌그리고 앞 보면서)⋯⋯

S# 병원 식당

  [간호사들 상 차리고 있고]

민경 (들어오며)다 됐지? 이선생은?

간호사1 저이 선생님 아직 출근 안하셨어요.

민경 ?그래?⋯⋯헬스서 혼자 해결하나부다. 할수 없지 뭐. 우리끼리
  먹자⋯

간호사2 선생님게 진짜 정식으로 한번 여쭤봐야겠어요⋯왜 자꾸 밖
  에서 드시는지요.

간호사3 진짜야.

간호사4 선생님 안드시면 밥한 사람 맥빠져요 그렇죠.

민경 너무 그러지들 마라. 나는 선생님 아니야? 소외감 느낀다구.

간호사2 그런 거 아니에요 선생님.

  E 전화벨

간호사4 (일어나 받는다)네에 피부팝니다⋯⋯누구시라구 전해 드릴까
  요⋯⋯네 잠깐만 기다리세요.(전화 들고 민경에게)선생님 전화에요.

민경 ?누구야?

간호사4 박지현씨래요.

민경 ?....(전화 받는다)여보세요…그래 나야…무슨 일이야?.....나하구 약속 안 지켰잖아. 그런데 우리가 만날 일이 뭐야.(간호사들 밥 먹다 모두 안 보는 척하며 듣고 있고)

S# 목장에서 나오는 길목에 세워져 있는 자동차

지현 (유리로 보이는)내가 그쪽으로 갈께요. 긴 시간 필요하지 않아요.

S# 자동차 안

지현 (전화 중/귀에 대고)십분이면 돼요…십분이 길면 오분이라두 좋아요.

민경 F 나는 너 별로 보고 싶지 않아…전화로 해.

지현 전화로는 안돼요…만나야겠어요…….(대답 없는 채)

S# 병원 근처 카페

민경 (또박또박 들어와 앉아 있는 지현 의자 맞은편으로 앉으며)만나자구 할 이유가 있는 사람은 난데 오히려 지현이가 무슨 일이야.

지현 (민경 앞에 서면서 잠깐 일어나는 시늉했다가 앉았다/)댁에 무슨 일이 있는 건지 알구 싶어요…(안 보는 채)

민경 ……(보며)그걸 왜 알아야 해…그리구 이미 알구 있는 거 아냐? 이 선생하구 연락 됐을 거 아냐.

지현 이모 되시는 분이 친정으로 전화하셨어요.

민경 ?…….(놀랐다가)그래서 뭐라구 하셨어?

지현 나 남의 가정 파괴 안해요. 이 선생두 그럴 사람 아니구요. 무슨 일 때문에 그러는지 모르지만

민경 (오버랩)얘….나 애아빠 너하구 소근소근 통화하는 소리 들었어. 그건 파괴가 아니라구 할래?

지현 그건…그럴 일이

민경 (오버랩)니 남편이 애아빠한테 너 찾는 전화 했었다구……무슨
      일인가 걱정돼서 통화할려구 해두 너하구 연결이 안됐다가 그날
      통화된 거라구.

지현 …맞아요…

민경 남편이라는 사람이 딴 여자한테 언제든 달려나간다는 소릴 하
      는 거 들으면 너는 어떻겠니.

지현 ….(보는)

민경 서점에서 우연히 만나 차 마셨다면서.

지현 ….(보는)

민경 차는 왜 마셔. 남의 남자하구. 더구나 내 남편하구.

지현 …..(보며)

민경 늬들 끝난 거 아냐 그렇지?..안 끝나구 있으면 그게 바로 남의
      가정 파괴야. 아냐?

지현 …(할 말이 없다)

민경 늬들 이렇게 질길 줄 미리 알았으면 나 결혼 안했어. 징그럽다..

지현 (보며/오버랩의 기분)차 마신 거 잘못했어요. 통화한 거 잘못했
      어요. 이모 되시는 분/그런 전화 다시 안하게 해 주세요.

민경 내가 하라 그런 거 아니야.

지현 다 성인들이에요. 이모되시는 분은 제 삼자에요.

민경 (오버랩의 기분)니 남편은 이 선생한테 왜 전화했는데.. 지금 니
      남편하구 내 입장하구가 비슷한 거야?

지현 (시선 내리며)그런 거 아니에요.

민경 ….(보다가)사랑하는 사람은 사랑하는 사람끼리 살아야 하는

건데…. 너두 고통이겠지‥그렇지만…. 내가 사랑하는 사람이/ 나 아닌 딴 사람을 사랑하는 고통에 비하면…(쓴웃음) 늬들 껀 사치스러워….그래서 늬들은 동정을 못받는 거야….얘기 끝내자. (일어나며)환자 기다려.(나간다)

지현   …….(나가는 것 보며)…..

S# 지현의 침실 거실

지현   (침대에 걸터앉아서/가내복)…..

미스장   E 사모님.

지현   ?…엉.왜.(일어나며)

미스장   (들어와 있다)뭐 하시나 올라가 보라구 하셔서…

지현   어 그래 내려가께…(나가는)

S# 주방

지현   (들어온다)

노여사   (돼지고기 삶은 것 채반에 올려놓고 찬물/ 들이붓다가 힐끗 돌아보며)친정에 무슨 걱정거리 있든?

지현   ?‥아니에요 어머님.

노여사   안내려오구 있길래 그런가 했지‥

지현   …..

제천댁   (얼른 일거리 안겨준다/봐주느라)

지현   (받아 드는)…

노여사   내일 숙모들 와서 점심 먹기루 했다. 니 동서들두 데리구 오기루 했으니까 도합 몇이냐 아홉인가?

제천댁   네 사모님.

노여사   혹시 숙모들이 걱정해준답시구 너 갖구 이런 소리 저런 소리 한다는 게 니 마음에 껄끄럽더라두 내색하지 말구 그저 좋은 척 해…우리 집안에서는 얼굴 하나 갖구는 못산다. 다 집안 화목 위해 서야.

지현 ….

노여사 (돌아보며)알아들은 거야 못 알아 들은 거야.

지현 알아 들었습니다.

노여사 참 오래 걸리네.어른 말 떼어먹구 재차 묻게 하지 말라 소리 를 얼마나 더 해야하는 거야…

지현 ….

노여사 또 그런다.

지현 알겠습니다.

노여사 쯔쯔쯔쯔쯔쯔

지현 ….

S# 강욱의 수술실

강욱 (환자 치료하면서)전혀 걱정하실 일 없으니까 걱정 안하셔두 돼요. 저두 무리 안했구 회복두 상당히 좋은 편이에요··수술한 사 람이 만족하구 있으니까 마음 편하게 잡숫구 시간만 버세요.그럼 머지않아 아주 행복해지실 거에요…

여인 선생님 믿으면서두 자꾸 불안해요.

강욱 불안하실 일 없습니다…제가 약속해요··(치료 마치면서)됐습니다…

S# 강욱/치료실에서 나와 제 진찰실로 가려고 문 잡다가 문득 멈추고·····(계 단 쪽으로 움직인다)

S# 피부과 앞

강욱 (나타나며)아직 퇴근 전이시죠.

간호사3 네 진료는 끝나셨어요.

강욱 (노크한다)

S# 민경의 진찰실

민경 (테이블 정리하고 있는 중)네에.

강욱 (들어온다)…

민경 ?(보고)왜.(담백하게)

강욱 병원으루 가니?

민경 그럴 거야.(서랍에 집어넣으면서)…..

강욱 ……(보다가)어머니 와 계셔…잠깐 들려서 인사드리구 유진이
두 보구‥그러구 병원 가는 게 어때.

민경 ………(잠시 보다가 도로 움직이면서)너 아직 말씀 안드렸구나.

강욱 ……(보며)

민경 너/… 어려우면 내가 할까?

강욱 더 이상 못 참겠다는 니 기분 알아.

민경 기분?…..(보며)기분이라구 했니?…(웃으며)기분으루 청산하자
그런 거 같니?

강욱 그래 바꾸께‥니 심정 알아.

민경 …..(보며)

강욱 미안해…정말… 그 사람 일로 더 이상 너한테 상처주구 싶지는
않았어.

민경 상처 정도가 아니야…..너 나 반은 죽였어.

강욱 너하구 헤어질 생각 해본 적 없어.

민경 사실이라면 그것두 너의 이중성이야…뭣때매…유진이 때문에?
이혼남 딱지 께름해서? 나쁜 놈 되는 거 하기 싫어서?…그래서 나

등신 만들면서 평생 그런 식으로 살려구 했어? 내가 너라면 그렇게 안 살아. 차라리 탁 깨. 노력했는데 도저히 잊을 수가 없다.너하구 사는 게 고통이다.더 이상 너를 기만하며 살기 싫다. 미안하지만 정리해 줘야겠다….훨씬 선명하구 깨끗하지 않니?

강욱　너하구 유진이한테 책임이 있어.

민경　…..(보다가)언제든 달려나간다면서 무슨 책임을 어떻게 진다는 건데…한 집에서 출퇴근만해주면/ 그 정도만 책임져주면 된다는 거니?

강욱　유진이….유진이 외할머니 우리 갈라서는 거 원치 않으셔…병원에 불려갔다 왔어.

민경　……(보다가 외면하며)그랬니?….엄마 반대야. 나두 알아…의외더라…이선생두 의외지.(하며 가운 벗으며 옷걸이로) 상관할 거 없어. 자기 인생에서 얻은 교훈 때문에 그러는 거니까··

강욱　이모님…나 가만 안둔다구 협박하시드라.

민경　?(돌아보는)

강욱　협박 무서워서 너한테 매달리지는 않겠다구 말씀드렸어…..차분히 좀 더 생각하구….결정해…

민경　……(보다가 옷 입으며)더 생각할 거 나는 없어……

강욱　……(보다가)집에 안 가 볼래?

민경　그러구 싶지 않아.

강욱　유진이 보구 싶지두 않아?

민경　안 보구 싶어.(하며 핸드백 들며)수술 있어?

강욱　….(보며)

민경　나 먼저 나가(하며 움직이는)

304

강욱 정말 놀라운 일이야.(안 보며 혼잣소리처럼)

민경 ?(나가다 돌아보는)‥‥뭐가‥

강욱 너 유진이에 대해서 어떻게 그렇게 냉담할 수 있는지 모르겠어.

민경 ‥‥‥(미동도 않고 보는)

강욱 나를 잘라내는 건 그래 얼마든지 그럴 수 있어. 그런데 아무
리 내가 밉다 그래두 어떻게 유진이까지 그렇게 쳐낼 수 있는 건지
‥‥모르겠어…

민경 (조용히)유진이 내노라 그럼 내놀래?

강욱 ‥‥‥(보는)

민경 줄래?

강욱 안돼‥

민경 절대루 안되지.

강욱 절대루 안돼.

민경 그럼 대답 된 거지…

강욱 ‥‥‥(보며)

민경 (나간다)‥‥‥

강욱 ‥‥‥

S# 강욱의 진찰실

강욱 ‥‥(옆으로 앉아 담배 태우면서)‥‥‥‥(있다가 문득 의자 돌려 전화번
호 누름)

　　　E 신호 가는 소리‥‥‥‥서너 번‥

강욱모 F 네에…유진이네 집입니다아아.

강욱 (잠깐 미소 스치면서)저에요 엄마.

강욱모 F 어 그래 애비야? 아직 먼겨?

강욱 아니에요 지금 들어가요‥유진이 안 보채구 잘 놀았어요?

S# 거실

강욱모 보채기는 왜 보챠. 하루 종일 얼마나 잘 놀았는데‥흐흐흐흐 안그려 유진아?

강욱 F 아버지 잘 도착하셨다구 전화하셨구요.

강욱모 그럼/도착하자마자 하셨지.

S# 강욱의 진찰실

강욱 알았어요. 금방 들어가요.끊어요 엄마.

강욱모 F 오냐 얼른 들어와.배 고퍼 죽겄다.

강욱 (웃으며)밀려서 좀 걸릴 거에요 엄마 먼저 잡수세요.

강욱모 F 아녀 기다리께 얼렁 와.혼자 먹는 밥 무신 맛이 있어.

강욱 알았어요 그럼.(끊고 일어서 상의 떼어낸다)

S# 지현의 주방

지현 (시부 앞에 국 대접 얌전하게 놓아주는)‥

최회장 (수저 들면서)간단하게 냉면이나 뽑아 멕이지‥

노여사 냉면 들구 싶으세요?

최회장 그래‥

노여사 알았어요. 쉬시는 날 점심에 뽑아 드리죠‥

최회장 너 느이 어머니 냉면 만들어내는 거 잘 배워뒀다가 니 어머니 은퇴하면 대신 들어설 준비해둬‥니 어머니 냉면이 세상에서 제일 맛있어‥

지현 네에‥

노여사 종섭이 댁두 둘째애 가졌다네요.

최회장 ?그래?

노여사 　입덧이 심해서 애가 반은 까무러쳐 지낸대요.병원에 들여보
　　　　 낸다 그럽디다.종섭이 댁 입덧 유난하거든요. 첫애 때두 얼마나 고
　　　　 생을 했는데요‥

최회장 　으으음‥‥

노여사 　우리 집에 알리는 거 민망하다구 아뭇소리 말라 그러드래
　　　　 요‥장충동 동서가 대신 알려 주드군요…아는 척이나 하라구…

최회장 　그래서 아는 척 했어?

노여사 　전화 넣어주구 내일들 다 와서 밥 먹으라구 했어요.

최회장 　그게 그 거였구먼 그러니까…

노여사 　그게 그거였어요…

최회장 　‥‥‥

노여사 　‥‥‥‥

지현 　　‥‥‥‥

S# 입원실

민경 　　(일식집에서 사 온 전복죽과 도시락 두 개 꺼내면서)맛있는 집까지
　　　　 갈려면 한참 걸리겠어서 대충 들어가 샀는데 어떨지 모르겠네‥값
　　　　 은 만만치 않든데/

이모 　　아무러면 병원 밥보다야 낫겠지.(죽 먼저 먹일 준비하면서)

민경 　　엄마 한결 나아 보이는데요?

이모 　　나아 보여야지 그럼.(한숨 섞어서)아까운 돈 깨먹구 있는데 돈
　　　　 깨먹는 표는 나야지 그럼‥‥(쟁반에 받쳐 들고 다가가)일어나요…일
　　　　 으켜 줘야 하우?

민경 　　일어나요.(일으키면서)

이모 　　내내 혼자 잘 일어나드니만 딸 보니까 못 일어나겠수?

서여사 (자리 잡으면서/여기는 환자복/그냥 흘겨주는).....

민경 (수저 주고)

서여사 (받으며)늬들두 먹어..

민경 민지는..

이모 조금 전에 삣죽 왔다 갔어. 얘 와아..(소파에서 젓가락 떼면서)

민경 네.....(먹는 엄마 보다가)이 서방 불렀다면서요.

서여사 ...그래.....(불렀는데 그래서 뭐라고 해)뭐래 ..

민경 이혼하자는 건 나에요 엄마. 이서방이 아니야.

서여사 알어..그래서 이서방 뭐라드냐구.

민경 이서방이 뭐라든 내 결심은 안 흔들려요. 괜한 헛고생하지 말
구 더 이상 내 문제에 신경두 쓰지 마세요.

이모 말 안되는 소리 좀 하지 마라. (먹으며)어떻게 신경을 안 쓰니
어떻게.

민경 이모(하는데)

서여사 고집 부릴 일에나 부려...이혼은 안돼..그꼴은 안 볼거야.

민경 ....(보며)

이모 얘 그 니 속 끓이는 놈/복수해 주기 위해서두 이혼은 하는 거
아니야. 이혼하지 말구 평생 꽉 붙들구 아주 고랑땡이를 멕여. 말
하는 거 보니까 아주 싸가지가 바가지더라.

서여사 그만 둬.

민경 뭐라 그랬는데..

서여사 별 거 아냐 알 거 없어.(먹으며)

민경 뭐라 그랬는데.

이모 바람이 아니랜다. 진작 만났어야 할 사람 늦게 만난 거래. 왕싸

가지.

민경 ·····(이모 쪽 보는 위에)

서여사 E (이모에 연결)저건 골이 빈 기집애야 찬 기집애야.

서여사 그 얘기 뭐하러 해 이 물색없는 것아.

이모 민경이 오기나서 이혼하지 말라구 했수 왜. 너 이 말 듣구두 오기 안나니? 오기 안나면 버러지다··이혼해 주는 거 아니야. 뒤통수 얻어맞아 눈알 빠지구 이혼까지 해줘 얼씨구나 춤까지 추게 할 거야? 그런 건 이혼해 달라구 네발루 기면서 빌어두 안 해 주는 거야. 그거 밖에는 복수가 없다구.

민경 (쓰게 웃으면서 소파로 움직이는 오버랩의 기분)이모 나는 복수 취미없어요.

이모 복수가 취미루 하는 거야?

민경 솔직했네 뭐···가짓말 보다 나아. 내가 그거 아니까 그만두는 거에요···강욱이가 나빠서가 아니라···(앉으며 젓가락 들어 초밥 집는)저두 제 마음을 어떻게 할 길이 없어서 그러는 걸 그걸 죽이겠어 어떻게 해···(입에 넣고 씹으면서)으음 괜찮다···괜찮으네 이모.

이모 (노려보듯 하면서)····

민경 엄마 죽/ 괜찮아요?···

서여사 (먹으며)헷소리말구 어이 먹구 느이 집으루 가.

민경 ······(보는)

서여사 보기 싫어. 내 눈에 보이지 마······

민경 ······(엄마 보며)

S# 강욱네 식탁

강욱모 (상 차리면서)에미는 병원에서 꼼작 못하구 지키구 있는겨?

강욱 (유진이 안고 서서)아니에요. 이모님이 계시니까요. 낮에는 병
　　원 나가요.

강욱모 병원에서 자면서?

강욱 ....(보는)

강욱모 이모 있는데 잠은 들어와 자라 그러지 왜…일하는 사람이 병
　　원 잠 자면서 힘들어 얘..

강욱 자기가 알어서 하라죠 뭐…

강욱모 애 놓구 어이 와.

강욱 네.(유진 처리하고 식탁으로)

강욱모 (수저 집어주면서)엣다.

강욱 (웃으며 받아 들고 된장찌개 떠 맛보고)아아 맛있다…엄마 된장
　　찌개네..

강욱모 으흐흐흐흐 ..사람이 살게 매련여 애비야.

강욱 ?…왜요.

강욱모 유진이가 엇쩌면 그렇게 순둥이냐구우. 지 에미 일하는 사
　　람인 줄 아는 놈모양 하루 진 종일 그저 먹을 때 돼 밥 주면 먹구 쌀
　　때되면 싸구 자구 싶으면자구 놀구 싶으면 놀구 아주 신통방통해
　　죽겠다…

강욱 네 순해요..

강욱모 너 닮었어.

강욱 그래요?

강욱모 아 니가 얼마나 순해 빠졌었는데….너머 순해서 오죽하면 늬
　　아버지가 모라란 놈 나온 거 같다 소리를 다 했을까.

강욱 (조금 소리 내어 웃는다)

310

E 현관 벨

강욱 ?…(일어나 움직이며)누구세요.

민지 E 저에요.

강욱 (문 열고)왔어?

민자 할머니 오셨다면서요.

강욱 엉.

강욱모 어서 와유 사둔 처녀.

민지 오셨어요?안녕하셨어요? (강욱 돌아보며)저녁 중이신가봐요 어서 잡수세요.

강욱 안 먹었으면 같이 먹지 엄마.

민지 (강욱에 연결)아니에요 먹었어요.

강욱모 밥 있어요 이리 와요.

민지 정말 먹었어요.얼른 드세요.저 유진이 보러 왔어요.형부 빨리 앉으세요

강욱 그래 그럼.

민지 (유진에게 가서 안아 올리면서)유진아 이모 왔어. 이모 너 보구 싶어 혼났는데 응?··유진이는 아직 그런 거 모르지?이모가 누군지 두 모르지?(볼 비비면서 눈 감고)····(데면서)이모가 유진이 선물 사왔다? 뭐 사왔는지 한 번 볼래?(아이 데리고 봉투 들고 침실로 움직이며)형부 나 안방에좀 들어가요.

강욱 어 그래·····(하고 먹으면서)

S# 안방

민지 (아이 안고 들어와 침대에 걸터앉으며 작은 소리로)유진이 어떡하니····이모 속상해 죽겠어 유진아····(하고 보다가 꼭 안는다)······(눈 감

고)…

강욱 (문 열고)뭐 커피 줄까?

민지 생각 없어요.(얼른 외면하면서)…

강욱 ….(보는)

S# 지현의 거실 침실

지현 (우두커니 의자에 앉아서)….

     E 전화벨

지현 (일어나 받는다)네에..

지현부 F 야 이자식아 너 낮에 와서 뭐라 그러구 갔어. 뭐라 그러구
     갔는데 늬 엄마 이래.

지현 ?왜요 아버지. 엄마가 왜요.

S# 친정 안방

지현부 늬 엄마 밥두 안먹구 이불 뒤집어 쓰구 얼어 울기만 해. 무슨
     일야 도대체가……아무 일 없는 데 엄마 왜 이래. 답답해서 사람 환
     장하겠어 이자식아………(듣다가)아 그 문제는 끝내기루 했단 말야.
     남이야 뭐라든 니가 못 산다면 못사는 걸루 알자 우리 그러구 털기
     루 했는데 무슨(하는데)

지현모 (불끈 일어나 전화 뺏으면서 오버랩)털기루 했다구 어떻게 순
     식간에 털어져요오오오. 결국은 못살구 말걸 공연히 시집은 보내
     서(전화 끊으며)마음 고생 몸고생마안 죽도록 시킨 게(흐느끼며)너
     머너머 가엾구 불쌍하구…너머너머 미안해서 그래요….어이구 어
     이구우우우우 어이구우우우우(두 손으로 눈 누르면서)..

지현부 (오만상으로 보면서)……

지현모 (도로 누우려 움직이며)당신은 좋겠수.털자 그러면 그렇게 쉽

게 털어지구 잊자 그러면 잊어지구…당신은 좋겠어요..

지현부 아 그런다구 뭐가 달라지는 거 있어? 속은 끓여 뭐해..달라질 거 개코두 아무 거두 없잖아.

지현모 아이구 그래요 내가 미욱해서 그래요. 달라질거 개코두 웁는 거 알면서두 이러니 이게 미욱한 거지 뭐겠어요…

지현부 ….(입이 쓰다)누가 미욱하다는 소리야?

지현모 (불끈 일어나며)아 생각없이 전화는 왜 덜컥 걸어요. 전화느은.

지현부 그래 알았어 잘못했어.화풀이할 데 없는데 실컨 해. 내가 잘못했어 잘못했어.(하며 일어선다)밥이나 먹어.

S# 마루

지현부 (나온다)

초희 (마루 가운데 서 있다가 보는)….

지현부 (그냥 밖으로 나간다)….

초희 이아구 참 속상해 못살겠네..(하고 안방으로 가 문 여는)

S# 안방

초희 (문 열고 보는)……

지현모 (앉아서 눈물 찍어내고 있는)….

초희 너무 걱정하지 마시라니까 왜 그러세요 어머니. 괘앤히 죄없는 아버님께 역정은 내시구….

지현모 ….

초희 아가씨 이혼 안해요…그러다가 말 거에요…최사장이 어떤 사람인데 이혼을 해줘요.어림두 없어요 어머니.

지현모 아 얘 그런 소리 말어. 안해주는 게 어딨어 안해주는 게. 나두 그런 집에 내 딸 더 이상 안 둬. 하루 세끼밖에 못 먹어 여섯끼 먹는 집으루 보냈어? 너두 미련 버려. 부잣집 신물 난다…(방바닥 두드리듯)어린애가 붙어있질 않게 하는 집이야. 더 말하면 뭐해..더 말하면..

초희 …..(뿌우해서 보는)

S# 마당

지현부 (담배 태우면서)…….

S# 지현의 방

지현 (전화 받은 자리에 쭈그리고 두 무릎 싸쥐고 앉아서)…….

미스장 (수박 쪼갠 것 들고 들어온다)…….(들어와 잠시 보다가 조심스럽게)사모님.

지현 ?…어..(일어난다)

미스장 수박 드세요…

지현 고마워…(웃으며 쟁반 받고)…별로 생각 없는데…

미스장 갖다 드리래요..

지현 잘 익었네?

미스장 맛두 제대루 나요..

지현 고마워…

미스장 안녕히 주무세요..아 참 못 주무시죠..편히 쉬세요..

지현 응..(미스장 나가고/수박 탁자에 놓으며 앉는다)…..(있다가 문득 일어나 전화 쪽으로 가 전화번호 누름)

　F 신호 가는 소리

초희 F 네에 목장입니다.

지현 언니 나에요.

초희 F 아이구 참 아가씨 때매 속상해 미치겠어요 진짜아아…

지현 …..

초희 F 다른 여자들은 아가씨만 못해서 다 그럭저럭 참구 사는 줄 아세요? 광화문 네거리 막아 놓구 한번 물어 보든지/ 아니면 뭐냐 여론조사하는데다 용역줘 조사시켜 봤으면 딱 좋겠어요 그냥 ….아가씨 호강이 지나쳐 (하는데)

지현 (그냥 끊어버린다)…

S# 마루

초희 ?(전화 보다가 빗쭉거리면서 놓으며) 어이구우우우 난가 만들어 놓구 그래두 아직두 잘났어 아직두..

지태 (들어온다)

초희 (돌아보며 일어나며) 들어왔어요? 현식아아. 아빠 들어오셨어어.

현식 E 네에.

현식 (뛰어나와서) 아빠 들어오셨어요?

지태 (상의 벗으며) 무슨 일 있어?

초희 (옷 받으면서) 아가씨 일 말구 이 집에 일 있을 게 뭐 있어요.

지태 뭐야 그 기집애 또 집 나온 거야?

S# 지현 침실

지현 (의자에 기대앉아 한 손 이마에 붙이고 눈 감고) ………

S# 아파트 공원(밤)

강욱 (공원으로 들어오고 있다) ……(한 손에 큰 옷 봉투 들고) ……(저만큼 있는 민경 보고 잠깐 걸음 멈추고) ……(보다가 움직인다)

민경 …..(발소리에 돌아보고 일어난다)

강욱 (다가와 서고) ….

민경 (손 뻗쳐 큰 봉투 빼내서 체크하고 바닥에 놓으면서) 앉아…얘기 좀 하자….

강욱　……

민경　앉으라구.

강욱　…..(옆에 앉는다)…….

민경　병원…..어떡할래….

강욱　(돌아본다)…..

민경　재정상태는 괜찮지 않니?

강욱　……(보며)

민경　독촉하는 건 아닌데……가능하면 빠를수록 좋겠다 싶어서 그래….

강욱　(보며)기어이…그래야겠니?

민경　…..응..

강욱　어머니하구 얘기했어?

민경　엄마 생각 나한테 아무 힘 없어….

강욱　(외면)……..

민경　같은 일로 두 번 병원에 실려가진 않을 거야…터진 김에 수술
해 치우구 말자…

강욱　후회안할 자신…있어?(안 보며)

민경　너하구 결혼했던 걸 후회 해…그때 그냥….너 개한테 보내주구
말았었으면 훨씬 좋았는데…그래…그랬으면 피차 바닥까지 떨어
져 걸레가 되지는 않았을텐데..그런 거….

강욱　병원 이번 주말로 닫을게.

민경　아냐 그럴 건 없어.(돌아보며) 그러라는 건 아니야.

강욱　쉬구 싶어…당분간 쉬었다가…자리 찾아서 다시 문 열면 돼..

민경　그렇게까지 할 건 없다니까…. 자리 골라서 인테리어 하면서두

316

환자 얼마든지 볼 수 있잖아.

강욱 아냐 지친 기분 많아....이번 주말로 끝낼게...

민경 ......(보다가)굳이 그러구 싶으면 ...마음대로 해....지쳤다는 말 너
참 잘했어....나두 그렇거든.....감정 소모두...대단한 에너지가 필요
한가봐...

강욱 ......

민경 약간 쌀쌀하다...괜찮아?

S# 동네 카페··

[마주 앉은 두 사람....]

강욱 (찻잔 들고 앉아서 안 보는 채)언제까지나 아버지 혼자 계시라
그럴 수 없구...엄마가 데리구 내려가셔야지 뭐....

민경 ....(보다가 끄덕이며)그래...그럴 거야...

강욱 (마시고 내리며)주말에는 데리구 올라오시라구 할테니까...니
가 와서 보면 돼....

민경 보여는 줄래?

강욱 ....(찻잔 놓다가 보는)....

민경 봐야할지 안봐야할지 아직 결정 못했어....내 감정보다 유진이
위주로 생각할 거야....아직은 어리니까 상관없대두....조금 더 크
면 문제가 될 거야....너 재혼 안하구 죽 혼자 살 수 없을 거 아냐...

강욱 ......(보며)

민경 유진이 문제는 천천히 생각하자.

강욱 아파트는 니가 처리해...나 내 짐만 들구 나갈테니까....

민경 너는 어디 가 있구...

강욱 오피스텔은 이제 너무 좁겠지...아파트 얻지 뭐...

민경　내가 처리하라는 거 무슨 뜻이야.

강욱　너 가지라구…

민경　(쓴웃음)위자료는 내가 너한테 줘야하는 거잖아…내가 살지 말자 그러는 거니까.

강욱　결격 사유는 나한테 있으니까….

민경　나 필요없는데…너보다 내가 더 많아.

강욱　알아…그래두 계산은 계산대루 하자.

민경　(웃으며)얘 그까짓 거 안 받구 말지 그거 받구 위자료 받았다 소리 듣기 싫어.

강욱　……(보다가)얼마 받구 싶은데.

민경　유진이 양육비루 니가 써.

강욱　피차 감정 상할 얘기는 하지 말자…원수로 끝날 건 없잖아..

민경　……(보다가)그래 니 말이 맞아..취소해…기쁘게 받을게….

강욱　서류 정리는….병원 문 닫구…나 이사하구…그 다음에 하자….

민경　그래 그렇게 해….

강욱　(끄덕이며 찻잔 들어 올려 마시는)

민경　……(보며)

S#　아파트 단지 안

강욱　(걸어오고 있는)…….

　　　[걷는 강욱…]

S#　거품 목욕통 안에 들어가 있는 민경/…….(시선 한 군데 고정)

S#　주방

강욱　….(얼음 넣은 잔에 술 따라 훌쩍 마신다)….

S#　욕조 속의 민경….(고개 천장으로 들며 쭈욱 미끄러져 들어가는)……

318

S# 종혁의 침실

지현 (종혁이 벗어놓는 옷 걸고 있다)……

   E 샤워하는 물소리….

지현 (옷 다 걸고 침대에 걸터앉아 시계 본다)…

   [시계/새벽 한 시 반을 슬쩍 넘어 있다……]

지현 …………(물론 졸립고/그래도 나올 때까지 기다리는)….(우두커니 저
   만큼 방바닥 보면서)……

   E 물소리 그치고……(지현은 의식 못하고)….

   E 문소리

종혁 물줘.

지현 (얼른 일어나 거실로 가서 물 갖고 와 내민다)

종혁 (받아서 단숨에 다 마시고 컵 주면서)장모님은 어떠셔.

지현 다 나셨어요..

종혁 오래 놀다 왔어?

지현 점심 먹구…좀 있었어요..

종혁 뭐라셔.

지현 ?…

종혁 우리 문제에 대해 아무 말씀 안하셔?

지현 별 얘기 없었어요…

종혁 그래? 당신 집안은 그런가부지?..결혼한 딸..이혼한다 그래두
   별 대수로운 문제가 아닌가?

지현 그 단계는 지났다구 생각하실 거에요.

종혁 무슨 단계.

지현 엄마 아버지 개입하셔서 달라질 단계요.

종혁 당신이 그렇게 세뇌를 시켰단 말이지.

지현 아무렇게나 생각해요.

종혁 그래?

지현 졸려요··잘래요··일할 거죠··나 먼저 누워요.

종혁 (잡으면서)오늘은 당신 좀 안아야겠다.

지현 (손 밀어내면서)얼른 나가서 볼 거 빨리 보구 자요. 잠을 그렇게 안자구(하는데)

종혁 (우악스럽게 채서 안으며 쓰러트리는)

지현 (밀어내면서)왜 이래요···하지 마요···싫어요 하지 말라구요····

종혁 (말없이 밀어부치고)

지현 (필사적으로 밀어내는)·····

종혁 가만 있어.이러나저러나 마찬가지 아냐. 너 아직은 내 꺼야 내 맘대루 할 수 있다구.

지현 (필사적으로 거부하면서)싫어 싫다구우우/하지 마 하지마 하지 마아아아아

종혁 (한순간 딱 멈춰버린다)

지현 (빠져나가면서)내가 나가서 자께요.

종혁 ·····(보며)

지현 ··(베개와 장에서 덮을 것 챙겨 나가는데)

종혁 이강욱이 처이모가 왜 니 안부를 궁금해 하니.

지현 ?(굳어서 돌아보는)·····

종혁 이강욱이라는 놈 처 이모가 니 안부를 궁금해하는 이유가 뭐야.

지현 누··누가 그래요.

종혁 그 여자가 너 잘사는지 못사는지를 왜 알아야 하는 거야.

320

지현   누가 그래요. 어디서 들었어요.

종혁   전화했드군……당신한테 전하래. 잘 있나 궁금해서 전화했다구.

지현   ……(보며)

종혁   똑바로 말해. 그 자식 처이모가 그런 전활 왜 하지?

지현   (시선 내리는)

종혁   아직두 그 작자하구 연결되구 있는 거야 뭐야!

지현   나하구 전화하는 걸 그 사람 부인이 들어서 문제가 됐나봐요‥

종혁   ?‥‥(충격) 뭘 했다구?

지현   당신이 그 사람한테 전화했었다면서요. 나 집 나가 있을 때요.

종혁   그래서 지금까지 쭉 서로 연락하구 만났다는 거야?

지현   그런 건 아니구

종혁   (모질게 갈겨버린다)‥‥

지현   (엎어질 정도)……

종혁   너 그래서 안살겠다는 거야?‥그 작자때매 온갖 개소리새소리
       지껄여대면서 몸부림 쳤던 거야?

지현   ‥‥‥

종혁   그 개자식때문에?!

지현   (엎어진 채 고개 들어 보면서)‥‥

                                                    F.O

S# 아파트 거실(새벽)

강욱   (침실에서 나오는)

강욱모   (주방에서 열심히 달그락거리면서 뭔가 하고 있다)

강욱   왜 이렇게

강욱모   아이구 깜짝이야.

강욱 놀래셨어요?

강욱모 시끄러워 깬겨?

강욱 아니에요.깨졌어요…뭐하시는 거에요…벌써부터..

강욱모 아 별거 아냐….할일이 뭐 있냐?에미가 살림을 아주 먼지 하나 없이 너머 깨끗하게 잘해서 할 거두 읍서. 뭐하다 그랬는지 주전자 태워논 게 있어서 그거 닦는 중여.아마 내버릴 참이었지 싶은데 멀쩡한 걸 왜 버려..어이 들어가 야…나한테는 신경쓰지 말어 응?

강욱 유진이 잘 잤어요?

강욱모 찍 소리 안하구 잘 자…너머 착햐 얘.

강욱 엄마 잠깐 저 좀 봐요…

강욱모 ?…말햐.

강욱 이리 나오세요…손 씻구요…

강욱모 (수도에 손 씻고)

강욱 (먼저 거실로)….

강욱모 (손 씻고 행주에 물기 닦으며 나온다)….왜 뭐여..

강욱 앉으세요..

강욱모 …(앉으며)그려…..뭔데 뭐 긴히 할 얘기가 있는겨?

강욱 (오버랩의 기분)엄마 오늘…유진이 데리구 청주로 내려가세요.

강욱모 ?….청주루?

강욱 네…

강욱모 아이구 얘 니 장모 병이 위중한겨?

강욱 아니에요 그게 아니구…..정말 죄송해요..죄송한데….유진에미하구….안살기루 합의를 했어요 엄마…

강욱모 ?………얘가 너 지금 무슨 말여 그게..

322

강욱 그래서 유진 엄마 자기 집으루 간 거에요…

강욱모 ……(멍하니 보는)

강욱 병원두 옮겨야 하구 이사두 해야하구….또 아버지 혼자 계시는 거두 그렇구 엄마 청주가세요‥

강욱모 아니/아니아니/아닌 밤중에 홍두개두 유만부득이지 너 시방 도대체가 무신 /….아니 왜!…뭣때매 안산다는 겨.이유가 뭐여 이유가 있을 거 아녀.

강욱 제가 잘못했어요 엄마.

강욱모 그래 뭐/뭐를 잘못한겨…

강욱 제가…제가‥다른 여자를 좋아해요…

강욱모 ?………(기가 차서)……뭐여?

S# 지현의 침실

종혁 (누워서 눈 뜨고)……………(있다가 불끈 일어난다)

S# 거실…

종혁 (내려온다)

지현 (녹즙 쟁반 들고 서재에서 나오는데)

종혁 같이 들어갈래 혼자 들어갈까.

지현 ?….

종혁 됐어 또 사고처리 전담반이 처리해보께.(하고 노크한다)

노여사 E 들어 와…

종혁 (들어가고)

지현 ………(선 채로)

F.O

제30회

S# **성북동 거실(아침 일곱 시경)**

S# **서재**

최회장　(충격이지만/표 없이 아들 가만히 정시하면서)‥‥‥(테이블 의자)

　　　‥‥뭘 요구해?

종혁　(시선 내리고 있다가 보면서 무슨 말인가 하려는데)

최회장　E (오버랩)너 그게 무슨 소린지는 알구 하는 거야? 잠꼬대해?

종혁　아버님.

최회장　감히 어디다/무엇때문에/(언성을 높일 필요는 없음)

종혁　(시선 내리면서)아이 실패가

최회장　(오버랩의 기분)아이 실패 때문에 저 몰아세우는 사람 없잖아.

　　　니 엄마가 뭐라 그랬다든?

종혁　아닙니다.그건 아닙니다.

최회장　그러면

종혁　충격이 큰 모양입니다.

최회장　‥‥‥(보다가)그야 그럴테지만 그래서 이혼을 하겠다는 거야?

종혁　여러가지 면에서 자기가….우리 집에 맞지 않는다는 생각을 하고 있습니다.

최회장　….(보며)

종혁　자유롭게 살던 사람이 아마… 몹시 힘이든 모양입니다. 글쓰는 일도 계속하고 싶고 ··그래서…그런데다 아이까지 자꾸 실패해 면목도 없고 또 앞으로는 잘될 거라는 확신도 보장도 없고

최회장　(오버랩의 기분)그 동안 어떡하구 산 거야.

종혁　…?(보는)

최회장　여자가 쓸데없는 잡 생각하게 만드는 건 남자 탓이야. 자유구 일이구 그건 결혼과 동시에 완전히 포기했을 거 아냐. 자유 /일/ 결혼하구 맞바꾼 거 아니냔 말야. 이제 와서 무슨 군소리야. 어떻게 해서 군소리 나오게 운영을 해.

종혁　죄송합니다.

최회장　우리 집안에 이혼 기록이 있어 없어.

종혁　··없습니다.

최회장　그런데.

종혁　드릴 말씀이 없습니다.

최회장　빙충이같으니라구. 애초부터 뭐랬어. 머리 속 복잡한 글쟁이 말많구 탈많아 못쓴다구 했지.

종혁　…..

최회장　어지간하면 애비 생각 받아들이는 놈이 기어이 우기구 한다길래 자신 있는 줄 알았더니 이게 뭐야. 보내야겠습니다? 이혼을 요구합니다? 그걸 말이라구 하구 있는 거야?! (비로소 조금 터지는)

종혁　잘못했습니다 아버님. 자신 있다구 생각했던 제가/….교만했

습니다.

최회장 ………(아들 보며)

S# 지현의 방

지현 (침대에 걸터앉아서)………

S# 서재

최회장 ……(아들 안 보는 채 조금 옆으로 앉은)……

종혁 ……(보며)

최회장 ……

종혁 ……(보며)

최회장 (일어서며/자르듯이)우리 집에 이혼은 없다. 없었던 얘기로 해.

종혁 (오버랩)그럴 수 없습니다 아버님.

최회장 ?(아들 보는)‥(뭐야)?

종혁 …이미…. 합의해 줬습니다.

최회장 니가 뭔데 너혼자 니 마음대루 합의를 해!

종혁 없었던 일로 하자는데 동의할 사람이 아니에요.

최회장 어떻게든 주저 앉혀.

종혁 그러고 싶지 않습니다.

최회장 ? 뭐야?

종혁 허락해 주십시오.

최회장 못해.

종혁 아버님.

최회장 너 장손이야. 집안에 기둥이구 표본이 돼야할 놈이야.

종혁 (오버랩의 기분)그렇지만 저한테서 벗어나구 싶어하는 여자와
결혼 계속하면서 평생을 살수는 없습니다. 그건 저 사람한테두 잔

인한 짓이구 저도 못할 일입니다.

최회장 할 일 못할 일 /우리 집안 기준은 다른 집안 기준하구 달라.

종혁 (오버랩의 기분)그/ 다른 기준 때문에 저 사람 희생시킬 생각 없습니다. 희생당할 사람두 아니지만요.

최회장 ?....

종혁 저는 아버님이 말씀하시는 기준 속에서 태어나 그것에 맞게 키워졌습니다. 저 사람은 아닙니다. 저 사람은 이집을 감옥이라구 생각합니다.

최회장 ?...

종혁 왕실 자식들두 행복하지 않은 결혼은 이혼으로 끝내는 시댑니다. 아버님께서 지키시려고 하는 힘 없는 집안/제가 부서뜨려 죄송합니다만 허락해 주십시오. 제 결혼은 끝을 내야겠습니다.

최회장 .....(아들 보며)....

종혁 ....(아버지 보며)

S# 강욱의 거실

강욱 ......(의자에 앉아서).......(어머니 눈치 보면서)

강욱모 (테라스 쪽으로 고개 돌리고 맥 빠져서)..........

강욱 ....엄마....

강욱모 ....

강욱 엄마..

강욱모 (오버랩의 기분)그려......(해놓고)정없는 사람하구 살기는....증말 힘들다구 하더라.....(고개는 그대로)

강욱 .....(보며)

강욱모 (고개 여전히)그런 거 같으면 애저녁에 혼인을 하지를 말았어야지 이 사람아⋯⋯바짓가랭이 아니라 뭘 잡구 늘어져두 안했어야 하는 거 아녀?

강욱 ⋯⋯(끄덕이며)네⋯맞어요 엄마.

강욱모 (시선 내리며)용한 거두 병이여⋯(한숨 섞어서)그러니 그렇게 사느라구 그동안 에미는 을마나 마음 고생을 했을 거며⋯⋯공부했다는 거두 다 헛일이네⋯박사 두 사람이 그래 이게 무신 어리석은 짓들여.

강욱 유진에미두 저두⋯노력은 했어요 엄마.

강욱모 그랬것지⋯그으 똑 떨어지는 애가 ⋯간 빼구 쓸개 빼구 /.딴 사람한테 넋빠진 눔하구 혼인했을 때는⋯살어볼라구 왜 애를 안 썼겄어.애 썼겄지⋯쓰다쓰다 그래두 안되겄으니까 안산다구 나왔겄지⋯⋯⋯

강욱 ⋯⋯⋯(보며)

강욱모 내 생각에는 니가 나쁜 눔이여. 안됐다 가런하다 생각하구⋯⋯보듬어 안아주면서 잘 해 줬어야지이⋯안 산다 소리 안나오게 했어야지이⋯

강욱 ⋯⋯네⋯그래요⋯⋯(시선 내리며)

강욱모 아이구우우우(한숨처럼/엉뚱한 곳 보며)자식이나 읋어야지⋯자식을 놓구 이게 무신 변괴여 그래⋯⋯⋯그래서/ 유진이는 어떡하는겨⋯유진이는 못 준다아⋯

강욱 그 사람두 그건 알아요⋯

강욱모 ? 유진이 떼놓구 간다는겨?(놀랍지만 과장은 필요 없음)

강욱 (끄덕이면)제가 키우래요⋯

강욱모 ⋯⋯(보다가)독하다아아아⋯⋯아니 그렇게 독하면서 그 혼인은 왜 한겨…그때 싹둑 잘라버렸으면 좋았을 거 아녀….

강욱   이렇게 될 줄 몰랐지요··

강욱모   쯔쯔쯔쯔쯔…..

강욱   ……(안 보는 채)

강욱모   쯔쯔쯔쯔쯔쯔

S# 민경의 식탁

민경   ….(밥 먹으면서)….

민지   (밥 먹으면서)………(모르는 척하다가 문득 언니 보면서)유진이 할 머니 와 계셔.

민경   알아.

민지   …가서 인사 안 드려?

민경   ……

민지   아직 아무 거두 모르시더라··

민경   …유진 아빠가 말씀 드릴 거야…

민지   ……(보다가)꼭 그래야겠어?

민경   ……

민지   이해할 수가 없어…어떻게 일년 좀 지나는 동안 그렇게 백 팔 십도 뒤집어질 수 있는 건지.

민경   ……

민지   그냥 너 그래라 그러구 살면 되잖아…결혼하구 일어난 일두 아 니구 과거 아냐…거기다 그 여자두 결혼해 잘 산다면서 무슨 문제 가 돼. 과거가 무슨 의미가 있냐 말야…

민경   문제는 과거가 아니라 현재진행형이라는 거야··

민지   둘이 호텔가서 자구 그러는 건 아니잖어….아직 일년 밖에 안

됐으니까 어쩌다 통화 한번쯤 할 수두 있는 거구. 설마 평생 그러
구 살기야 하겠어? 모른 척하구 언니 자리 굳건하게 지키구 있으
면 세월은 흐를 거구/그러다 보면 언젠가부터 흘러간 여자 되구
말 걸 (언니 괜히 어쩌고 남아 있다)

민경 (오버랩)너 그러구 한 번 살아봐. 니 일 아니라구 쉽게 얘기하
는 거 아냐.

민지 아니 내말은 그렇게 바보처럼 죽자사자 좋아했으면서 어떻게
일년만에 헤어질 정도로 마음이 변할 수 있나 그게 우습다는 거야.

민경 일년만에 죽일 수도 있어.(안 보는 채)

민지 ?

민경 안 죽이구 살려서 보내는 거 나한테 감사해야해.

민지 그럼 언니/ 사랑이 끝나서가 아니란 거잖아.

민경 (한숨 섞어서)사랑이 뭔지두 모르겠다....나 상처주구 나 모욕
하는 거 참을 수 없다는 건 결국...극도의 이기심/극도의 독점욕일
거야. 그게 사랑일까?

민지 ......(보며)

민경 나 자신보다 상대가 되는 남자를 더 사랑하는 건....나같은 여
자/ 거의 불가능한거 같아. ...아니라면 유진아빠가 어떻든 니 말대
로 그사람 아니면 죽을 거 같던 마음 이렇게 달라질 수 없을텐데...

민지 ......(보며)

민경 (수저 놓으면서)참을 수 없다는 건 유진 아빠보다 나 자신을 더
사랑한다는 거야...(보며)더 이상 모욕받으며 바지저고리로/지렁
이가 된 기분으로 살기 싫어. 정말 싫어.

민지 ....(그저 보며)

E 전화벨

민경 (일어나며)내가 받을게. 유진이 장난감이랑 유진이 꺼 챙겨다 줘‥유진이 꺼 없애 (하고 나간다)

S# 거실

민경 (나와서 전화/출근 차림)네에‥

강욱 F 나야.

민경 엉 그래‥

강욱 F 유진이 엄마하구 청주 내려가‥‥와서 잠깐 보구 출근하는 게 어때‥‥

민경 ‥‥‥(눈동자가 헤매면서)‥‥‥

S# 최회장 안방

노여사 (기도 안 찬다는/괘씸하기 짝이 없고/시선 내리깔고)‥‥‥

최회장 (방바닥 보면서)‥‥‥

종혁 ‥‥‥(두 사람 보면서)

최회장 어째 꿀먹은 벙어리야.(아내 안 보는 채)

노여사 험악한 소리 밖에 나올 거 없어서 그래요. 어디서 배워먹지 못한 게 굴러 들어와 내 집안에 먹칠을 하는 거야 도대체가.

종혁 그렇게 말씀하실 건 아닙니다. 저 사람은 저사람대로 고생했어요.(반발은 아니고)

노여사 사람 사는 거 생각하기 나름이지 고생이다 생각하면 고생 아닌 게 어디 있어. 꽃방석에 앉혀 유리 상자에 모실 줄 알았다니?

종혁 제가 모자란 탓이에요.

노여사 어디가 모자라. 뭐에 모자라.

종혁 어머니

노여사　(오버랩)미련 있어서 이러는 거 천만에 아니야. 손이나 제대로 이어줄지 어쩔지 그것두 알수가 없는 노릇이구 /아니 이혼을 하자면 이쪽에서 먼저 하자구 나설 일에 왜 제가 먼저 나서. 뭐 잘한 거 있다구 겁두 없이 어디서 입을 벌려.

종혁　잘한 거 없으니까 스스로 물러나겠다는 거에요. 저 사람 그 소리두 못할 만큼 우리 집 겁 안내요.

노여사　왜 즈이 집안이 우리보다 나서?

종혁　그런 뜻이 아니에요.(약간의 짜증)

최회장　말대꾸 말구 가만있어.

종혁　……

최회장　잘한 거 뭐 있어서 말대꾸야.

종혁　죄송합니다……

S# 아파트 주차장으로 들어와서 멎는 민경의 자동차……

S# 자동차 안…

민경　………………(한참 동안 있다가 옆자리의 아이 물건 든 쇼핑백 들고 내려 자동차 리모컨으로 잠그고 아파트 건물로)……

S# 아파트 승강기 안

민경　……(혼자 타고)……

S# 승강기에서 내리는 민경…

민경　………(잠시 뜸 들였다가 벨 누른다)

S# 거실

강욱　(아이 안고 있다가 나가서 문 연다)

민경　(들어온다)……

강욱　……(조금 물러나듯 하고)

332

민경   (쇼핑백 놓으면서)유진이 꺼야…

강욱   ·····

민경   어디 계셔…(하는데)

강욱모   (주방에서 설거지하다가 물기 닦으며 나와 보는)····

민경   죄송합니다…좋은 며느리 못됐었어요./…이렇게 끝나게 돼서
       정말 면목 없습니다…

강욱모   앉자··앉아서 얘기햐…(하고 의자로 가 앉는다)····이리 와··

민경   (와서 앉는다)····

강욱모   이렇게 이쁘게 살림 차려놓구····도대체가 무슨 일인지를 모
       르겠어…

민경   ····

강욱모   배운 사람들이 늙은이 나서 말린다구 들을 거 같지두 않
       구…애비 얘기 들으니 또…니 결심이 굳센 모양이니··아무 것도 모
       르는 무식한 촌 노인네 그저 굿이나 보구 떡이나 먹을 밖에 도리가
       읍는개벼.(며느리 안 보는 채)

민경   ····(고개 조금 떨구고)

강욱모   듣자하니 저 사람이 너한테…못할 짓 하면서 많이 괴롭힌 모
       양인데····너 볼 낯이 읎구…미안하기 짝이 읎다…

민경   저두… 잘하지 못했어요.

강욱모   늙은이 생각으루는····니가 참는 김에 더 참어주구····봐주는
       김에 더 봐주면서 살았으면 좋겠는데····느이 어머니두 말리신다
       는데…새끼 두구 이라는 건 아녀 아가……이건 증말 해서는 안될 짓
       여…너 저 어린 거한테 에미가 돼서 어떻게 그런 짓을 한다는겨.

민경   ····

강욱모　생각 고쳐먹었으면 참말 좋겠다 에미야 응?

민경　저 사람두….저하구 살기 싫어해요 어머니.

강욱모　니가 살자면 살 사람여…그거 뿌리칠 사람은 아녀 에미야.

민경　(쓰게 웃으며 보는)더 이상 그렇게는 싫어요 어머니….저한테 마음 없는 사람하구는 더 이상 못살겠어요‥

강욱모　…..(보다가)마음이 아주 없기야 할까‥그래두 자식낳구 살았는데.

민경　(오버랩의 기분)아니에요…저이 마음 없어요‥제가 알아요‥(안 보는 채)

강욱모　…..(보다가 한숨 섞어 일어서며)어이구우우우우 나는 모르겠다…새끼 눈에 밟혀 어떻게 살라구 그라는지 증말 나는 모르겠다…(하며 주방으로)….

민경　….(앉은 채)…….(한동안 있다가 일어서며)유진이 이리 줘.(안 보는 채)

강욱　(아이 안고 서 있다가 민경에게 아이 건네준다)…

민경　(받아 안고 침실로 들어가는)

강욱　….(보는)

S# 침실

민경　(아이 안고 들어오면서 벌써 눈물 뚝뚝 떨어지면서 아이 볼에 제 볼 붙이고)……(침대에 걸터앉으면서)………(한동안 그대로 있다가 얼굴 떼어내고 마주 보면서/아주 작게)….너 사랑하지 않아서라구 생각하지 마 유진아…..엄마….니 아빠 너무 밉구 괴로워서…정말 너무 괴로워서 살 수가 없어….할머니 할아버지‥너 잘 키워주실 거야…엄마 하나두 걱정안해……엄마 집에서 크는 거 보다‥너 위해서 훨씬 좋을 거야….그래서 보내는 거야..너 싫구 귀찮아서 보내는 거 아니야..알았어?…..(다시 아이와 얼굴 붙이고 찢어지게 우는)…………(침착하려고..수습하려고 하면서 떨어지면서)미안해….정말 미안해 유진아….엄마 이러구 싶지는 않았어…정말 이러구 싶지는(목이 콱 막혀 다시 붙여 안고)……… (눈 꽉 감고)…..

S# 거실

강욱　…..(소파에 앉아서 담배 태우고 있는)…….

강욱모　(주방에서 덜그럭거리고 있고)…….

　　[한참 사이 두었다가]

민경　(나오며)출근하께…….

강욱　(일어서며 담배 끈다)….

민경　어머니…(주방 쪽으로)

강욱모　…….(못 들은 것처럼 움직이면서)

민경　죄송해요…잘..키워주세요…

강욱모　…..

민경　(나간다)

강욱　(따르는)….

S# 아파트 밖

민경　(나오고)

강욱　(뒤따라 나오는)…..

　　[자동차 쪽으로 말없이 걷는 두 사람…..]

민경　(리모컨으로 자동차 문 열면서)언제 나올래.

강욱　글쎄…

민경　점심 먹을 수 있을까?

강욱 ··(끄덕이며)전화할게.

민경 병원 아니구 밖에서 말야··

강욱 전화한다구···

민경 (끄덕이고 자동차에 오르는)···(시동 걸고 돌아보며)가께.(조금 쓸

쓸히 웃는 듯한)

강욱 (끄덕이며 자동차 문 닫아준다)···

민경 (출발)

[빠져나가는 자동차 꽁무니.]

강욱 ····(보면서)·······

S# 지현의 방

지현 ····(침대 옆구리에 그대로 앉아 있는)·····

종혁 (들어온다)

지현 (얼른 일어선다.)

종혁 (테이블 위의 담배와 라이터 한꺼번에 집어 들고 의자로 움직이면

서)이리 와··

지현 (거실로)

종혁 (의자로/앉으며 담배 하나 물며)앉아.

지현 ·····(움직여 마주 앉으며 보는)

종혁 (안 보는 채 불붙이고 푸우우 내뿜으며 안 보는 채)지금 당장 이혼

은 안된다 그러신다.

지현 ?(보는)···

종혁 시간이 필요하신 모양이야.

지현 (무슨 말인가 하려는데)

종혁 (묵살하고 연결)당신 구역질 나겠지만 우리 집안에서 이혼은

336

있을 수 없는 사건이야. 더구나 내가 못살겠어서 한다는 이혼두 아

니구 (쓰게 웃으며)여자가 하자는 거/ 어불성설이야.

지현 당신이 한다 그러죠오··

종혁 (보며)안 그랬어. 당신이 못살겠단다구 하구 나는 할 수 없이

동의해 줬다 그랬어···그게 사실이잖아.(싸늘하고 딱딱하게)

지현 ······(보며)

종혁 그래서······아마 당신한테 일방적으로 당하는 게 아니라·····우리

집안에서 당신을 정리하는 걸로 하실 거 같아··구실은/아이 낳는

데 문제가 있다로·····그럴듯하지?

지현 아무래도 상관없어요 그런데 왜 지금 당장 안돼요.

종혁 (오버랩의 기분/다소 비틀려서)분위기 조성이 필요하니까./집

안에서 처음 나오는 이혼케이스고 / 다른 사람도 아닌 나야. 피치

못하게 이혼시킬 수 밖에 없다는 명분은 됐는데 /그렇다고 갑작스

럽게 당장 해치우는 건 바깥에 너무 비정하게 보일 수도 있고/또

숙부님들하고 사전 논의두 해서···명분있는 이혼 분위기 먼저 만들

어야 하니까·····

지현 ······(보며)

종혁 우리 집 대단하지·····그러나 뭐··당신/ 더 떨어질 정도 없잖아.

지현 그럼··· 나는 언제 보내줘요··

종혁 ·····(보며)

지현 언제까지 기다려야 해요.

종혁 더 있을 필요는 없어·····짐 싸···보내주께.

지현 ·····(보며)

종혁 당신이 이겼어·····짐싸.

지현   지금요?

종혁   지금…

지현   …..(보다가)고마워요….(일어나 침실 쪽으로/짐 싸려고)

종혁   (앉은 채 움직이는 지현 보며)……..

미스장   E 사모님.

종혁   엉 왜.

미스장   E (문 밖에서)좀 내려 오시랍니다.

지현   (가방 꺼내다 돌아보고)

종혁   그래 알았어….(일어서면서)그냥 듣기만 해…다른 소리 할 거 없어. 다소곳이 듣기만하구 하라는대로 하겠습니다만 하고 올라 와 알았어?

지현   (침실에서)알았어요…(하고 남편 앞 스쳐서 나가고)

종혁   …..(나가는 지현 보며)

S# 계단 거실/

미스장   (앞서고)

지현   (따라 내려오는)

미스장   (소근거리는)방에 계세요.

지현   (끄덕이고)…(안방 앞으로)……부르셨어요..

노여사   E 들어와.

S# 안방

지현   (들어와 선다)…..

노여사   ….(안 보는 채)앉아.

지현   (무릎 꿇고 앉는다)…

노여사   …..(보다가)참 맹랑하고 어이가 없구나.

338

지현 ....

노여사 ......(또 한참 보다가)하기는/.... 요즘 세상에 며느리/ 생산 못한다구 가라 그러기도 어려운데... 자진해서 물러나 준다니 어떻게 생각하면 너한테 절이라두 할 일인지두 모르겠다만....느이 부모가 너를 어떻게 키웠길래 이렇게 당돌하구 안찬 거냐.응?

지현 ....

노여사 폐일언하고/ 나두 너 더 이상 보기 싫고 당장 니 친정으로 옮겨. 알겠니?

지현 알겠습니다.

노여사 친정으로 옮기되/....우선은 몸이 나빠서 쉬러 간 거야...니 부모는 아시겠지만 다른데는 이혼에 이응도 입 밖에 내지 마라...알았니?

지현 그렇게 하겠습니다.

노여사 그리구 이혼장에 도장 찍어 들이밀기 전에는...그날까지는 이집 며느리구 종혁이 댁인 거 잊지말구 행실 단정하고 반듯하게 하구 다니는 거 명심해.

지현 ....

노여사 만약 듣기 거북한 소리가 내 귀에 들린다든지 하면 일전한푼 없이 알발루 내칠테니까 그런 줄 알구.

지현 ......(보며)

노여사 ....왜....내가 무리한 소리하구 있다는 거야?

지현 그렇지 않습니다...알겠습니다...

노여사 (조금 바꿔서/자신도 한심한)무슨 이런 한심한 인연이 다 있는지 모르겠다....내 자식 잘난 거 철썩같이 믿었구....너 데려올 때 ….자태 곱구 단정하구 참해서…내 마음이 얼마나 좋았는지 몰라…사람 만복 갖추구 살기 어렵다는데…나는 며느리 복까지 주셨구나 기쁘구 좋아서 부처님께 얼마나 감사를 드렸는지 모르는데….니가 이렇게 재를 뿌리는구나.

지현 ….

노여사 그래 세상에서 니가 제일 잘난 여자냐? (보며)

지현 ……(보며)

노여사 너 그렇게 잘났어? 응?……괘씸한 거…내가 내 발등을 찧는다…….

S# 거실

   [빈 거실 잠시 두었다가]

지현 (종혁 지현의 가방 들고 내려오고 지현 따라 내려오는)….

종혁 (먼저 현관으로 나가고)

지현 (안방 앞으로 가서)….(망설이다가)저 가겠습니다….(대꾸 없고) ……(기다리다가 돌아서 주방으로)

S# 주방

지현 (들어오며)아주머니.

제천댁 (딱한 얼굴로 돌아보는)

지현 신세 많이 졌어요. 그동안 잘해 주셔서 고맙습니다…

제천댁 ……(보며 그저 딱하기만 하고)

지현 미스 장두 고마워.

미스장 ….(뿌우)

지현 안녕히 계세요··미스 장 잘 있어…

미스장 안녕히 가세요··

지현   그럼..(하고 나가는데)

미스장   (따라 나가려)

제천댁   (잡으며)어디가.

미스장   인사하려구요.

제천댁   모르는 척 해. 가만 있어..

미스장   (뿌우)

S# 정원

지현   (혼자 천천히 내려오고 있다/만감이 교차하는…)………

정원사   (대문 열고 서서)……

지현   아저씨 안녕히 계세요.

정원   예 편히 자알 쉬다 오세요오..

지현   (그냥 웃어 보이고 나간다)

S# 대문 밖

지현   (나오고)

우기사   (종혁의 자동차 운전석 옆자리 문 열어주며)타십시오.

지현   ?…..(종혁의 자동차 뒤에는 지현의 차가 시동 걸려 세워져 있고/종
혁의 자동차 쪽으로/들여다보며)혼자 가도 돼요.

종혁   타…(운전대에서)

지현   혼자 갈래요.

종혁   타라구.

지현   ….(별수 없이 타고)

S# 차 안

종혁   당신 부모님께 인수인계는 해얄 거 아냐.

지현   ?…(돌아보는/오피스텔로 갈 작정이었다)

종혁 (벨트 뽑으면서)…벨트 매…

지현 (벨트 뽑는다)

S# 동네 길을 달리고 있는 두 대의 자동차………

S# 차 안…

종혁 ……(운전하다가/딱딱하다)그래서…감옥에서 나온 기분이 어때…

지현 (돌아보며)

종혁 소감 한 말씀 해봐 어디…

지현 …(고개 앞으로)

종혁 음?(돌아보며)

지현 당신한테 고마워요.

종혁 원하는대로 해줘서?

지현 약속 지켜줘서‥

종혁 혹시 처음부터 일년만 살구 말 작정으로 결혼했던 건가?

지현 (돌아보며)아니 그렇지는 않아요…그건 아니었어요‥

종혁 (끄덕이며)그냥 물어본 거야……

지현 ……

종혁 ….

지현 미안해요…

종혁 그럴 거 없어….내 오만에 내가 당한 꼴인데 뭐……내 여자 만들 수 있다구 생각했었어…자신있었거든 흠흠흠….꼴 좋게 나가 떨어 진 거야.

지현 ….(보며)

종혁 결혼은 말구….내 정부로 살 생각은 없니?

지현 ….(보며)

종혁   물론 헛소리야아무 말이나 지껄여야 할 거 같아서 그러는 거야…

지현   ……(보며)

종혁   (눈물이 돌아나오면서)치사하다…헛소리지만 취소한다…(입 꾹 다물면서)…

지현   …(고개 떨구면서)….

S#   동네 달리는 두 대의 자동차……

S#   목장 길로 들어서고 있는 자동차 두 대…

S#   마루

　　[한수 초희 진이……서서….]

S#   안방

종혁   이 사람…설득 못했습니다…이렇게 돼 정말 죄송합니다….

지현부   기대두 안했어…그럴 거 없어…내 자식이 자격이 없는 거야 …자네가 애초에 자격없는 애를 데려간 거야…자네 운 틴줄 알구… 접어버려…자네한테 맞는 여자/건강하구 씩씩한 연분/ 곧 나타나 겠지….

종혁   (쓴 미소)네‥기대합니다…

지현부   나….자네 좋아했었어…

종혁   압니다.

지현모   우리가 너무 분수에 안 맞는 사위를 본 거야 그렇게 생각하네…

종혁   아닙니다‥제가‥너무 제 욕심만 차렸던 결괍니다….

지현모   어른들께두 두루두루 죄송하구…자네 집안에 누만 끼치구 …끝이 이렇게 돼서 정말 미안하네.

종혁   죄송합니다.

지현모   후우우우우우우……..

S# 집에서 나오는 종혁과 지현/

[계단 아래까지 내려와서 자동차 쪽으로 말없이 걷는 두 사람·····]

종혁 (문득 걸음 멈추며 앞 보는 채)·········

지현 ·······(멈추고 남편 보며)

종혁 ··········

지현 ·········

종혁 ······(앞 보며)오피스텔로 갈 건가?

지현 (끄덕인다)···그럴 거에요··

종혁 (앞 보는 채)·····우리 집이 당신한테 힘들었을 거 ···몰라서 모르는 척 했던 거 아니야······당신이 극복하구 익숙해지기 바랬었구··· 그렇게 될 걸로 믿었었어·····그동안 고생했어···고생시킨 거 미안하다.(돌아서 보며)

지현 ····(보며)

종혁 많이··잘 쉬고····하고싶은 일 열심히 하고····잘 지내···

지현 (끄덕이며)그러께요.

종혁 그런데 ····이혼문제 매듭질 때까지는/ 딴 남자 만나고 다니지 말아····마지막 자존심이라구 생각하구 그건 지켜주라.

지현 ·····(보며)

종혁 할 수 있지?

지현 그러께요····(눈물 크렁크렁해지면서)그렇게 하께요···

종혁 ·······(보다가 탁 빠르게 움직여 자동차로)··

[뜨는 자동차····]

지현 ·········(보며)

S# 차 안

344

종혁 ·······(가만히 눈 내리깔고 앉아서)·····

S# 강욱의 서재

형 ····(뿌우우우우)····참 기가 막혀서 말이 안나오네····우리 형제는 왜 이렇게 처복이 없는 거냐 대관절.

강욱 ····(쓴웃음)

형 나야 중매루 대충 만나 그렇다 치구 너는 연애결혼아냐···어느새 정 없어 갈라선다는 게 나는 도오저히 납득이 안된다···

강욱 그렇게 됐어요··

형 ·········(담배 뻐끔뻐끔 한참 있다가 끄면서)/아 뭐 그래 하기는 정 없이 평생 사는 거야말루 지옥 중에 상지옥이라더라···호박 오가리 만큼이라두 정이 있어야 사는 거지 정 없이 무슨 고행할 일 있냐? 애 떠주구 못살겠달 정도면 유진 엄마두 날 샌 거구 너두 아쉬울 거 없다면 탕치구 마는 거지 뭐.

강욱 바쁜데 올라온 거 아니에요?

형 은행 틀어막을 거 없으면 엄마 애 데리구 버스타구 오시게 할 정도 바쁠 일 없어.

강욱 (끄덕이며)안 그래두 속상하신데 버스타구 가시게 하기가 그래서 연락했어요.

형 그려 잘 했어···잘 했다구···야 그런데 아버지한테 어떡하냐··· 생난리 치실텐데··

강욱 천천히 말씀드려요·····우리 정리 끝난 뒤에···

형 천천히래두 글쎄 언제 드려두 드려야 할 거 아녀····그 벼락을 어떡할 거냐구.

강욱 벼락 맞죠 뭐····

강욱모   E 큰애야 뜨자아..

형   야..야 알었슈.(하며 일어난다)

S# 거실

[현관에 아이 짐/중간 트렁크 하나에 소독기 장난감들 보따리 서너 개..
엄마가 들고 왔던 가방도 나와 있고/]

형   (나오면서)준비 다 되셨어요?

강욱모   (부어서)그려.

형   허허 콩알만한게 어느새 짐두 많으네. 빠트린 거 읍나 잘 챙겨봐
요 엄마.

강욱모   (툴툴거리듯)빠트려 아쉬운 거 있으면 사지 뭐. 어이 뜨자... (아
이 안아 올리면서)어이들 들고 나와...(하며 현관으로)

형   예..야 저것두 갖구 가야지 저거.(다른 짐 들면서 아이 눕혀놓았
던 의자)

강욱   그럼요 갖구 가야지...(짐들 들면서)....

S# 아파트 밖

[두 남자 잔뜩 들고 온 짐 트렁크에 싣고 있는....]

형   (트렁크 닫으면서)긴 얘기는 나중에 하자.

강욱   예.(하며 뒷자리에 타려고 하는 모친에게)엄마...유진이 좀 잠깐
줘봐요.

강욱모   싫어.(그냥 타면서)자식이 무슨 필요가 있어 싸가지 없는 것
들..자식 귀한 줄 알면 그런 짓 못하는겨.(하며 문 닫는다)...

강욱   ....(보며)

형   (등 가볍게 치면서)들어가....노인네 역정나시게 생겼어 야..응?

강욱   그래요..운전 조심해요. 형..

346

형　걱정말구 환자나 잘 봐 너. 괜히 정신 딴 데 팔다가 잘못해서 시비 걸리지 말구. 그거 아차하면 돈 깨지구 망신당하구 골치 아프다더라.

강욱　(그냥 쓰게 웃는)…

형　(타고)…

강욱　(유리로 들여다보며)엄마 제가 금방 내려가께요……

강욱모　(모르는 척)

　　　[자동차 뜨고…]

강욱　……(보면서)….

S# 강욱의 거실

강욱　(들어오면서 딸아이 때문에 가슴이 미어지고)……(주방으로/물 한 잔 따라 마시면서 미칠 거 같다….움직여 서재로)…

S# 서재

강욱　(들어와서 의자에 앉으면서 양 이마 옆으로 두 주먹 올려 고이고)…….(그러고 있다가 불현듯 의자에 퍽 기대면서)……….(눈물이 돌아도 상관없음/한동안 그대로 있는데)

　　　E 전화벨

강욱　……(의욕 없이 받는다)네에‥

이모　F 아직 집에 있는 거야 이서방?(친절하게)

강욱　네…

이모　F 유진이 잘 놀아? 유진이 보구 싶어 죽겠는데 이서방 잠깐 시간내서 유진이 데리구 안 올래?

강욱　유진이….청주갔어요 조금 전에‥

S# 병실

이모 청주? 아니 왜애. 사부인 올라오셨다면서 왜애? (서여사 보고 있고)

강욱 F 데리구 내려가셨어요.

이모 (오버랩의 기분)혹시 불란난 거 아시구 데리구 내려가신 거 아니야?

강욱 F ……

이모 이서방.

강욱 F 민경이는 마음 바꿀 생각 없습니다 이모님.

이모 그래서 뭐야 기어이 한다는 거야?

강욱 F ….

이모 으웅?

강욱 F 그만 끊겠습니다.

   E 끊기는 전화.

이모 ……(난감해서 언니 보는)

서여사 뭐라는 거야.

이모 (수화기 놓으며)기어이 일 내구 말 모양이에요.

서여사 ?…

이모 민경이가 말을 안 듣는대.

서여사 그 고집이 어떤 고집인데 그럼 그렇게 금방 뒤집을 줄 알았대?

이모 문제는 이서방인지 저서방인지두 살구싶은 생각이 없는 거에요…민경이가 괜히 안 산대요? 희망없는 놈이니까 엎자 그러는 거지..

서여사 사부인은 안대 모른데.

이모 애 데리구 내려간 거 보면 아는 거 아니겠수? 이서방 대답 안해..

348

서여사 애는 왜 데리구 가…자기네 애야? 누구 마음대루 데려가.

이모 아 씨가 이 서방 씬데 이씨네 애지 누구네 애유.

서여사 민경이 허락 받구 데려갔대?··너 전화해. 민경이 허락 받구 데려갔나 알아봐 빨리.

이모 알았어요.흥분하지 말아요 알아볼테니까.(전화번호 누름)

　　　E 신호 가는 소리

　　　[·········(안 받는다)]

이모 안 받어.

서여사 ?…

이모 (끊고 다시 건다)…

　　　F 신호 가는 소리

S# 민경의 진찰실

민경 (나갈 준비하고 있다가 받는다)네에….네 이모….알아요··네 알아요……그만해요 이모··끝난 얘기에요…끝났다니까?…같은 말 자꾸 하게 만들지 마세요 피곤해애애애.(끊는다)

S# 병실

이모 (끊긴 전화 보며)이게 버르장머리없이?…(끊으며)유진 애비 말이 맞네 뭐. 민경이 악써요··

서여사 (눈 감으며)후우우우우우우…

S# 지현의 마루

　　　[다 같이 현관 가까이 서서]

지현모 (화면 시작과 동시에)소리 몇번 꽉꽉지르구 말겠지/다 저질러진 일에 오래비가 잡으면 얼마나 잡을 거야. 그냥 집에 있어. 처량맞게 어딜 혼자 가 있어. 밥두 제대루 못 끓여먹구 맨날 라면 먹구 빵 쪼가리 먹구 그러구 살 거아냐..

지현　안 그래 엄마 밥 꼬박꼬박 해 먹을 테니까 걱정 말아요.

지현모　글쎄 여러 소리말구

지현부　(오버랩)놔둬. 왜 그래.

지현모　?(남편 본다)

지현부　하구 싶은대루 하게 둬. 집에 들어올 때 따루 있을 데 만들어
놨겠어? 사람이 어째 그렇게 분간이 안서..어리석게...

지현모　아 이제 해결났는데 숨어 있을 필요두 없구

지현　(오버랩/조금 사정하듯)엄마 나 혼자 있구 싶어요. 혼자 살구 싶
어. 나 들어오면 현식이두 방 없어지구 또 꼴두 그렇잖아.결혼해서
못살구 온 딸 엄마는 보구 싶수?

지현모　야 나 상관없어.무슨 상관이야 그게.

지현　나 일할 거야 엄마. 그냥 작업실에 나가 있다 생각하면 되잖아.

지현모　작업실 나가있는 거랑 같애?

지현부　(오버랩)거참 시끄럽게 구네. 놔둬. 가라 그래...어이 가라
가...가서 니 마음대루 자유스럽게 너 살구 싶은대루 살어. 자구 싶
으면 자구 먹구 싶으면 먹구 니 마음대루 해..너 그거 필요해...나는
이해해..니 엄마는 모자라서 몰라...어이 가 ..가..(몰아내듯)

지현모　(입 벌리고 그냥 보고)...

지현　엄마 나 가...(아버지와 함께 나가고)

지현모　.....(보고 있다가 돌아서 안방으로)이럴 때는 증말 마음에 안들
어...눈 앞에 놓구 봐야 안심이지 혼자 내 보내놓구 저이는...아이구
몰라...(안방으로)내가 언제 말발 서어?

초희　들어오시는 거두 문제는 있지요 머....그이두 아가씨 안 보구

350

싶을 거구 현식이 방두 그렇구우…

지현모　E (방에서) 현식이 방이 문제냐 지금?

　　　[한수는 아버지 따라 벌써 나갔고]

초희　　어머니는 왜 나한테 역정이셔..내가 살지 말랬나아..(뿌우하고

　제 방으로 가고)

진이　　…(나간다)

S#　마당

진이　　(나오다가 보면)

　　　[벌써 뜨고 있는 지현의 자동차…]

지현부　…..(보고 있고)

한수　　(옆에서)………

지현부　………(보다가 주머니에서 담배 꺼내는데 빈 갑이다 구기면서)담

　배 있어?

한수　　네..(제 담뱃갑 아버지에게)

지현부　(물고 불붙이려는데)

한수　　(제 라이터로 붙여준다)…

지현부　푸우우우우우…

한수　　(보며)…..

S#　운전하는 지현………

종혁　　E 우리 집이 당신한테 힘들었을 거 …몰라서 모르는 척 했던 거

　아니야……당신이 극복하구 익숙해지기 바랬었구…그렇게 될 걸로

　믿었었어……그동안 고생했어…고생시킨 거 미안하다. …많이..잘

　쉬고….하고싶은 일 열심히 하고….잘 지내…

S#　집 밖

종혁 그런데 ….이혼문제 매듭질 때까지는 딴 남자 만나고 다니지

　　　말아……마지막 자존심이라구 생각하구 그건 지켜주라‥

지현 ……(보며)

종혁 할 수 있지?

S# 현재/운전하는 지현‥(잠깐 눈 감았다 뜨고)……(음악 넣는다)

　　　M

지현 …….

S# 어느 레스토랑 주차장‥

강욱 (주차시키고 내려서 차 문 잠그고 움직이다가 보면 주차되어 있는

　　　민경의 자동차/잠깐 보고 움직이는)

S# 레스토랑 안

강욱 (들어오고)………(민경의 자리로)……

민경 ?(작은 책 보고 있다가 올려다보며)왔어?

강욱 (조금 웃어 보이는 듯하며 앉는다)…

민경 유진이는‥

강욱 어‥갔어…

민경 형님이 오셨어?

강욱 (끄덕이며)응‥

민경 고맙네‥

강욱 (잠깐 보는데)

민경 밥 먹자…뭐 먹을까…여보세요…

종업원 예‥선생님.

민경 우리 주문 할께요.

종업원 (메뉴 들고 와 각각에게)

민경 (메뉴 보면서)···오늘 스페샬 하까?

강욱 너무 무겁지 않아?

민경 점심두 잘 먹으라드라··나는 먹을래.

강욱 그래 그럼····나는····그래 같은 걸로 하죠.

종업원 습은 호박 크림습과.

민경 아니 나는 호박 싫어요 아스파라거스로 주세요.고기는 미디엄 이구요.

종업원 알겠습니다.

강욱 호박 습 주시구 미디엄 웰던 부탁해요.

종업원 네에.

민경 와인 한잔 하자.

강욱 좋아.

민경 하우스와인 작은 병 있죠?

종업원 네 올리겠습니다.(아웃)··

민경 ····(강욱 보며 괜히 조금 쓰게 웃는다)···

강욱 (마주 조금 쓰게 웃고)····

민경 거북하지 않지?

강욱 아니··그럴 거 뭐 있어····

민경 간호사들한테 얘기했어···

강욱 ····(보는)

민경 모두 믿기지 않는다는 얼굴들이드라····

강욱 ·····(끄덕이는)

민경 너 정말 좀 쉴 거니?

강욱 어 그럴려구····

민경 니 간호사들 …물론 니가 꽉 잡구 있으니까 따라간다 그럴텐데
 …얼마나 쉴 예정이야?

강욱 글쎄…그거까지는 아직 생각 안해봤는데…

민경 막연하게 기다리게 할 수는 없잖아…

강욱 (끄덕이며)한 ..반년?

민경 반년이나?

강욱 일년을 반으루 줄인 건데?

민경 손끝 무뎌져. 그러지 마…

강욱 ….(보며)

민경 일년을 쉬구 싶을 정도로 그렇게 나하구 사는 게 피곤했니? 나
 는 쉬구 싶은 생각 안드는데 그럼 너 혼자 지쳤다는 건가? 문제는
 나한테 있었던 거야?

강욱 (쓴웃음)그런 거 아냐…꾀가 나서 그래..(와인 오고)아 고마워요..

S# 지현의 오피스텔 지하 주차장

　　[지현의 자동차 들어와 주차하고]

지현 (자동차에서 내려 뒷좌석에서 트렁크 꺼내고 리모컨 잠금/ 건물 쪽
 으로)…..(서둘지 않는 걸음으로)

S# 오피스텔 복도

　　[승강기에서 내려 걷는…..]

S# 오피스텔 안

지현 (들어와 트렁크 적당히 놓고 그대로 침대로 가서 몸을 던지듯 눕는
 다)…………(천장 보면서)……

S# 종혁 사무실

종혁 (통화 중)네 지금 분위기가 별로 안 좋습니다..네 제 판단으로

는 하반기에 코스탁 상장한다니까 상장 된 뒤에 보시는 게 나을
것같은데요‥통신 쪽은 다시 오르지 않나 싶습니다…네 다시 오
를 거 같아요…아 그건 시간이 좀 걸립니다 코스탁 준비는 하고 있
다는데 저는 권하고 싶지 않은데요…예 조금 홀드하시고 좀 보시
죠…네…네‥아 죄송합니다 선약이 있어서요‥네 다음에 하시죠 예
감사합니다.(끊고 인터폰)

비서 F 네 사장님.

종혁 전화 좀 끊어줘요.(대답도 듣지 않고 끊는 동안에)

비서 F 네 알겠습니다.

종혁 (홀렁 기대면서 눈 감고 한 손이 이마로 올라가는)‥‥‥

S# 레스토랑‥

민경 (썰면서)고기 좋다…

강욱 그러네‥

민경 ‥‥‥

강욱 ‥‥‥

민경 강욱아.(안 보는 채)

강욱 ?

민경 (포크 나이프 놓으며)나하구 살면서 너‥‥나 졸업했지.

강욱 무슨 의미루.

민경 너를 제일 힘들 게 한 게 뭐였는지 궁금해‥‥‥그다지 가능성이
많은 건 아니지만 또 누가 아니?‥좋은 사람 생길지두‥‥‥그때 참고
할려구 (웃으며) 또 실패할 수는 없으니까 말야‥‥

강욱 (웃으며)또 실패하면 안되지.

민경 그러니까 말해 봐. ‥뭐 고쳐야하는지.

강욱 …말하기 싫어할 때는 말시키지 말구 혼자 있구 싶어하는 것
 같으면 건드리지 말구 내버려 둬…

민경 ……(보는)

강욱 호벼파지 말구 따지지 말구…

민경 내가 그랬니?

강욱 많이…심했어…

민경 이유가 있었잖아.

강욱 이유 있었지만….남의 머리 속 생각까지 헤집어서 다 알려드는
 건 당하는 사람 입장에서는 많이 피곤해…너는 그거 다 알아야 하
 잖아.

민경 내가 안 그랬으면 우리 이렇게 악화되지는 않았니?

강욱 아마도…아마 그럴 거야…

민경 ……(보다가)또…또 말해 봐.

강욱 결혼은…상대방 가족까지 같이 껴안는 거라구 생각해야 해……
 고아가 아닌 이상 혈연으로 받아들여야 할 사람들한테 무관심한
 거…어떤 남자두 안 좋아해.

민경 ……(보면서)또…

강욱 말 함부로 하는 거 고쳐‥

민경 그러니까 온통 결점 투성이구나. 너 고생 무지 했어.

강욱 ……(보다가)하라면서…

민경 그래….참고 하께…그런데 한 가지는 짚고 넘어가자….호벼파
 구 따지구 그런 거…말하기 싫어하구 혼자있구 싶어하는 너 괴롭
 힌 거……나 성인군자 아니야‥도통하지두 못했구……우리 결혼 어
 떻게 했니. 니 눈 모양만 봐두 딴 생각하구 있는 거 아는데‥아아 얘

356

지금 딴생각하는구나/ 그래 많이 해라 그러구 모르는 척하기……그 거 참 어렵드라…

강욱   (끄덕이며)이해해.

민경   너 이해 못했어. 이해했으면 이렇게 안됐어.

강욱   ……그래…처음에는 이해할려고 했는데…되풀이 되니까 짜증스 럽더라….

민경   ……(보며)

강욱   나두 잘못한 거 많아…잘했다는 거 아냐..

민경   한번 내봐 봐. 뭐 잘못했나…나만 성토받은 느낌/별로 안 좋아.

강욱   ….그 사람…못 잊은 거….잊으려구 하면 할수록……안됐던 거…

민경   ……(보며)

강욱   결국 잘못은 전적으로 나한테 있어…미안하게 생각해.

민경   걔 …만날 거니?

강욱   아냐 안 그래….

민경   왜…너 자유잖아.

강욱   그래서 못 만나….안 만나야 해..그 사람 가정…지켜줘야하구… 너한테두 도리가 아니잖아…..

민경   ……(보며)

S# 어느 미용실

지현   (파마 말고 있다)…………

S# 슈퍼마켓

지현   (파마 머리/시장 보고 있다)

S# 오피스텔

지현   (통배추 네 쪽으로 가른 것 물에 담갔다 빼서 굵은 소금 뿌리면서/김치 담그려고)…

　　E　핸드폰 울리는

지현　(핸드백에서 꺼내 받는다)네에..어 엄마 왜요……김치 지금 담는
데? 그러엄 담을 줄 알죠..나 이제 잘해요 걱정 마세요.

S# 마루

지현모　(쭈그리고 앉아서)밑반찬 좀 내다 줄테니까 거기가 어딘지 말
해……아 사먹는 반찬 맛 없어. 빨리 말해.

S# 오피스텔

지현　그럼 사들인 거 어떡해요 다 내버려? 아깝잖어.음식 내버리면
벌 받는다면서……그래요 엄마. 이거 떨어지면 갖다 먹으께……괜찮
아요……정말 괜찮아…네…네…끊어요..(끊고 다시 배추로)

S# 종혁의 사무실

종혁　……(테이블에 앉아서 보며)이거 뭐에요.

지태　집 전화 받았습니다…사표에요.

종혁　(일어서며)사표내라구 안 했습니다.

지태　내가 내는 겁니다.

종혁　(오버랩)그러 실 거 없습니다. 불편하게 생각하지 말구 일 하세
요. 처남 매부 관계는 해소되겠지만 무능한 분 데려다 자리 준 거
아니니까 상관하지 마세요. 이러면 오히려 우습습니다. 나가 일 보
세요.

지태　그렇지만 자네 나 보기두 거북할 거구

종혁　(오버랩)그렇지 않아요. 거북할 거 없습니다…이 회사가 마음
에 안 들어 다른 회사로 자리 옮기는 거라면 모르지만 단지 그 사
람 문제 때문인 건 받아들일 수 없습니다.

358

지태   ·····(보며)

종혁   (봉투 집어 파쇄기에 넣으면서)이렇게 처리합니다.

지태   그렇지만 내 입장에서는

종혁   (오버랩)아직 서류까지 끝낸 거도 아니구요 정히 불편하시다면 천천히 다른 회사 알아보도록 하죠. 한창 일할 나이에 경솔하게 생각하지 마십시오. 잘못 그만 뒀다가 공중에 떠버리면 어떡할려구 그러세요.

지태   할말이 없네.

종혁   저 역시 그렇습니다···형님이 그러실 건 없구요·····일 보세요···

지태   ········

S# 성북동 거실

노여사   (안방에서 머리 만지면서 나오는)아 사정 있어 취소했으면 됐지 뭐하러들 우루루 몰려와. 쉬지두 못하게···

둘째   형님 언짢으신 거 같은데 우리끼리 밥 먹구 그냥 들어가는 거 마음에 걸려서요.

노여사   걸리기는 그러라구 했는데 뭐··어쨌든 왔으니 차나 한잔 식 마시구 가···제천댁

제천댁   네··

노여사   나이 먹은 사람들 뭐 녹차나 한잔 씩 주자구··

제천댁   네 사모님.

노여사   앉어 앉어들···(여인들 앉고)그래 점심은 맛있게들 먹었어? 뭐 먹었는데.

넷째   중국식으로 했어요 형님···괜찮았어요··

노여사   으으응/

셋째   종혁이 댁 몸이 많이 안 좋아요?

노여사   글쎄 그게…쉽게 깨나지를 않네에.(괜히 머리 만지면서)..깨날
         때 됐는데두 비실비실/ 보기가 딱해서 아예 친정 가 더 있으라구
         보냈어…아무래두 여기보다는 즈이 친정이 편치 싶어서..

셋째   그 댁은 사슴목장이 몇십년이라면서 어릴 때 용두 안 먹여 키
       웠나 젊은 사람이 왜 그렇게 약해요오?

노여사   그 생각은 나두 했네…다른 게 약한 게 아니라 애기 집이 부실
         해서 자꾸 유산을 하니까 저두 맥 떨어져 기운 없구 살맛 안나구…
         그러니까 기운을 못차리지…

둘째   애기 집이 시원찮대요?

노여사   (한숨 섞어서)아이구 그런 모양이야아….이제야 말이네만 회
         장님하구 나하구 걱정이 아주 많아….손주 볼 생각 포기하구나 살
         면 모를까….답다압하네..

둘째   장손인데요오.

노여사   그러니까 답답한 노릇이지..

동서들   (서로 눈 맞추는)

셋째   보통 답답한 일이 아니네요 형님.

노여사   그러니 손두 못 이어놓구 죽을 수두 없는 노릇이구….

셋째   손이야 작은 집들이 있는데 하나 못 드릴까요. 저엉 안되면 그
       래두 되니까 너무 걱정 마세요 형님.

둘째   어느 새 거기까지 갈 건 없구/설마 괜찮아지겠죠오.

노여사   (오버랩)오죽이나 좋겠나….(녹차 나온다/차 만들면서)장가를
         들었으면 제 자식을 봐야지…그게 열맨데..남이 낳아 놓은 열매 호
         적에만 지 자식으로 올려서…쯔쯔쯔쯔 나는 그렇게는 안하구 싶

360

네…

동서들　….(보며)

노여사　….(묵묵히 차 돌리면서)…

셋째　그런 거 같으면 더 늦기 전에 무슨 방도를 찾아야겠네요 형님.

노여사　무슨 방도…

셋째　둘이 의는 좋아요?

S#　오피스텔··

지현　(배추 뒤집어놓고 있다)……(손에 소금기 물에 닦고/)……(식탁에 앉
　　아 보던 책 집어 드는데)

　　　E 핸드폰 벨··

지현　(옆에 놓아두었던 전화 집어 든다)네에··

현경　F 너 집에 없니? 밖이야?

지현　응 밖이야.

현경　F 이층에 전화 안 받더라구…어디야?…

지현　….

현경　F 여보세요?

지현　어 현경아 나 오늘 집에서 나왔어.

S#　방송국 주차장 길

현경　(걸음 멈추며/놀라서)너 또 뛰쳐나왔니?……완전히 다?….그래
　　서 지금 어딘데….거기 어디니…이제 나 가두 되잖아….어 안 바빠··
　　지금 미팅하구 작업실 들어가는 참야. 가께.어디야··

S#　지현 오피스텔 승강기 앞

　　　E 핸드폰

현경　네 여보세요?

유자 F 야 너 미팅 끝났다든데 안들어오구 뭐해.

S# 작업실

유자 송기자 아까부터 기다리는데 안 들어올 거야? 너 거기 어디야..
     ..받아요.

송기자 (받아서)어떻게 된 거야 나랑 약속한 거 까 먹었어?....별 싱
      거운 사람 다 보겠네. 영화표 사놨단 말야. 지금 뛰어두 빠듯한데
      어떡하라는 거야?..

S# 오피스텔

현경 (실내 보고 있다).....

지현 앉어 애....(커피 따르면서)

현경 ...(뿌우우...식탁 의자로 앉는다)

지현 (머그잔 놓아주면서)아직 청소두 안 했어..기운 없어서..

현경 파마했니?

지현 응..아까 나가서 하구 들어왔어...

현경 머리 그러니까 결혼 전 같다...

지현 지겨웠었어.(결혼하고 했던 머리)

현경 나는 기분이 왜 이러니....내가 아마 종혁씨를 사랑하나봐....종
     혁 씨 마음은 지금 어떨까...

지현 .....(보며)

현경 너는 괜찮니?

지현 아니야.. 죄책감 들어서 편치 않아.....아직 서류 정리까지는 기
     다려야 하지만...헤어지는 거 기정사실 되니까....미안하구...죄스
     러운 거 있지....(안 보는 채)내가 너무.....못됐나봐...남편이니까 사
     랑해야지이...그렇게는 생각하면서 때로는 그 비슷한/우정같기도

362

하고 사랑같기도 한 그런 거 얼핏…스치기두 했지만….대부분은…
뭐랄까…공물로 바쳐진 여자같은 기분이랄까…그랬거든…(처지지
말고)

현경 …..(보며)

지현 이게 뭘까 현경아. 그렇게 해방되구 싶었는데 왜 그런지 겁나.
꼭 죄 받을 거 같아…

현경 죄는 무슨 죄를 받겠니…아무튼 그래두 그 정도는 미안해 한다
니까 종혁씨 덜 불쌍하다…나는 내가 뭔데 이렇게 종혁씨가 딱하
구 안됐을까. 참 쓸데없는 오지랍이야…

지현 그 사람 오해하구 있어.너 혹시 기회 있으면 말해 줘. 나 그 사
람 계속 만나구 다닌 거 아니라구…

현경 만나구 다닌 줄 아니?

지현 (끄덕이는)

현경 어떡해서?

S# 강욱의 수술실

강욱 (수술 중)……

S# 민경의 진찰실

민경 (환자 보고 의자에 앉으며)연고는 얼만큼 남았어요?

환자 반쯤요.

민경 (차트에 쓰며)염증 때문에 오늘 주사 한 대 맞구요/연고는 두
개 더 줄테니까 다음에 올때까지 쓰세요.

환자 염증..괜찮을까요?

민경 주사 맞구 약두 처방하니까 별문제 없을 거에요 걱정 마세요.

    E 전화벨

민경   나가서 기다리세요. 네에…

이모   E (대성통곡하는)….

민경   ?이모.

이모   F 너 잘했다 그래 잘 했어 이 기집애야아아아아아/

민경   ? 이모.

이모   F 니 엄마 뇌출혈돼 수술실 들어갔어 이년아. 니 엄마 죽게 생
         겼다구우우 (대성통곡)

민경   (띠잉해서)……

S# 수술실

강욱   (수술하는데)….

민경   (나타나서)이선생.

강욱   ?…어 왜..

민경   너가 싫어하는 우리 엄마 /….뇌출혈루 수술실 들어갔댄다…..

강욱   ?…………

제31회

S# 수술실

강욱 (수술하는데)‥‥

민경 (나타나서)이선생.

강욱 ?‥‥어 왜‥

민경 너가 싫어하는 우리 엄마 /‥‥뇌출혈루 수술실 들어갔댄다‥‥

강욱 ?‥‥‥‥‥‥

민경 (돌아서는데)

강욱 잠깐/‥잠깐 있어.(하고 수술 중단/움직이는)

S# 수술실 밖

강욱 (나와서)어 어떡하지?나 이제 막 시작했어‥ 새벽 세시에나 끝나.

민경 (보며)‥‥‥‥(울음은 엉망진창 눈물로 /입 꽉 다물고)

강욱 끝나는 대로 가께‥얼른 가봐.

민경 이 선생 나 겁나.(울음 터지며 가슴으로)

강욱 (수술 장갑 긴 채 손은 띄운 채 안아주면서)괜찮을 거야‥병원에
계시기 천만 다행이야.금방 손 쓰구 있으니까 최악은 아닐 거라구

생각해.

민경 최악이면./최악이면.(최악이면 어떡해)

강욱 (안고 할말이 없다)

S# 눈물범벅이 되어 운전하고 있는 민경(아직 어둡기 전)

S# 지현의 오피스텔

현경 야아아아아 그 집안 정말 겁나는 사람들이구나. 니가 헤어지자 그래서 그만두는 건 안된다 그거지.

지현 망신스럽겠지. 그이한테두 명예로운 일은 아니구.

현경 그래서 애기 못낳는 며느리라 눈물을 머금고 어쩔 수 없다?

지현 (시니컬하게)아름답지 않니?

현경 아름다워?

지현 (다소 가볍게)상관없어. 나는 벗어나는 게 중요하니까‥나 중요한 거 해주는 대신 망신스럽게 안해주는 거 나쁘지 않잖아. 그 집안은 망신 안 당하는 게 중요하니까.

현경 행실 똑바로 하고 있어라. 아니면 국물도 없다.

지현 (웃으며)응.

현경 야 너 조심해라. 무슨 구실 부쳐 진짜 국물두 없을라.

지현 국물같은 거 생각해본 적 없어.내가 그만두는 건데 무슨 국물 얻을 자격 있어.

현경 니가 그만두게 만든 건 그 집 책임이야. 왜 자격이 없어.

지현 그분들은 그렇게 생각 안하니까. (일어나며)밥해 먹자. 고추장 찌개 해먹자 우리. 재료 사다 놨어.

현경 귀찮은데 뭘.그냥 아무 거나 불러서 먹자.

지현 아냐‥밥 해 먹구 싶어. 너 앉아 있어. 내가 하께.

366

현경 (일어서면서)그런데 유자 어떡하까. 너 서류정리하구 끝날 때까지 잡아 떼구 있기는 좀 그런데…

지현 너무 심하지.(담가놓았던 쌀 밥솥에 넣으며)

현경 심해.

지현 그래 심했어.

현경 그래두 삼총사 소리 듣는 친군데 말야.

지현 맞어.

현경 (팔 걷으면서)너 고추장 찌개 어떻게 끓이니. 뭐뭐 너?

지현 너 끓이는 식.

현경 어 그래? 그럼 내가 하께.

지현 앉혀놓구 해주구 싶은데?

현경 왜애?

지현 그 동안 얻어먹은 거 갚으려구.

현경 그만둬. 내 솜씨가 나을 걸?

S# 병원 로비

민경 (뛰어 들어오고 있는)

S# 수술실 복도

민경 (뛰어오고 있는)··

이모 (수술실 지켜보고 서 있다가 잠깐 돌아보고 도로 고개 수술실로)

민경 …(멈추고 잠시 보다가 다가들며 옆으로 안고 얼굴 어깨에 붙이듯)····

이모 ·····(혼자 울고불고 했기 때문에 감정은 어느 정도 수습된 상태)·····(그대로)

민경 어떻게 된 거에요·····왜 이렇게 됐어어어.

이모 모르겠다. 아이스크림 먹구 싶대서 사다줬더니/한 입인가 두

입 째 먹다 그냥 엎어지더라‥

민경   ‥‥(이모 안은 채 눈 감으며)‥‥

이모   수술 동의서 ‥내가 썼다‥

민경   잘했어요 잘했어 이모‥(몸 떼면서)민지는

이모   망할년 뭘 하구 다니는 기집앤지 서산 가 있대‥오구 있을 거야 ‥‥‥‥이서방은.

민경   수술 중이에요‥새벽 세시나 돼야 끝날 거래‥‥

이모   잘했다 그래. 꼴 좋아. 잘하는 거야 너.

민경   이모.

이모   엄살만이 아니었잖어 그래애‥‥늬들두 나두 전부 다 엄살이 반이라구 피피 거렸는데 엄살이 아니었던 거잖아 그러니까아. 왜 이혼은 한다구 날쳐 날치기를. 더구나 니 엄마 불끄듯 말리는데/그냥 참구 살라는데 기어이 그걸 왜 한다구 똥고집이냐 말야아.

민경   이모 나는 정말

이모   (상관없이)좋기만 해서 사는 부부들 그리 흔치 않어 이것아. 남남끼리 만나 한 평생 살자면 마음으루 이혼 열두 번두 더 하구 죽이기두 수없이 죽이면서/그래두 자식 생각하구 뭐 생각하구/그러면서 사는 사람들 많어.

민경   알아요.

이모   아는데 왜 그래 아는데.

민경   ‥‥

이모   따지구 보면 이서방만한 사내두 흔치 않어 이것아. 너 내가 뭐랬어. 아무 일두 없는 듯 흘러가는 것처럼 하구 살랬잖아. 편하게 기분 좋게 해줘가면서 지가 미안한 마음 들게 하면서 웅? 그렇게

살다보면 이 서방두 결국은 니 마음 고마운 줄 알게 되구 그럼 그 기집애 생각 옅어질 수 밖에 없다구 이 맹추야.

민경 ....

이모 어째 그렇게 슬기롭질 못해 그래. 새대가리야 새대가리.

민경 당사자 아니면 몰라 이모. 참을 수 있는 한계를 넘었단 말야아. 껍질만 왔다갔다 하는 거 같은데 하루이틀두 아니구 그걸 어떻게 참어어어.

이모 그것두 이삼년이면 끝났어. 이삼년을 못 참아 줘서 그래 기어이 일 저질러?

민경 원래 참을 성 별루 없잖우.(안 보는 채)

이모 딴 기집애 생긴 거 알구 눈 뒤집혀서두 참구 결혼까지 한 게 왜 더 못 참아.

민경 그만 둡시다...내가 다 잘못이라 그러구 그만 두자구요·····

이모 (수술실 보면서)아이구 그래 그만두자··· 한 사람 머리 열구 있는데 하나마나한 소리 그만두자아······(울컥 슬퍼지면서)제발덕신 언니 살아만 줘어....똥오줌 받아내두 좋구 말 못해두 좋구 언니/다 좋으니까 죽지만 말라구요오오오오

민경 ....(울음 가득 담고 보면서)

S# 지현 작업실

현경 (찌개 냄비 옮기며)그래서 종혁씨 마지막 멘트는 뭐였는데··

지현 ?··(밥공기 놓다가 잠깐 보고)힘들어하는 줄 알면서도 모르는 척 했대.

현경 왜애?(그건 무슨 소리야 왜 모르는 척 해)

지현 그러는 동안 적응할줄 알았대 고생시킨 거. 미안하다구·· 잘 쉬

구 하구 싶은 일 열심히 잘하면서 잘 지내라구…

현경 (움직이던 동작 멈추고 보며)…..

지현 ….(그냥 움직이는/물컵 놓는/ 앉으며)먹자.

현경 (앉으며)내 가슴이 왜 이렇게 싸아하니.

지현 ….(잠시 보다가 수저 들면서)딴 얘기 하자 우리….(찌개 맛보고)맛있다.(웃으며)

S# 종혁의 사무실

종혁 ……(업무는 끝났고/혼자 앉아서 미동도 하지 않고)….

　　E 노크 소리‥

종혁 …..(그대로)

비서 (조심스럽게 문 열고)……(보다가)사장님 퇴근 안하세요?

종혁 ?…어 해야지…할 거야‥(하고 전화로 손 뻗어 번호 누름)…….(기다렸다가)어 너 지금 어디서 뭐하는 중이니….연습장은 임마 프로 될 거두 아닌데 대충 즐기구 다니면 되는 거지 무슨……(웃으며)야 건 너무 했다.고장이 나두 단단히 났어 응?….어 그래 한가해‥한가해서 늬들이랑 술 좀 먹을려구 전화했는데 애들 모아질까?…어 그래 그래 볼래?…아직 회사야‥응‥그래 기다리께…안되면 뭐 우리 둘이 마시자…오케이(전화 끊고 또 우두커니)……

S# 성북동 거실

노여사 (퇴근한 남편 따라 움직이면서)이르시네요.

최회장 …..(안방으로)‥

S# 안방

최회장 (들어오면서 옷 벗기 시작)…….

노여사 (묵묵히 시중 드는)……

370

최회장   애는…

노여사   ?··갔지요.(가기로 했잖아요)

최회장   ··그래 그 집에서는 뭐래.

노여사   쓰다달다 아뭇 소리 없어요…

최회장   ·····

노여사   다 얘기가 돼서 진작부터 알구 있었지 싶어요. 안 그러면 이렇게 조용할 수가 있어요? 나는 그렇게 생각해요.

최회장   ·····

노여사   동서들 올라왔다 갔어요··

최회장   점심 먹인다구 했잖아.

노여사   아 점심은 자기네들끼리 먹으라구 했어요. 이 기분에 누구 점심 해먹이게 생겼어요? 자기네들 끼리 먹구 동서들만 올라 왔더라구요.

최회장   ·····(보료로 앉으며 돋보기 끼고 신문)

노여사   (남편 옷 처리하면서)··운은 떼어 놨어요··

최회장   ·····(신문)

노여사   종욱이 엄마는…작은 집들 많은데 양자 들여두 되는 거 아니냐구/흐흥 속보이는 소리 하대요··

최회장   ······

노여사   (남편 옆으로 앉으면서)양자를 왜 들여요…펄쩍 뛰었지요…세 집이 다 저녁에 우리 집 일 갖구 얘기들 할 거에요····

최회장   ······

노여사   괘씸한 건 괘씸한 거구 왜 어린애 하나 제대루 못 낳아 애 두 번 장가가게 만들어 그래. 애만 탈없이 낳아줬으면 다른 건 다 눈 감어 줄 수 있잖어……생각할수록 기가 막혀서 내 원….그렇다구 이 녀석이 시키는대루 우리가 골라 주는 자리 덥석 좋달 위인두 아니 구….장차두 큰일이에요….

최회장   ……

노여사   앞으루두 보통 일 아니에요…….

최회장   ……

S# 수술실‥

강욱   ……(수술 중)…몇시죠?

간호사1   한시 반이에요.

강욱   ……

S# 어느 룸살롱

　　[맨처음 나왔던 변호사 친구들과 술 마시고 있는 종혁…]

아가씨   (슬픈 노래하고 있는데)

남자들   (노래와 상관없이 자유롭게 떠들면서/자유롭게)……(마누라들 얘 기하면 어떨까 그 끝에)

친구1   야 야 얘들아.잠깐 너 어떻게 남의 마누라 흉 보는 거 비실비 실 웃으면서 듣기만 하냐. 니 마누라 보다리두 풀어놔 봐 얌마아.

종혁   내 마누라는 너무나 완벽해서 흉 보따리 같은 거 없어 야.

친구들   야야야야야(에에에이)

종혁   (오버랩)쟤 왜 저렇게 눈치가 없어 (옆에 아가씨에게)너 나가서 정신 번쩍 나는 노래 해…저 쳐지는 노래 빨리 걷어치라구.

친구3   어 그래 처진다 쳐져. 테크노 해 테크노.

친구1   체신없이 테크노는.

친구2   기분 좋자구 술 먹는 판에 체신은/테크노 테크노.(소리 지르고)

친구1 얌마 가만 있어 그래두 하던 건 마저 끝내야지이이.(노래 끝나

  고/아가씨 테크노 고르는)

여자 사장님 뭐 좋아하시는데요. 사장님 좋아하시는 거 해드릴게요.

종혁 나 좋아하는 거? 나 노래 아는 거 없는데.

친구3 테크노 걸라니까 테크노.(의자 빠져나가는데 이미 충분히 취

  했다)

  [그러는데 터지는 테크노 음악]

친구2 나온다 나와 추자 춰.춤추자.(아가씨 끌고 나가고 남자들보다

  더 많았던 아가씨들 일제히 나가면서 사양하는 친구2도 끌고 나가고 친

  구3도 어울리고/벌어지는 춤판)

종혁 (완전히 혼자인 것 같은 얼굴로 술잔 홀쩍 비우는)

S# 지현의 오피스텔

지현 ....(쓰고 있는)

S# 병원…

강욱 (복도 빠른 걸음으로 들어오고 있는)…….

S# 병실

강욱 (들어온다)…..

민경 (물 따르다가 돌아본다)……왔어?…중환자실에…(엄마)

강욱 ………들려 봤어(다가와 서서)…어떻대….담당의하구 얘기했어?

민경 (끄덕이며)특별히 운이 나쁘지 않은 이상…심각할 일은 없을

  거래..회복되는데 시간은 좀 걸리겠지만….

강욱 …(숨 좀 내쉬면서)…그래..다행이야..정말 다행이야…(시선 내리

  면서)

민경 ……(물끄러미 보다가)수술은 잘 했어?

강욱 (본다)

민경 수술 중인 사람한테 괜히 얘기했나 걱정되드라....나는 바보같이 꼭 해 놓구 후회하잖아....(마신다)

강욱 .....(보다가)

민경 왔다갔다 그럴테니까 그만 들어가 쉬어.

강욱 왜 혼자 있는 거야.

민경 이모 저녁 못 잡수셔서...민지랑 야식하는데 찾아 나갔어.....들어올 때 됐어.(하는데)

이모 (들어온다/민지도/ 강욱 잠깐 보고)운수대통한 사람 왔나?

민지 ?(이모 보는)

이모 (연결)만약 무슨 일 났으면 내 자네 평생 원수 삼을려구 했어.

민지 (싫어서)이모.

이모 너두 마찬가지구 이 기집애야...니 엄마 속을 얼마나 썩였어.니 엄마 병 니가 만든 거야. 양심이 있으면 아니라구 못 할 거다.....(들고 온 봉투 민경에게 주면서)이거 갖구 들어가 먹구 자. 여기는 민지랑 내가 있으면 되니까 출근할 사람 들어가 몇시간이라두 눈 붙여.. (돌아보며)자네 애 좀 데려다 주게. 갈라서는 사람이라구 설마 그것두 못한다구는 안하겠지.

강욱 네...알았습니다....

S# 병원 로비..

민경 (강욱과 걸어나오면서/맥 빠진 걸음)이모 말에 신경쓰지 마...

강욱 ....신경 안써..

민경 아무데나 부대구 싶은 가봐...나한테두 하안참 했어....민지두 엄청 당하구....

374

강욱 ⋯⋯

S# 병원 주차장⋯

강욱 (자동차에 민경 태우고 기대며 눈 감은 민경에게 벨트 채워주고 운
  전석으로)

S# 차 안

강욱 (타고 자기 벨트 매고 /잠깐 민경 돌아보고 ⋯조용히 출발하는)⋯⋯
  ⋯⋯

S# 빌라 주차장

  [빌라로 들어와 주차하는 강욱의 자동차⋯]

S# 차 안⋯

강욱 (시동 끄고 민경 돌아보는)⋯⋯

민경 (자는 듯이 있다가 문 열고 내린다)

강욱 (내리는)

S# 자동차 밖

강욱 (내려서 민경 허리 안아 빌라 건물로)⋯⋯⋯

민경 ⋯⋯

S# 빌라 안⋯

강욱 (민경 안고 들어오며 불 켠다/환해지는 거실/만두 봉투)⋯

민경 (소파로 가면서 강욱에게서 떨어지며)나 술 한잔 만들어 줄래?

강욱 ⋯.그래 알았어.

민경 (소파에 엎어지면서)너무 약하게 타지 마⋯.

강욱 ⋯⋯(보면서)⋯.

S# 거실

민경 (앉아서 한 모금 마시고 내리면서)⋯⋯

강욱 (마시고 내리면서)……

민경 가서 자‥너두 피곤하잖아…

강욱 나는 늦게 나가두 되니까 괜찮아…

민경 (한 모금 마시고 내리면서)우리 엄마…괜찮겠지?

강욱 ……

민경 너는 싫어하지만 나한테는 절대적이었어‥

강욱 …그래…

민경 모두 우리 엄마 인색하다 그러지만…나한테는 안 그랬어…

강욱 ……(보며)

민경 엄마 인생에 대해서 생각해 본 적 없었어……너하구 헤어지는 거 말릴 걸루는 정말 상상두 안했었어……한번 병원에 실려갔으면 됐지…쉽게 생각해 치워 버렸었어…

강욱 자식은 다 그래…부모 일 다 쉽게 생각해…

민경 언제구 민지때문에 쓰러지지 했었는데…그게 나였어…(쓴웃음)‥나였었다구…

강욱 (마신다)

민경 유진이는 잘 논다니? 전화해 봤어?

강욱 응 아까 수술 들어가기 전에…‥잘 논대‥

민경 (끄덕이고 술잔 비우고 컵 내려놓으며)정말 불행하다…‥(일어나며)가. 나 올라가 잘 거야…

강욱 (일어나는)……

민경 (계단으로 가는)

강욱 ……(보며)

민경 (계단 천천히 올라가서 사라진다)

강욱 (그때까지 보면서)……

S# 성북동 거실··

종혁 (들어온다)….(불이 환하다)…(보면)

노여사 (소파에서 일어나 있다)

종혁 안 주무셨어요?…(술이 꽤 취해 있고)

노여사 많이 했니?

종혁 (움직이며)네··좀 했어요…

노여사 몸 상해…(종혁 멈추어 서고) 아무리 언짢아도 몸에 해로울 만
큼 마시구 다니지는 마.

종혁 …예 알겠습니다…

노여사 …(안방으로)…

종혁 (엄마 들어가자 천천히 계단으로)

S# 종혁의 거실 침실

종혁 (들어오면서 불 켜고 방 보면서)…………(기가 막혀서 혼자 웃음
날리는 것처럼)………(침실로 움직여 옷 입은 채 그냥 엎어지면서 전화
들어 핸드폰 번호 찍는다)

　　F 신호 가는 소리.

지현 F 네에··

종혁 잤니?

지현 F 아뇨 아직 안자구 있어요.

종혁 몇신데 아직 안자구 뭐하는 거야…

지현 F 그냥…있어요…

종혁 글 써?

지현 F 그냥…앉아 있어요··

종혁　너 이시간에 자다 깨 문열어주는 거 힘들다구 툴툴거리더니 안 자구 뭐해.

지현　.....

종혁　(꿈틀거리며 일어나 앉는)그거하자구….그 잘난 거 하구 싶어 나한테 발길질하구 나간 거야?

지현　F 술 마신 거 같은데 얼른 자요‥

종혁　그래 술 먹었다 바보같은 기집애. 작가? 니가 무슨 작가야 거지 발싸개. 너 사람을 그렇게 모르면서 무슨 작가를 해!! 너 사람 알아? 남자 알아? 니가 뭘 알아 니가 아는 거 뭐 있어 말해봐 아는 게 뭐 있어 박지현!(하고 끊어버린다)

S#　지현의 오피스텔

지현　(컴퓨터 켜놓고)….(끊어진 전화 내려놓으면서)….. (난감하고 가슴도 아프다)……

S#　강욱의 거실

강욱　…….(음악 틀어놓고 마루 바닥에 앉아서 우두커니)…….

F.O

S#　강욱의 빈 거실

S#　침실

강욱　(자고 있다)…….

　　　E 현관 벨…..울리고 또 울리는

강욱　?….(눈 뜨며 잠시 있다가 몸 일으킨다)

S#　거실

강욱　(가운 걸치며 나오는)누구세요….

민지　E 저에요 형부.

강욱   (문 열면서)왜 무슨 일이야.

민지   (들어오며)주무시는 거 깨웠어요?

강욱   어..몇시나 됐나.

민지   열한시 넘었어요.

강욱   벌써?

민지   엄마 깨났어요. 사람 다 알아보구 말두 해요.

강욱   아 다행이다 정말 다행이다…

민지   알려드릴려구요.

강욱   그래 고마워…세상 모르구 잤네…고마워…

민지   커피 아직 안 드셨죠.

강욱   어.

민지   더 주무실 거에요?

강욱   아냐 일어나야지.

민지   그럼 커피 만들테니까 씻으세요.

강욱   응 그래 고마워…(하고 민지는 백 놓고 강욱은 안방으로)

S# 욕실

강욱   (칫솔질하는)

S# 주방

민지   (커피 빠지는 것 내려다보며)……

S# 거실··

민지   (커피포트의 커피 따르면서)아줌마는요··

강욱   (쓴웃음)며칠 쉬어 달랬어…그런데 이제 아줌마 쓸일두 없지 뭐…

민지   ……(멈추고 잠깐 보다가 제 잔에 따르면서)…정말 이대루 끝나는
       거에요?

강욱 ....(잠깐 보고 커피 잔 들어 올리며)원하니까.

민지 (커피포트 놓으며 안 보는 채)형부는 어떤데요…

강욱 ....(보는)

민지 (보며)언니 혼자서 원한다구 …끝날 수 있는 거 아니잖아요‥

강욱 ...(시선 피하고 마시는)

민지 언니 말루는… 형부두 원하는 일이라구 하든데/사실이에요?

강욱 나는 사고방식이 구식이야‥ 유진이가 있는데/그러구 싶은 생각있어두 그건 안하는 일이라고 생각해.

민지 그런데요.

강욱 …두 사람이 뜻 모아서 시작한 결혼 관계/한 쪽이 못하겠다면…어쩔 수 없는 거잖아.

민지 언니 성격 너무나 잘 알잖아요. 형부를 얼마나 좋아하는지두 알구요 언니가 저러는 거/정말 꼭 헤어지구 싶어서가 아니라 다 채워지지 않는 마음 때문이라구 이해할 수는 없어요?…형부가 약속해 주면 되잖아요. 앞으로는 절대 딴 생각 안한다‥철저하게 충실하겠다 약속하면

강욱 (오버랩)처제……

민지 (보며)…

강욱 그 약속…나혼자…나 스스로한테 수도 없이 하고/수도 없이 거짓말쟁이가 됐어. 언니 잘 알아‥속지 않아.

민지 …(보며)단 며칠 만남에…그럴 수도 있어요?

강욱 (끄덕이며)그럴 수도… 있드라구…남의 일이라면 나두…믿기 어려웠을 거야…

민지 ……(보다가)형부하구 가족관계가 끝난다는 게 너무 속상해요.

유진이 못 보는 거두 그렇구요.

강욱 ····(찻잔 집어 마시는)

민지 형부 혼자 나…이쁘게 봐줬었어요··(눈물 크렁크렁해지면서)····
기가 막혀 정말(딴 데 보면서)

강욱 ·····(가만히 민지 보면서)

　　E 전화벨

강욱 잠깐.(받는다)네에··어 형…나에요. 왜요 무슨 일 있어요?···알
았어요···네 알았어요··(좀 황당해서 전화 끊는데)

　　E 현관 벨

강욱 처제 그만 가는 게 좋겠다···청주 아버님 오셨대··(하며 현관으
로 움직이는데)

　　E 현관 벨 정신 없이 울리고 있다.

강욱 네 아버지 나가요··나가구 있어요.(하고 현관문 열면)

강욱부 (들어서면서 사정없이 강욱 두들겨 패기 시작한다. 주먹질 발길질
총 동원해서/입은 꽉 다문 채 사정없이)

강욱 (그저 맞을 뿐이고)

민지 (어쩔 줄을 몰라하면서)사둔 어른/사둔 어른/···사둔 어른/····

　　[폭행은 계속되고··]

S# 주차장 자동차 안

형 (담배 태우며 있다가 앞 보고 황급히 담배 끄고 내리는)

　　[형의 시각에서 아파트에서 나오고 있는 아버지····자동차 쪽으로 오는
게 아니라 바깥길 쪽으로 빠르게]

형 ?(아버지 쪽으로)

강욱 (아파트에서 뛰어나와 아버지 쪽으로)

[두 형제 아버지 따르면서]

형　아버지 아버지.

강욱　아버지.(부친은 상관없고)

형　아 차 저기 있어요 아버지 어디 가시는 거에요(하면서 잡으면)

강욱부　(큰아들 얼굴을 호되게 갈겨버린다)

형　(얼굴 싸쥐고)‥

강욱　?(놀라서 형 보는 동안)

강욱부　(벌써 빠르게 가고 있고)

형　야 괜찮아 아버지 잡아 아버지 잡아.

강욱　(아버지에게 뛰어가 잡는데)

강욱부　(다시 마구잡이로 두들겨 패는)…

강욱　(맞으면서도 아버지 안 놓는)……

S#　강욱의 거실

형　(소파에 앉아서 코 만지고 있는)…

강욱　(주스 두 잔 만들어 갖다놓으면서)내가 좀 보게요.

형　놔둬. 코뼈만 안나갔으면 됐어. 나간 거 같지는 않어……(주스 잔 집으면서)어으으으 노인네 참….어떻게 성질은 늙지두 않으시냐‥

강욱　나중에 말씀드린다더니 어떻게

형　(마시고 내리며 오버랩)아 엄마가 오밤중에 일어나 앉어 유진이 안구 쿨쩍거리시다 들켰댜.그냥 넘어가실 양반여? 아침 여덟시까지 버티다가 종당에는 좔좔 다 불어버리셨지 뭐. 엄마두 애는 쓰실 만큼 쓰신겨 그러니까…

강욱　….

382

형　야 말두 마라 너 때문에 나는 또 얼마나 당했는지 알어? 모범이 돼야할 형이 허튼 짓 하구 댕겨 동생이 뽄 본 거라두 /묵은 사건으루 새삼스레 뒤지게 혼났어 야. 볼퉁가지 쥐어박히구 까딱하다가는 머리털두 죄 뽑힐 뻔 했어.아부지는 무슨 여자냐? 왜 머리는 끄들르시는지 모르겠더라. 말린다구 엄마두 엉덩이 걷어 채이시구 난리난리 난리두 그런 난리가 읎었어 얘‥

강욱　‥‥

형　그러나 뭐‥‥이 정도두 안 겪구 이혼햐? 아부지 성격에 안 죽이구 살려둔 것만두 어디여‥이 정도 겪구 이혼해두 되는 거 같었으면 나두 작년에 결판내구 살구 싶은 여자랑 한번 살어보는 건데 잘못했어.

강욱　싱거운 소리 말아요.(한 손 이마에 올리면서)나 하나면 족해요‥‥

형　‥‥(보다가)얼마나 맞은겨‥‥그래두 기술 좋게 패셨다‥거죽으루는 멀쩡한데?‥‥‥그렇게 맞는 매가 더 무서워 야‥그게 사람 골병 들이는 거거든.

강욱　‥‥‥

S#　근처 설렁탕집 같은 곳‥

형　(파 소금 퍼 넣으면서/화면 시작과 동시에)?‥‥야 그럴 거 없이 너 우리가 잡어논 아파트루 들어가.

강욱　?

형　뭐 여기저기 아파트만 늘어놓냐. 우리 애들 올라 올려면 아직두 멀었는데 너 들어가 살어. 살다가 애들 올라오면 그때 나가주던지 아니면 그냥 있던지 그건 니 마음대루 그때 결정하구웅?

강욱　그 생각은 못했네요.

형 (설렁탕 휘저으며)세 노면 집 버린다구 니 형수 찜찜해 했는데 잘됐다 뭐.이런 일에 잘됐다구 해두 되는 건지는 모르지만.

강욱 누가 살구 있어요?

형 어 한 한달 있으면 비어…별루 오래 안된 아파트야…주변 환경 좋구 괜찮아.

강욱 그럼 내가 그리 옮기는 걸로 하게요··

형 병원은 어떡할껴.(하는데)

  E 형의 핸드폰

형 어 잠깐.(전화받는다)예 이 강식입니다…어 엄마세유?….아이구 말 마세요. 보나마나 물으나마나쥬 뭐.강욱이 직사하게 터지구 덤으루 저까지 쥐어맞구 난장판이었죠 뭐…아버지 고속버스 타구 가시구 저는 시방 강욱이랑 아침겸 점심 먹는 중이에요…아 아버지가 말 들어유?…우리 둘다 꼴두 보기 싫대요. 붙잡다 붙잡다 포기했어요. 유진 애비 바꿔요?

S# 청주 본가 안방/

  [형수 유진에게 우유 먹이고 있고]

강욱모 놔둬 바꿀 거 읎어. 니눔이나 그눔이나 나두 꼴두 뵈기 싫여.올라간 김에 죽잖을 만큼 실컨 패주지 어이그(하면서 전화 픽 끊으며)사내놈들은 그냥 죄다 한두룹에 엮어 처치해야햐. 그거 하나 달구 나왔다구 그게 무신 그렇게 대단한 거라구 같잖은 것들…

형수 ….(시모 보며)

강욱모 내가 아주 너 보기두 민망하구 죽겄다. 챙피시러 죽겄어/

형수 그래두요 어머니…아버님 어머님이 아들 편 안 드시는 게 얼마나 힘이 되는데요.

384

강욱모 (며느리 보는)……

형수 저두 정말 /진짜루 안 살 작정이었어요··아버님 어머님 때문에

강욱모 (오버랩)아 노망 났냐? 편들일이 따루 있지 지 지집 눈에서 눈물 빼는 눔을 편들어? 지집 괄세하구 사는 놈/ 늙어서 좋은 꼴 못 봤다…아 왜 즈 아부지 안 닮구 누굴 닮은겨 그래 두 것들 다아…

형수 (쓴웃음)수진이 아빠는 이제 빼세요··정신차렸는데요 머.(다 먹은 젖병 빼는)

강욱모 그나마 다행여 그려.그나마 다행여…(아이한테 손 뻗어 만지면서)다 자셨나? 어이구우우우우 불쌍한 거…

S# 강욱 병원 로비

강욱 (들어와서 이 층 계단으로 올라가는)……

S# 이 층 대기실

강욱 (계단에서 나타나 움직이는)

간호사1, 2 (인사)선생님 나오셨어요.

강욱 (웃으며)나 점심 못 먹어요. 이른 점심 먹구 들어오는 길이에요.

간호사1 즈이두 점심 안해요 선생님.

강욱 ?(멈추고 돌아보며)왜요.

간호사1 허선생님 안 드신다 그러시구··그냥 햄버거 사다 먹기로 했어요.

강욱 …(끄덕이고 자기 방문 열려는데)

간호사2 허 선생님 진료 안하세요.

강욱 (돌아본다)

간호사1 잠을 못 주무셨대요··

강욱 그랬을 거에요…(하고 들어가려다가/…돌아서 삼 층 쪽으로)

S# 민경의 진찰실

강욱 (문 열고 보면 테이블 의자는 비어 있고/들어온다)

민경 (소파에 옆으로 누워 눈 감고)····누구?

강욱 ·······(보며)

민경 누구냐구.

강욱 나야····

민경 ········(눈 감은 채)

강욱 (소파로 와서 앉으며 보는)

민경 ·····(그대로)

강욱 못 잤어?

민경 (눈 뜨며)우리 엄마 ··지금 현재 상태 /괜찮은가봐··

강욱 그래 들었어.

민경 어디서.

강욱 민지가 왔었어···

민경 너한테?

강욱 응··

민경 (일어나 앉으며)걔는 너한테 미련이 많아···(머리 만지면서)유일한 지편이었으니까 ···

강욱 ·····(보다가)진료 못할 정도로 피곤해?

민경 아냐··나두 누구처럼 삐나서·····이 상황에 여드름 짜주구 그러면서 ···싫증나서···(일어나 마실 거 쪽으로)뭐 마실 거 줘?

강욱 아냐 난 필요없어····

민경 (커피 따르는)

강욱 커피 말구 다른 거 마시지····점심 전이라면서··

386

민경　……

강욱　나는 먹었는데…같이 나가 줘?

민경　(커피 잔 들고 의자로 오면서)헤어지니까 더 친절해지는구나.

강욱　(안 보며 조금 웃듯)그 정도는 늘 했잖아..

민경　(앉으며)이선생은 잘 잤어?

강욱　음..열 한시까지..민지 와서 깼어..

민경　(끄덕이며 마시는/너는 자는구나)

강욱　(변명처럼)여섯시 쯤 자기 시작했거든..

민경　(오버랩의 기분)나 쇼핑 갈려 그러는데 같이 가줄래?

강욱　?…

민경　한 시간이면 돼. 괜찮잖아.

강욱　그래 그러지 뭐.

S#　어느 핸드백 매장

강욱　(이미 쇼핑백 잔뜩 들고 있고)

민경　(핸드백 몇 개나 내놓고 고르고 있다)……이거 저거/ 저거요.

강욱　웬걸 그렇게 많이 사.나중에 후회할려구.

민경　(카드 꺼내면서)…계산해 주세요.

점원　(카드 받으며)네 잠깐만 기다려 주세요…

민경　(돌아보며)앉아 있으라니까아.

강욱　괜찮아.

S#　백화점 식당

민경　(오무라이스 비비면서)이 선생 시간 안되니까 나 택시 타구 병
　　원으루 가께.

강욱　그런 거 같으면 니 차 갖구 올 걸 그랬다. 내가 타면 되는 건데.

민경 상관없어.

강욱 ·····(보다가)민지가···다시 한번 너한테 철저하게 약속하구 원점으루 돌릴 수는 없냐 그러드라.

민경 (먹다가 잠깐 보고 다시 먹으며)·····그래서.

강욱 니가 안 믿어줄 거라구···

민경 안 믿어·····결혼하면서 너는 개···완전히 캐내버렸어야 하는데 안그랬어···계속 물주구 거름 주면서 키웠지.

강욱 ·······(보다가)아버지 올라오셨었어···얼마나 화가 나셨는지·····매 맞았어···

민경 ·····(잠깐 보고 그냥 먹는)···

강욱 우리가 헤어지는 거 원하는 사람 아무도 없어·····다시 생각해 보는 게

민경 (오버랩)내가 원해·····되풀이하구 싶지 않아.

강욱 ·····(보며)

민경 다시 또 너덜너덜한 감정 끌어안구 씨름하기두 싫구···심플해 지구 싶어···결혼 할 때는 이 선생 용서했었어···결혼해서 사는 동안 나 모욕한 거···용서 못해···

강욱 ·····(그저 보며)

민경 헤어지면 과거가 돼···살면서는 계속 치 떨어가며 그래야 할 거야····

강욱 ·····(보며)

민경 (쓴웃음/보며)그냥·····정리하구 말자.

강욱 ···(끄덕)···(끄덕끄덕)

S# 백화점 출구

[두 사람 나오면서]

강욱 짐은 내가 갖다 놓게.

민경 아냐 갖구 갈 거야. 택시나 잡아 줘…

강욱 …그래 그럼…(걷는 두 사람)….

S# 큰길가

[택시 정류장에 서 있는 두 사람.]

강욱 ……

민경 ……

두 사람 ……(각각)

[택시 와서 서고. 손님 내려놓고 강욱 쇼핑백 들고]

강욱 타.

민경 응.(타고)

강욱 (잔뜩 든 쇼핑백들 넣어준다)

[뜨는 택시…]

강욱 ….(택시 보며)……

S# 지현의 오피스텔

지현 (컴퓨터 책상에 앉아서 책 보고 있다.)….(차분하게)

E 핸드폰 전화벨

지현 ?(받는다)네에‥

지현모 F 엄마야.

지현 응 네…

지현모 F 성북동에서 전화왔었어.

지현 …뭐라 그러세요.

S# 친정 마루‥

지현모 피차 여러 말 안했어…나머지 니 짐은 나중에 실어보낸다 그러드라……그러라구 했지 뭐……아냐 안 그랬어.유감이라 그러길래 나두 유감이랬지 뭐…안살기루 한 마당에 쩔쩔맬 거 뭐있어. 안 그랬어….너 옷은 입을 거 있는 거야?….뭘하구 있어….좋겠다 소원 성취해서 좋겠어…아버지 옆에 게신데 바꿔 줘?……알었어 끊어 그럼.(끊는데)

지현부 바꾸지 말래?

지현모 할 얘기 없대요.

지현부 뭐가 소원성취야.

지현모 아 점심 먹구 책 보구 있대요.소원성취한 거지 뭐에요.

지현부 그렇다구 애한테 빈정거릴거 까지야 뭐 있어.

지현모 그러게 말이에요.

초희 (진이는 다리미질)그이 사표 냈는데 수리 안 한다는 얘기두 하시지요 왜‥

지현모 굳이 꼭 할 건 뭐야.

초희 깔끔한 척 하는 성미에 안 그만두구 그냥 다니는 거 꿉꿉하다 그럼 어떡해요…능력있어서 붙잡은 건데두 우리더러 치사하다 그럴 거구요.

지현부 (일어서며)길게 다니겠냐 어디?

초희 ?…그만두라구요?

지현부 글쎄 길게 다니겠냐구‥

초희 그만두면 어떡해요. 아버님.

지현부 능력있으면 다른 방도가 나오겠지….(나가는데)

한수 (문 열고)손님 오셨는데요 아버지. 열량 필요하시대요.

지현부 그래‥가보자‥(나가고)

지현모 (힘들게 일어나면서)진이야.

진이 네 어머님.

지현모 다리미질해놓구 김치꺼리 좀 뒤집어라.

진이 네에‥

지현모 (방으로 들어가고)

진이 (소리 죽여)어머님은 영 기운이 안 나시나봐요‥

초희 기운 나시게 생겼어?자식이 이혼녀가 돼 왔는데‥

진이 입 맛도 통 없으신거 같구…두릅 나물 좋아하시는데 그 좋아하시는 거두 별로 안 드시더라구요.

초희 그러시다 기운 차리시겠지이…어떡할 거야 뭐. 항아리 박살나구 물 다 쏟아졌는데…

진이 처음부터 언니는 그런 집에 들어가 살림만 하면서 살 수 있는 사람은 아니었어요‥

초희 그러니까 맹꽁이에 헛똑똑이지…왜 못살아 왜…어디 가나 대접 받는 집안 외며느리/나같으면 황홀하게 즐기면서 잘만 살겠다.

진이 마음이 편해야죠오오.거적문 치구 살어두 마음이 편해야 행복이라구 한수 씨하구 우리 그랬어요.

초희 어이구 거적문 치구 살어봐 어디 한번‥행복 좋아하네‥모자란 소리 하구 있어.

진이 (그냥 배시시 웃는)

S# 지현 오피스텔 복도

유자 (기다리고 있는)……(잠시 있다가)

지현 (지금 철 가운 입고 머리 타워로 싼 채 문 열며)어서와‥

S# 지현의 오피스텔

지현 (돌아보며)오랜 만이야 반갑다…샤워하느라구…

유자 (들고 온 세제 적당히 놓으면서)부자 돼라.

지현 그래 고마워……앉어…왜 그러구 있어 앉으라니까. 안 바뻐? 커
피 줘 아님 딴 거 주까.

유자 물 줘…

지현 (냉장고에서 물 꺼내 두 잔 만들어 들고 마주 앉으면서)골났지.

유자 골이 나기는 했는데 늬들한테 보다 나 자신한테 더 많이 나 있
어.(탁자 내려다보며)….

지현 미안해…너 따 돌릴려구 일부러 그런 거 아니라

유자 거짓말 할 거 없어. 일부러가 아니면 어떻게 이럴 수가 있니…
한 방 쓰는 기집애 완전히 자물통 딱 채워놓구 오리발 수십개 들구
말야..정말 대단하다 늬들…

지현 미안해..정말 미안해..

유자 나 현경이한테 손가락 걸구 얘기 들었어…기두 안 막히드라…
그 동안 나는 완전히 뽈 돼서..허 참…나 바본가봐.

지현 아냐 너 줄곧 바빴구

유자 내가 그렇게 문제가 있는 애니?

지현 …(생각하다가)니가 ..악의없이 입이 빠르잖아. 매사에 비판적
이구..좀 겁났던 건 사실이야 현경이두 나두…

유자 ….(보다가)그래…늬들이 그렇게 생각했다면 나한테 문제가 있
는 걸루 받아들일 수밖에 없어…결국 모든 건 내탓 아니니?..믿을
수 없는 친구 였던 거 미안해…내가 고쳐보게…

지현 그렇게 얘기하면 나 더 미안해.

유자   솔직히 너에 대한 시기심 같은 거 없었다면 거짓말야… 너 ‥주
     는 거 없이 얄미울 때 많았어…너 생활 걱정 없는 화목한 집안에서
     잘 자랐잖아…작품 생각하는 수준이나 그런 거두 나보다는 격이
     있구 재능두 그렇게 처지지 않구

지현   (웃으며)애 유자야.

유자   (오버랩)나두 알 건 다 알아‥처음 솔직하게 고해성사하는 거
     니까 그냥 들어. 거기다 잘난 남자까지 만나서/… 여자들이 꿈꾸는
     결혼을 틱틱거리면서 하는데‥정말 싫더라…나 원래 좀 꼬였거든
     알겠지만.

지현   …..(보며)

유자   이제부터는 안 그럴 테니까 앞으루는 나 왕따시키지 말아주
     라. (눈물 쏟아지면서)나 친구 없는 거 늬들두 알잖아.

지현   ….(보면서 같이 눈물이 나온다)

유자   정말 김새더라…나는 내가 그정도루 심각한 문제가 있는 앤지
     몰랐어 애.

지현   그렇지 않아 유자야‥(같이 울면서)그냥 내 불행 한 사람이라두
     더 아는 거 싫었어. 우리랑은 너무 다른 집이었기 때문에 쭈욱 입
     에 쟈크달구 살았어야 했구우? 현경이는 그래두 자주 전화 걸구
     그랬으니까 개한테는 조금씩 샐 수밖에 없었던 거지…니가 이해해
     줘 나 정말 많이 괴로웠어 유자야‥(두 손으로 얼굴 가리며)

유자   (두 손으로 얼굴 싸고)….

두 여자   ……

S# 중환자실

민경   (핸드백 하나 엄마에게 보여주면서)좋죠 엄마 좋아보이죠….엄

마가 들면 아주 멋있을 거 같아서 샀어요. 어때요 맘에 들어요?

서여사   (눈 뜨고 보다가 눈 감으면서 눈물이 지이이이이)

민경   …(가슴 아프게 보다가)엄마 말 안들어 죄송해요…그리구…별 탈없이 깨어나 줘서 정말 고마워요…안되잖아 엄마……이날까지 나 엄마한테 잘해준 거 하나두 없는데…그럼 안되잖아아….

서여사   …..

간호사   이제 그만 나가 주세요…절대 안정하셔야 하니까요 네?(조심스럽게)

민경   (끄덕이며)알았어요….(수습하고 일어서며)엄마 나 가요….(엎혀 져 있는 한 손 잡으면서)…잘 쉬어요 네?……(조금 더 있다가 손/ 떼는데)

서여사   (딸 손 잡는다)…..

민경   ….(마주 잡으며)……..

S# 강욱의 수술실

강욱   (수술 중..)

S# 작업 중인 지현…

S# 수술 중인 강욱/(다른 환자)…..

S# 회의 중인 종혁…

S# 수술 중인 강욱/(다른 환자)

S# 환자 보고 있는 민경…

S# 수술 중인 강욱/또 다른 환자…..

S# 수술실 또 다른 환자…

강욱   (마스크 벗으면서)정말 수고들 많이 했어요…마지막 수술까지 무사히 잘 끝낸 거 고마워요.

간호사1, 2   (침울한 채)수고하셨습니다 선생님…

394

강욱 나 먼저 나갈께요..

간호사1 네 좀 쉬세요 선생님.

강욱 (웃어 보이고 나간다)

S# 수술실 밖

강욱 (나오면서 수술복 벗어낸다)

S# 진찰실

강욱 (수술복은 벗어서 처리했고/목 만지면서 들어와 오렌지 주스 한 잔
따라 들고 책상 의자로 가는/극도로 피곤한)·······(주스 거의 다 비우게
마시고 놓으면서 기대앉으며 눈 감는)··········(한참 동안···)

　　　E 노크

강욱 네에.

민경 (들어오며)끝냈다구 해서···

강욱 엉 끝냈어.

민경 철인인 거야 아니면 정말 신인 거야.

강욱 신은 무슨···

민경 이제 환자 안 받겠네.

강욱 (끄덕이며)수술 환자들 뒷 치료만 남았어···

민경 정말 반년 놀아?

강욱 현재는..

민경 어느 쪽으로 생각하구 있어?

강욱 아무 생각두 안해···

민경 유진이는?

강욱 잘 있어..잘 있대···

민경 보러 안가?

강욱 아버지 아직…안 풀리셨대….

민경 보구 싶지 않어?

강욱 참아야지 뭐….참는 건 곧잘 하니까…(눈자위 만지며)

민경 ….(보며)

강욱 퇴근 안해?

민경 해야지.

강욱 …..

민경 퇴근하께 그럼.

강욱 응..(다시 널부러지듯)

민경 …..너무 무리했어. 보약이라두 지어 올리래서 먹어.

강욱 (널부러진 채)무슨 염치루..

민경 …(잠시 보다가 나간다)

강욱 …..(그대로)…..(잠이 드는 듯한)…

S# 아파트 광장으로 들어오고 있는 강욱의 자동차··(밤)

S# 주차되는 강욱의 자동차

강욱 (도시락 봉투 들고 내린다/차 문 잠그고 늘어져서 아파트로)……

S# 승강기 안

강욱 (기대어 서서 눈 감고)……

S# 아파트 거실

강욱 (들어오다가)? 언제 오셨어요….

강욱모 (장식장 닦으면서)점심 먹구 떴어.

강욱 왜 전화 안 하셨어요.

강욱모 일하는데 무슨…(일어서면서)저녁 어떡한겨.

강욱 안 먹었어요.

강욱모 어이 옷 갈어입어 그동안 차리께.

강욱 아버지하구 뭐‥다투셨어요?

강욱모 다툴 일이 뭐 있어.(주방으로 가며)

강욱 그런데 왜

강욱모 아 새끼 보라구 올라왔어…내려오지두 못하구 보구 싶을 거 아녀…

강욱 …‥(있다가 아이 안아 올리면서)내려갈 새두 없었어요‥토요일 일요일두 수술했는데요 머‥

강욱모 …‥(상 차릴 준비)

강욱 (아이 안고 안방으로)…‥

S# 안방

강욱 …‥(아이 안고 들어와 침대 옆구리 걸터앉으면서 얼굴 붙이고)…‥…‥ (한참 동안)…‥…‥(얼굴 보면서)아빠야…‥오랜만이야‥무지무지 반가워…‥…잘 있다는 소식은 거의 매일 들었어 유진아…‥착해서 더 이뻐…아빠‥마음 정말 많이 아프거든‥니가 보채구 불편하다면 나 더 힘들텐데 잘 지내줘 고마워…(일어나며 아이 한 어깨 쪽으로 붙이고 서성거리면서)그 동안 엄마한테는 안 좋은 일 있었어…외할머니가 기어이 뇌출혈이 되셔서 수술 받으셨구…그 바람에 엄마는 혼이 나갔었어…‥이제는 할머니두 안정되셨구…한쪽이 좀 불편하시지 만 꾸준히 치료 받으시면 회복될 수 있대……미안하다…정말 미안 하게 생각해 유진아…‥

S# 주방

　　[저녁 먹는 모자…‥묵묵히……]

강욱 …‥(먹다가)아버지는 영 누그러지지를 않으세요?

강욱모　웃지를 않어……빽빽할 땐 빽빽해두 기분 좋을 때는 너털거
리구 잘 웃던 양반이 …밤낮 골난 사람이지 뭐…애 들여다 보면서
한숨이나 땅이 꺼지게 쉬구….

강욱　……

강욱모　니 형이랑 형수가 맨날 들여다보구 늬 아버지 비위 맞추느라
바뻐….걔들두 없었으면 어쨌나 싶다.

강욱　예에…

강욱모　에미는 어떡하구 있는겨..

강욱　환자보구…병원에 다니구 그러지요 뭐.

강욱모　철딱서니 없는 거 같으니라구…결국은 뭐여 즈 어머니 자빠
트린 거 밖에 뭐 얻은 거 있어.

강욱　……

강욱모　….즈그나믄 (적어도) 애 잘 있느냐구 전화 한통이라두 할 법
한데 토옹 모르쇠다…성정이 워낙 모진 데가 있는개벼.

강욱　부러 그러는 거에요….자기두 괴로우니까 일부러요..

강욱모　하기는 정 뗄라구 그라는개비다 한켠으루는 그렇게 생각하
면서두 그래두 독한겨…독하구 말구…

강욱　……

강욱모　니 형네 아파트루 간다면서.

강욱　예 형하구 그렇게 얘기했어요..

강욱모　늬 아부지 암말 안하시더라…그란다구 했거든.

강욱　예에..

강욱모　접대는 무슨 기운 펄펄 나는 비타민이라나 미제 약 사갖구
들어오셨더라…애 볼라면 기운 있어야 한다구….

강욱   ....(보다가 그만두고 먹는)....

강욱모   그라구는 아무튼지간에 아프지 말구 오래 살라는 소리를 고
순 아홉번두 더해. 유진이 키워 줄라면 오래 살아야 한다구...

강욱   ......

강욱모   .....(보다가 그만두고 먹는다)......

S#   지현의 오피스텔

지현   (에이프런 들고 문 열면서)어서 와...

현경   (들어서며)와아 냄새 좋다.

지현   아무 것도 아냐 기대하지 마...들어오세요.

송기자   (꽃 들고)오랜만이에요.

지현   그러네요.

송기자   초대해 줘서 고마워요.(꽃 주면서)

현경   초대는 무슨/얼결에 묻어온 거지 송기자 덤이야.

송기자   어이그 알았어 못 박지 마.

유자   (소지품 처리하면서)귀찮은데 밖에서 먹자니까 그래 왜.

지현   아직 친구들하구 몰려다니면서 밥 먹을 처지 아냐...간단히 먹
자구,

현경   (벌써 식탁에 차려져 있는 음식 보면서)야아아아 쟤 힘줬네에? 간
단히 먹자는 게 이정도니? 무슨 전씩이나 부치구 그래 너.

지현   최소한의 성의는 보여야 잖아. 그냥 찌개 끓이구 밥만 했어.

송기자   냉채 이거 손 많이 가잖아요.

유자   냉채두 했어?

지현   너 좋아하잖아.

현경   나 좋아하는 건 뭐니.

지현 생선 매운탕.

현경 신경쓰셨네에?

지현 좀 썼지. 얼마든지 더 할 수두 있는데 식탁이 쟁반만해서 못했
다는 것만 알아줘.

유자 기 죽이는 것도 여러 가지다 참.

지현 앉아. 앉아요 송기자. 밥만 푸면 돼. 앉어 빨리.배 고파 죽겠어
아홉시가 다 돼 가.

현경 야 니 덕분야.늦은 저녁 보탬되는 거 찌는 거 밖에 없어.

유자 괜찮아 쩌두 돼 돼.(다 같이 앉으면서)

S# 강욱의 서재

강욱 ⋯⋯⋯(우두커니 앉아 있다가 전화 든다/핸드폰)⋯⋯

F 신호 가는 소리

민경 F 네에.

강욱 어‥난데…들어왔어?

민경 F 아냐 들어가는 중이야. 왜‥

강욱 엄마가 유진이 데리구 올라오셨는데

S# 시내를 달리는 민경의 자동차 안

강욱 F (이미 굳은 얼굴)잠깐 와서 보구 싶으면 보라구⋯⋯⋯응?

민경 아냐 그러지 말자….안 할래⋯⋯⋯안 그러는 게 좋아⋯⋯고맙기
는 한데‥참을래.끊어두 되지?

강욱 F 그래 그럼 마음대루 해⋯

민경 (끊고)⋯⋯

S# 강욱의 서재⋯

강욱 ⋯⋯⋯(한동안 있다가 전화 끊고 담배 피워 문다)⋯⋯(푸우우우 내뿜

다가 문득 컴퓨터 보고 전원 넣고 이메일 프로그램으로)‥‥

　[선택된 메시지가 없습니다…]

강욱　(이메일에서 빠져나가고 노트북 종료)‥‥(일어나 나가는)

S# 거실

강욱　‥‥‥(나와서 테라스로)

S# 테라스

강욱　‥‥(나와서 난간 한 손으로 짚고 아래 내려다보며‥‥‥)

S# 지현의 오피스텔

지현　(딸기 내면서)아니 딱 한번 새벽 세시에 술 먹구 들어가 전화하구는 소식없어.

현경　자기가 하구 싶어 하는 이혼두 아닌데 지독하지.(유자에게)

유자　성격 드러나는 거지 뭐. 하구 싶어서 하는 건 아니지만 한다/ 그럼 끝이다‥구질구질 하지 말자. 그런 거 아니겠어?

지현　그런 거 같아.(앉으면서)‥‥‥결심하면 못할 일 없는 사람이거든.

송기자　섭섭하지 않아요?

지현　(웃으며)어떻게 그렇게 잘 알아요? (끄덕이며)뻔뻔스럽지만 그래두 섭섭하구 너무 하다 싶어요‥그렇지만 또 이해두 하구요.

현경　니가 한번 해 봐라.

유자　야 누구 병주구 약 주니? 약 올리는 거 밖에 안돼. 끝내자 그랬으면 깨끗이 끝내는 거지 전화해서 뭐/생각이 바뀌었다는 소리나 할래믄 모를까 괜한 짓이야.

지현　어 나두 같은 생각이야…

유자　(오버랩의 기분)그거 보다두 너/ 미니 시리즈 만지구 있는 거 말야…정감독한테 얘기하까?

지현 어머 얘 아냐 가만 있어.아직 그럴 때 아냐..

현경 안된다구 했잖아아아.

유자 요즘 작품 섭외 반년 전은 보통이구 일년 전 까지두 미리 하는 데 정감독 알아두구 있는 게 좋잖아.

지현 아냐 상관없어.급할 거 하나두 없어.천천히 하면 돼..

유자 정감독 좋아할텐데..

현경 정감독 좋아하는 게 문제가 아니잖아. 괜히 말 나서 전 시집 화 나게 하면 안된다니까 얘는..

송기자 (오버랩의 기분)최종혁씨에 대해서 미련같은 거 없어요?

현경 뭐하는 거야?

송기자 아니 궁금해서 미련이 있으면서 헤어지는 건지 미련없이 헤 지는 건지.

지현 대답하기 참 난감하다…….

유자 솔직하게 대답해 봐 어디 한번.

지현 으으으음……괜찮은 남자에요…괜찮은 사람이야..내가 그 집 식구가 될수 없었던 게 문제지 그 사람 자체에 뭐/…그렇게 문제가 있었던 건 아니에요.

송기자 그런데 어떻게 헤어지죠?

지현 질식해 죽을 거 같으니까..살구 봐야하니까요.

송기자 그러니까 최종혁씨가 괜찮기는 하지만 그래도 질식할 거 같 은 고통을 커버해 줄만큼은 아니었다는 건가요?

지현 뭐야 이거 나 인터뷰하는 거니 현경아?

현경 (오버랩의 기분)야야 송기자 불편한 얘기 그만하구 어 야 너 송 기자 시트 버려논 거 변상한댔잖아.

지현 아 참··잠깐요.(일어나 책상 서랍에서 봉투 꺼내 식탁에 밀어놓으며)늦어서 미안해요. 값은··현경이가 알려 줬어요··

송기자 꼭 안 이래두 되는데 월급쟁이라서요.

현경 (벌떡 일어서며)커피 마실 사람.

유자 송기자 (손 드는데)

S# 강욱의 서재

강욱 (책장 정리하고 있는)········

　　　E 현관 벨···

강욱 ?·····(민경이가 왔나 나간다)

S# 거실

강욱 (나오는)······민경이니?

이모 아냐 날세.

강욱 ····(잠깐 주춤했다가 문 연다)····오셨어요.

이모 (들어오며)유진이 왔다면서···

강욱 네···

이모 가슴찢어져 못 보는 에미 대신 내가 보러 왔네···

강욱모 E (자기 방에서)잠깐 기다리세요···

이모 네 그러지요···

강욱 앉으세요··

이모 앉을 거 뭐 있나··애만 잠깐 보구 갈 건데····

강욱 ·····

이모 ·····

　　　[어색한 침묵·····]

강욱모 (아이 안고 나온다)····오셨어유··

이모   네···철없는 두 인간 때문에 고생이 많으시네요···(아이 쪽으로)

강욱모   그러게 말입니다···기가 막히네요··

이모   (아이 받아 안으며)우리 민경이는 잘못 없습니다.혹시 잘못 알구 계신 건 아니신지

강욱모   (오버랩)거짓말 할 사람은 아니지요.지 잘못이라구 했어요.

이모   하이구 거짓말할 사람 아니라구요?

강욱모   ?

이모   약혼녀 두구 여행가 딴 기집애 만나 바람난 건 뭐구 결혼해서 두 편지질에 만나구 다니구 그건 그럼 거짓말 아니구 뭐에요.

강욱모   ···(할 말이 없다)

이모   (유진이 데리고 소파로 움직이면서)자식 제일 모르는 게 부모라구 하드군요.이서방인지 너구리 서방인지한테 우리두 감쪽같이 속았습니다.

강욱모   말씀이 좀 지나치네유.

이모   지나치다는 말씀을 지금 어디다 하시는 거에요. 자식까지 난 애가 못살겠다구 할 때는 댁에 아드님이 얼마나 피를 말렸으면 그럴까 아니 그런 생각은 안 드세요? 에미 마음은 다 똑같은데 자식까지 떼어쥐 가면서 못살겠달 때는

강욱모   (오버랩)애를 작작 좀 들볶지요···에미가 얼마나 들볶았으면 살지 말자는데 에면히 그러자구 나왔겠슈··지은 죄가 어떻든지간에 우리 이 사람은 에지간해서는 이혼같은 거 안할 사람이네유.

강욱   엄마.

강욱모   한일을 보면 열일을 아는 거지 남편을 무슨 종부리듯 부리면 서 쬐끔만 지 맘에 안 들면 벌써 상오가 싸나와지면서/그럴 때 내

가 벌써 알어봤네유.

이모   아니 여보세요.

강욱모   여보세요구 저보세요구 며느리 들였대야 우리 늙은이들 개 손에 따듯한 밥 한끼 못 읃어 먹어봤슈.

강욱   엄마 그런 건 아니잖아요.

강욱모   왜 그랴. 막 나오는데 나두 할말은 할껴.

강욱   에미 밥해 드렸어요.

강욱모   어이구 그 꼴꼴난 밥/그려 한끼지 두끼는 읃어 먹었다 그려.

강욱   그만 하세요.

이모   (오버랩)박사 며느리는 거저 얻어요? 아니 공부하구 환자 보구

강욱모   (오버랩)아 박사는 개만 박사유? 내 아들은 박사 아뉴?

이모   (말문이 막히고)

강욱모   무신 유세를 하는겨 시방 말 난 김에 그래

강욱   (오버랩)그만하세요 글쎄!(좀 터지는)

강욱모   이 사람이 어따 고함을 질러/ 니 말발 스게 됐냐 시방?(에서)

S# 지현의 오피스텔

지현   (설거지 마무리하는 중)·······

　　　E 도어 벨··

지현   ?····(올 사람 없는데)···누구세요.

종혁   E 나야···

지현   ·····(문 연다)

종혁   (들어서며)··잘 있었어?

지현   웬일이에요.

종혁   웬 음식냄새가 이렇게 진동을 해···

지현　현경이랑 유자 와서 저녁 먹었어요.

종혁　파티 했어?

지현　그냥…전 좀 부쳤더니…

종혁　청정기 하나 놔야겠다.다른 입주자한테 폐야.

지현　그래야겠어요…

종혁　……(보는)

지현　앉아요…뭐 마실 거 줘요?

종혁　(의자로 움직이며)머리는 언제 만졌어…

지현　좀 됐어요…

종혁　(끄덕이고)……궁금하지두 않대?

지현　……궁금했어요…

종혁　용 쓰는 소리 안 들렸어?

지현　?

종혁　나 용쓰는 소리 말야…

지현　들리는 거 같았어요…

종혁　……(다른 데로 고개 돌리고 한참 있다가)……(고개 다시 돌려 보면서)그래서 행복한가?

지현　……(보며)

종혁　음?

지현　적어두….불행하지는 않아요.

종혁　그럼 됐군….성공적이네….

지현　….(보며)

종혁　내 생각…전혀 안했어?

지현　어떻게 지내나….생각했어요.

406

종혁 여전히 정신없이 바빴어….또..

지현 새벽에 들어올 때 문은 누가 열어주나.

종혁 열쇠 갖구 다녀….결혼 전 처럼…또…

지현 (보다가 시선 내리는)

종혁 혹시 콩알 만큼이라두…… 보구 싶지는 않았어?……음?

지현 (보며)………

제32회

S# 김포공항 대합실(일 년 후)

[드문드문 나오는 승객들……그 가운데 나오는 강욱·· 오래 묵었던 듯 짐이 꽤 많다·· 나오는 위에]

간호사1, 2 E 선생니임.

강욱 ?…(찾아보고 손 흔든다)

[만나는 세 사람.]

간호사2 왜 이렇게 늦게 나오세요. 안 오신 줄 알았어요.

강욱 기다리는 사람 몸달게 할려구요. 흠흠··

[세 사람 움직이면서]

간호사1 선생님 왜 좀 말라 보여요? 체중 빠지셨어요?

강욱 아니 전혀 그렇지 않은데··늙어서 초췌해 보이나부죠?

간호사2 에에에 아니에요오.

강욱 학기 마무리하구 논문 끝내구 귀국 뒷처리 하느라 정신없이 바빴어요. 만날 사람두 많구 송별회두 많구 여기저기 술 먹자는 사람두 많구. 그래두 아침에 말끔히 씻구 면도두 했는데에.

간호사1, 2 (그저 소리 내어 웃는다)

S# 공항 출구

[나오는 세 사람.]

간호사1 선생님 나오셨어요.

형 (길 보며 담배 태우고 있다가 돌아보고)어 왔구나.(급히 담배 끄는) 맨 꼬래비루 나왔냐? 왜 그렇게 굼떠 임마.

강욱 서둘거 뭐 있어요.근데 형 뭐하러 나왔어요 택시 타두 된다니까.

형 (밀차 자기가 밀면서)아버지가 너 택시타구 들어와두 되게 하시니? 가자. 가자구요··

간호사1, 2 네에··(적당히 대답)

S# 달리는 자동차 안

형 (운전하며)그래 일년 만에 귀국하신 소감이 어떠셔.

강욱 (운전석 옆자리)소감은 무슨··수시루 들락거렸는데.

형 니 병원 마무리 잘했더라. 뒤번 들여다 봤는데 깔끔해. 물론 먼저 병원 같지는 않지만 뭐 병원 깨끗하기만 하면 되는 거 아니니?

강욱 깨끗하기만 하면 돼요.

형 니 병원 건물 될만한 거 하나 사시라구 내가 아버지 슬슬 바람 넣구 있는 중여··

강욱 뭐하러 그래요. 필요없어요.

형 야 어차피 갖구 가실 재산두 아니구 증여세 물구 차제에 니 앞으루 하나 돌리는 거두 나쁠거 없지 뭘. 비싼 세 물어가면서 그럴 게 아니라 하나 사서 뭐 피부과 같은 거 하나 들여 임대하구 그럼 되잖아. 투자두 되구 말여.

강욱   내가 사요 내가. 돈 벌어 사면 돼요.

형   병원 한번 들여다 보구 갈래?

강욱   아니에요. 집으루 먼저 가요.

형   그래 유진이 보구 싶지?

강욱   (그냥 웃는)…수진이랑 수정이 여전히 잘 한다면서요.

형   음 잘해…누구 닮아 그런 애들이 나왔는지 몰라 하하하하.

강욱   ….(웃는)

S# 아파트(조카들을 위해서 사놓았던) 광장

    [자동차 들어와서 건물 한 입구에 세워지고 모두 내린다.]

    [트렁크에서 짐 내리는‥]

형   (거들면서)그냥 가지 말구 올라가 점심들 먹구 가요들‥

간호사1   아니 아니에요 즈이들은 여기서 그냥

형   (오버랩)에이 그럴 수는 없지요. 그러는 거 아니에요. 야‥같이
    올라가 응? 같이 올라가.(운전대로 가며)

강욱   네.그렇게 할께요.

S# 승강기

    [짐 승강기 안으로 넣고 타는 세 사람‥강욱 작동시키고 올라가는데]

간호사1   허선생님 어제 전화하셨었어요‥어제 오시는 걸루 착각하
    셨대요.

강욱   (돌아보며)그래요?……(대답하고 숫자판 올려다보는)

간호사2   전화 해 보세요…

강욱   ?‥(돌아보고)그럼 해야죠‥

S# 아파트 거실‥

    [들어오는 사람들.]

강욱 (들어서며)엄마.

강욱모 그려 이저 완전히 온겨?

강욱 예.

간호사1 즈이들두 들어왔었요 할머니.(가방 끌어들이면서)

강욱모 (화들짝)아이구우우 그럼 올라와야지이.밥 멕일라구 밥했는데 그럼 안 먹구 가서 찬밥 만들라구 했어? 어이 들어와 어이 올라오라구‥

간호사1, 2 네에.(대답하고 이쪽은 따로 움직이고)

강욱 (소파에서 신문 보고 있는 아버지 앞으로 가서)저 돌아왔어요 아버지.

강욱부 그려 알어‥

강욱 인사 올릴께요.엄마 엄마두 와 앉으세요.

강욱모 아이구 야 인사는 무슨 내려 앉을데두 웁는데.이래서 나는 이 서양식 집이 싫더라.

강욱 상관없어요.얼른 와 앉으세요.

강욱부 생략했다가 낭중에 청주 와서 제대루 햐. 의자에 앉어서 받는 절 나두 기분 안나.

강욱 (어정쩡한데)

형수 (아까부터 주방 앞에 나와 있다가)서방님 배고프시겠어요 식사부터 하세요.아버님.(부친 일어나고)

강욱 (형수에 연결)애들 어떡하구 형수님까지 오셨어요.

형수 다 컸는데요 뭘…얼른 들어오세요 들어오세요(나중 것은 간호사들/하고 사라지고)

강욱모 (그 동안 방에 들어가 아이 안고 나오면서/유진 일 년 반쯤)밥 먹으러 들어가기 전에 유진이 먼저 봐야지. 유진아 애비다 애비 왔어…

강욱 (아이 받아 안으면서)아이쿠우.이 녀석 그동안 왜 이렇게 무거워졌어요. 두달 사이에 이렇게 무거워져요? 엄마 힘들어 큰일 났네요.

강욱모 무거워 힘든 거 읍는데 이저 지발루 걸어다니니께 쫓아 다니느라구 힘들어…

강욱부 (주방에서/소리만 들려도 상관없음)얼렁 들어와 먹어. 시간없어.

강욱모 야아.야 알었슈. 내려 놓구 얼렁 가 밥버터 먹어라. 아버지 청주 결혼식 가서야 햐.

강욱 그런데 뭐하러 올라오세요(하는데)

강욱모 (그런 말 하는 거 아니라는 주먹질하고)너 보구 싶어 오셨지 뭘 몰라서 그랴?(주방으로 움직이며)그런데 큰애는 안 올라오구 뭐햐.

형 (들어오며)올라왔슈 엄니.주차했어요.

강욱모 서둘러라 서둘러. 아버지 결혼식 늦어 빨랑 와. 아가씨들두 얼렁 들어와.응? 들어와 들어와.

간호사1 (얼른) 저기요 할머니 즈이들은 유진이 보구 있다 나중에 다 루 먹을께요.

강욱모 아이구 손님한테 그라는 법이 어딨어. 말 익히지 말구 얼렁 얼렁. 내려 놓구 가 앉으라니까 얼르은? 아부지 결혼식 늦어어…

강욱 (유진 내려놓는 데서)

S# 예식장 신부 대기실

　　[웨딩드레스 입혀지고 있는 현경…뿌우해서]

유자 (드레스 입히는 것 거들면서)내가 뭐랬어.탁월한 선택이라 그랬지.잠깐요.(거울로 돌려세우며)너무 이쁘다 얘..(하다가)야 입 좀 불러들여. 어디 벌에 쏘였니?

현경 배철수한테 시집갈려구 웨딩드레스 입을 줄 정말 몰랐어.

유자 너만 몰랐지 우리는 다 알구 있었어. 너 웃겨 정말‥

현경 이 친구 머리 자르랬는데 자르는지 모르겠다.

유자 지현이 얘는 왜 안 오는 거야.

현경 나는 진짜진짜 몰랐어.배철수하구 평생 살게 될지는.

유자 이제 그만해.누구 약올리는 거야 뭐야. 피차 알 거 다 알구 편 안하구 좋지 뭘 그래.

현경 야 코딱지 후벼서 팥알 만드는 거까지 알아서 좋을 거 뭐 있니.

유자 먹지는 않는다면서.

현경 열번 찍어 안 넘어간다는 말 실감하겠어.

유자 요새 열번 씩 찍어주는 남자가 어딨어…고마운 줄 알구 방실방실 웃어.

현경 (한숨 섞어서)아이고오 모르겠다. 나보다 우리 엄마 아버지가 더 좋아하시니까 살다 살기 싫으면 우리 엄마아버지더러 데리구 살라 그러지 뭐.

유자 그런데 왜 니 사촌들은 하나두 안 오구 너 학교 친구들한테 연락 안했니?

현경 학교 친구 둘 한테 밖에 안했어. 너 오기 전에 벌써 들렸었구 사촌애들은 정신없으니까 사양하라 그랬어.(베일 씌워지면서)

유자 어 얘 그래두 사진은 찍어야지이.

현경 얼마나 남았니.

유자 (시계 보고)정확하게 삼십분.(하는데)

　　[지현과 송기자 들이닥치면서]

지현 어 얘 늦어서 미안해. 미안해 미안해.

송기자 (카메라 만지면서)아직 베일두 안 썼는데 뭐. 드레스 괜찮은데?

유자 (오버랩)무슨 고사를 그렇게 거창하게 지냈는데 이렇게 오래 걸려?

지현 첫 녹화잖어. 녹화 전 리딩 두 번하구 고사 떡 기다리는데 이놈 으 떡이 도착을 안하는 거야.

송기자 돼지 머리는 으으(웃는 얼굴 지어 보이며)이러구 아까아까부터 기다리는데에 떡이 와야 말이지이이.

현경 그놈으 고사는 왜 프로그람마다 지내는지 모르겠드라. 고사 말짱 헛거야. 그래봤자 되는 것만 되구 안되는 건 작살 나잖어. 열 개 중에 하나 될까말깐데 그래두 고사는 죽어두 안 빼는 거 보면 우습드라.

지현 작업하는 동안 스탭들하구 연기자들 아무 사고없이 무사하기 바란다는 뜻으루 생각하면 돼.

현경 어어구 야/ 몇이나 그런 생각하면서 돼지 대가리한테 절할 거 같니.모두 다 넙죽 넙죽 엎드리면서 시청류우우우우울 그럴걸? 빌어먹을.

송기자 까르르르르 아니 신부화장 하구 드레스 입구 왜 그렇게 얼굴이 불편해?

유자 얘네 시트콤 시청율이 매주 일 퍼센트씩 떨어지구 있다잖아.

현경 니꺼두 별볼일 없었잖아.

송기자 뭐어 그래두 그 시트콤 그 방송국에서는 그거 효자 프로그람이라 그러든데.

현경 유자야 너 가서 배 철수 머리 좀 보구 와. 아무래두 기분이 이

414

상해.

유자 어 그래 알았어.(나가고)

송기자 머리?

지현 (베일 씌우는 것 끝내고)됐어 이제 사진 찍어 송기자.(현경 옆에 서며)

송기자 오케이.(사진 찍기 시작)…(펑펑)

지현 너 이쁘다.

현경 어제 밤 한숨두 못자구 나왔어. 잘하는 짓인지 미친 짓인지 결론이 안나는 거 있지.

지현 걱정마 늬들 잘 살 거야. 철수 씨 착하잖아아아.(펑펑펑/얘기하는 것 상관없이)어머 깜박할 뻔 했다.(핸드백에서 부지런히 봉투 꺼내면서)정감독이 못와서 미안하다구 이거 전하래.

현경 야 나 그거 들구 들어가래?

지현 어 그래. 내가 접수에 낼께.(하는데)

유자 (들어오면서)야 청학동 머리 그대루다.

현경 (벌떡 일어나며)그럴 줄 알았어 그럴줄 알았어. 내가 돌아 돈다니까아?(설치면서)가위/나 가위 좀 주세요 네?

지현 (잡으며)얘 현경아아아

현경 (잡는 손 떼어내려 하면서)머리 안 자르구 오면 나 결혼 안한다 그랬단 말야아아.

지현 현경아

현경 (오버랩)손님 불러놓구 결혼하지 마 그럼?

지현 자르기 싫다는 걸 뭐하러 굳이 자르라 그래애. 내버려 둬어어.

현경 나보다 머리가 더 중요하니?너 똑바루 말해 이런 남자랑 내가 결혼을 해야하는 거냐구 박지혀어언!!

철수　(긴 머리로 문 열고 들여다보면서 오버랩)야 조용해 니 소리 다들려어..

현경　(철수 쪽으로 달려가려 하면서/잡혀서 잘 안 되지만/발 구르며)안 자를 거야? 안 자를 거야아아아아아?

철수　(얼른 들어와 문 닫으면서/질색/작은 소리로)조용해애애애 다 들린단 말야아아아.

현경　(베일 벗으려 하며)나 안해. 그럴 줄 알았어 내가.배가가 언제 내 말 들든대? 나 안해 안해.

유자 지현　(현경 손 잡아내리면서)얘애애.하지 마아. 가만 있어.(등등)

현경　말리지 마 말리지 말라구우우우

송기자　(오버랩/내몰 듯)철수씨 나가요 나가.여깄지 말구 나가라구요.

철수　(밀리면서)성질하구는 아 내머리가 경이한테 뭐라 그래?(뭐라는데 그래)

현경　여자랑 결혼하니? 내가 여자랑 결혼해?

S# 식장 밖

지현부　(방명록에 이름쓰고 일어나는)

지현모　현경이 부모한테 인사합시다.

지현부　어 그래…(움직여서)

지현모　저기 지현이 엄마에요..

현경모　아이구 예에.어서오세요.고맙습니다아.(부여잡고)

지현모　축하드려요.(현경 아버지에게)안녕하세요 지현이 아버지에요.

현경부　예에.(명함 꺼내 내밀면서)이렇게 와 주셔서 감사합니다.현경이 애빕니다.

지현부　축하드립니다 저는 명함을 안 갖구 와서..박만성이라구 합니

416

다.(인사 나누는)

   [곧 예식이 시작되겠다는 마이크 소리.]

철수모   저기 들어 가셔야 겠어요.

현경모   아 네. 들어가죠. 들어오세요 들어오세요‥

S# 신부 대기실

현경   (이를 북북 갈면서)열두시간만 참는다 그래 배철수…내가 그 머리 가만 놔두구 넘어갈 거 같아? 내일 아침에 어떻게 돼 있나 한번 봐 흥.

송기자   자기가 좋다는데 그냥 놔둬어.

현경   자다 깨서 보면 이게 웬 여자냐 간담이 서늘하단/(하다가 입 삐끔 한 채 스톱)

유자   야 뭐 거기까지는 안갔어?

현경   (맥 쭉 빠지면서)돌겠다아아아.

S# 예식장 뒤편

   [서 있는 손님들 사이에 지현….]

   [주례사 진행되는 중‥]

   [지현의 화면으로 들어서는 종혁‥]

종혁   ….(지현 보며)…

지현   ……(무심히 앞 보고 있다가)………(뭔가 시선이 느껴져 고개 돌려본다)…?….

종혁   (조금 웃으며)왜 그렇게 놀래.(작은 소리)

지현   초대장 보냈어요?

종혁   나가면 안돼?

S# 식장 밖

[두 사람 나오면서]

종혁 신문 화촉 란에서 우연히 봤어. 알구 안 올 수는 없더라.

지현 (보면서)현경이 좋아하겠네..

종혁 차 한잔 하자.

지현 (가볍게)그래요.

S# 예식장 커피숍

지현 (앉으면서/다른 여자처럼/생기 있게)정말 뜻밖이에요.

종혁 (앉으며)도장찍구 사개월 십칠일 째야.

지현 (질려서)그걸 왜 세구 있어요.

종혁 쭈욱 세구 있는 거 아냐…오는 동안/ 얼마만에 보는 건가 챙겼더니 그렇드라구..

지현 전화는 가끔 하잖아요.

종혁 얼굴 보는 거 말야. 당신 방송 나간다는 거 신문에서 봤어. 결혼 전에 거의 반은 써 놨던 건데 방송이 너무 늦더라.

지현 미니는 미리미리 기획하거든요.다른 거 밀치구 할 수는 없으니까…오늘 스튜디오 첫녹화에요. 두 주 뒤부터 방송인데 떨려 죽겠어요. 반응 좋아야할텐데… 왜냐믄 다른 방송 내년 봄 미니 청탁 받아 놨는데 이번 거 반응 좋아야 작업이 쉽거든요.

종혁 일이 잘 풀리는군.

지현 이번 꺼 16부 완고 다 나가 있잖아요. 원고들 보구/평이 좋은가봐요.영화사에서 시나리오두 써 달라구 왔는데 그건 아직 자신 없어서 생각해 보자 그랬어요.

종혁 좋은 일이군..아주 좋은 일이야. 갑자기 능력이 있어진 거야 아니면 원래 능력 있었는데 뭐가 꼬여서 안됐던 거야.

지현 흐훗/나두 뭐가 뭔지 모르겠어요. 어쨌든 기분은 나쁘지 않으니까 뭐..어 참 지난 번 선봤다는 거 어떻게 됐어요?

종혁 뭐…그러구 끝이야.

지현 마음에 안 들었어요?

종혁 안 들었어…

지현 ….(보며)

종혁 여기 차 주세요.(하고 보며)다른 사람 생기기 전까지 후견인으루 써 먹어으라구 했는데 한 번두 먼저 연락하는 일 없더라.

지현 (다가온 종업원에게)커피요.

종혁 커피.

지현 그럴 일이 뭐 있어야죠…그럴 일 생기면 하께요.

종혁 체중이 좀 불었어?

지현 약간.일점 오 킬로그람.

종혁 (끄덕이며)성공한 이혼이군..

지현 ….(보는데)

　　E 종혁의 핸드폰

종혁 네에 최종혁입니다.

노여사 F 얘 나야. 일곱시에 아침에 얘기했던 그 장소로 예약해 놨으니까

종혁 (싫어서 오버랩)어머니 저 싫다 그랬잖아요.

S# 성북동 거실

노여사 싫어두 글쎄 나가서 만나. 일단 한번 만나 보라구. 자꾸 봐야 누구를 만나두 만나지 싫다구 안만나 바쁘다구 안 만나 그러다 손은 언제 있겠다는 거야 도대체가.

종혁 F 아직 그럴 때가 아니에요.마음이 움직여야 하는 거지 덮어
놓구 아무나하구 어떻게 해요.

노여사 누가 아무나하구 하래? 아무나가 아니니까 이 집 딸두 만나
보구 저 집 딸두 만나보라는 거지. 아무난 거 같으면 나는 민장관
네 셋째딸 하구 하라 그래. 니가 싫다니까

종혁 F 저 바빠요 어머니.

S# 커피숍

종혁 (연결)지금 중요한 사람 만나구 있어요.(커피 놓이고 있다)

노여사 F 아무리 중요한 일이래두 너 하루라두 빨리 새사람 들여
자식 낳는 거보다 더 중요할 순 없어.

종혁 제가 무슨 종마에요 어머니?

노여사 F 너 지금 뭐라는 거야 에미한테.

종혁 나중에 전화 드릴께요. 죄송해요. 끊겠습니다.(끊어버리고)····(입
꾹 다물고)

지현 ·····(보며)

종혁 ···(한동안 그대로 있다가 문득 보며)아무나하구 그냥 해버릴까?
(웃음기 없이)

지현 (보며)그러지는 말아요. 하구 싶은 사람/ 나타날 거에요.

종혁 ·····(웃음기 없이 보며)

지현 ···(보다가 시선 내리며 찻잔 집어 올리는데)

S# 예식장 로비

[커피숍에서 나오는 두 사람.]

종혁 현경씨 한테 말이나 전해 줘.

지현 그럼요.

종혁   더 있어야지?

지현   엄마 아부지 오셨어요. 같이 어디 가야해요.

종혁   아 그래…나오지 마‥들어가 나오지 마.

지현   (끄덕이고) 그럼…

종혁   (출구 쪽으로 나간다)……

지현   ……(보고 있다가 움직여 출구 쪽으로)……

S# 지현의 시각으로 종혁의 뒷모습…

지현   ……(보며)

S# 강욱의 아파트 거실

　　　M 음악 틀어놓고…

강욱   ……(혼자 돌아다니며 놀고 있는 아이 물끄러미 보면서)………

강욱모   (주방에서 부엌 치우고 있다/설거지는 아니고)……

강욱   (일어나며)저 방에 들어가요‥유진이 일 저질르나 좀 보세요.

강욱모   오냐 그래‥피곤하지? 걱정 말구 한숨 자.유진이 일 안 저릴러‥

강욱   (안방으로)

S# 안방

강욱   (들어와 침대에 눕는)……(한동안 그러고 있다가 일어나면서 전화
　　　집어 든다)…(전화번호 누름)

S# 민경의 진찰실

민경   (책 보고 있는데)

　　　E 전화벨‥

민경   네에.

강욱   F 어 나야‥

민경   응 왔다 소리 들었어.어디야?

강욱　F 집…

민경　병원 안 나가봐?

강욱　F 천천히 나가보지 뭐…쉬구 싶어.

민경　유진이 왔다면서..

강욱　엉..왔어…

민경　나 진료 끝내구 책 보구 있는데 좀 안나올래?

S# 안방

강욱　..병원으루?

민경　F 아니 그쪽으루 갈께…. 저녁 살게.

강욱　….

민경　F 움직이기 싫구나.

강욱　응..좀 고단해..잠을 거의 못 잤거든…

민경　F 그럼 우리 내일 할까?

강욱　(오버랩의 기분)아니 나갈게. 내일은 대구에 수술하러 가야해.
　　　어디서 만날까.

S# 근처 레스토랑

강욱　(들어와서 자리 잡고 앉으면서 담배 꺼내 피워 문다)……

종업원　(물 갖다놓는)

강욱　고마워요.(웃어 보이고 담배 재떨이에 놓고 일어난다)

민경　(들어오면서 웃어 보이고)….(와서 가볍게 안으며)반가워.

강욱　(안아주며)응 그래.

민경　(앉으며)고단한데 끌어내는 거 같아서 미안하다. (작은 쇼핑백
　　　옆에 놓으며)이거 니 와이셔츠랑 타이 몇 개 골랐어.

강욱　? 왜.

민경 쇼핑갔다가 이뻐서 사구 싶었어. 줄 사람이 있어야지. 사이즈 두 이선생 꺼 밖에 모르구. 별 뜻 없어. 부담갖지 마. 유진이 아빠구 전 남편이구 친구면 충분하잖아?

강욱 나는 니 선물 못 챙겼는데 이러면 내가

민경 (오버랩)상관없다니까? (주문 받으러 온 이에게서 메뉴 받으며)주문하자. 잠깐요··

S# 식사 중인 두 사람····

강욱 (종업원과 상관없이)환자 좀 덜 받지 그래. 너무 받는다구 소문 났더라.

민경 오는 환자를 어떻게 덜 받구 더 받아··

강욱 진료 시간을 줄이면 되잖아. 그러다 건강에 무리 생기면 어떡할려구.

민경 또 뭐 남이 실패한 거 재수술해주러 가?

강욱 (끄덕이며)옛날에 다른 데서 한 거. 정섭이가 맡아 놨더라구.

민경 걔는 왜 지가 자신없는 환자 맡아놓구 너 괴롭히는지 모르겠더라. 종종?

강욱 곧잘 하는데 괜히 안심이 안돼서 그러지 뭐.

민경 강의는 그래서···완전히 손털구 온 거야?

강욱 털었어.

민경 비행기 타는 시간두 짧구 가까운 일본인데 계속 해달라면 하지 왜.

강욱 정신없어. 매주 비행기타구 왔다갔다 하기.

민경 하기는 솜씨루 환자 받는 거지 일년 했으면 됐어.

강욱 (끄덕이고)

[잠시 사이..]

민경 (보며)나 유진이 한번 보구 싶은데 보여줄래?

강욱 ?....(본다)

민경 이제 볼 수 있을 거 같아...잘 걷는다면서...

강욱 넘 커서 낯설 거야.

민경 보여줄래?

강욱 보여주는 게 아니라 너/ 보구 싶으면 볼 권리 있어.

민경 (끄덕이고 찻잔 들면서 안 보는 채)몇살부터 기억할 수 있을까..

강욱 ....(보는)

민경 나는 최초의 기억이 우리 나이루 세 살 때 같거든? 엄마가 빨간 에나멜 구두 사다준거 생각나.엄마는 거짓말이래. 나이는 세 살이지만 정확하게 만 두 살도 안됐을 땐데 기억할 리가 없다는 거지..그러니까 아마 지금 유진이 정도였나봐...모르지 기억한다구 하는 내 주장이 틀린 건지두 몰라. 누군가한테서 얘기들은 걸 기억으루 착각할 수두 있으니까...

강욱 글쎄..

민경 어쨌든 그래서 말인데 한번 쯤 볼려면 지금이래야 할 거 같아서 그러는 거야...너가 재혼하면 보자구 안할께..약속해.

강욱 (쓰게 웃으며)언제 재혼하는데.

민경 유진이 위해서는 빠르면 빠를수록 좋다구 생각해.

강욱 유진이 위해서 아무하고나 할 수는 없잖아.

민경 ......(보는)

강욱 독신 체질인가봐. 불편하구 아쉬운 거 없어.

민경 재혼 안하면 나 유진이 계속 만나자구 할 건데?

강욱　뭐 상관없다니까…

민경　……(보다가 케이크 포크로 떼어내며)어떻게 보여줄래. 어머니가 안된다 그러시지 않을까?

강욱　…(생각하다가)반갑다구는 안하실지 모르지만 안된다구까지야 하시겠니…니 얘기 종종 하셔. 독하다구.

민경　(끄덕이며)우리 집에서두 듣는 소리야…

S#　용인 시내 어느 개업 슈퍼마켓 밖/

　　[개업 분위기 물씬‥]

S#　슈퍼 안…

　　[고사는 막 끝났고/]

진이　(돼지머리 썰고 있고)

초희　(돼지머리 고기 작은 일회용 접시에 적당히 담아 늘어놓는 중.)

지현모　(떡 일회용 접시들에 담아내는 중.)

　　[그러면서]

지현모　우리 큰며느리 엇쩌면 떡을 이렇게 간 딱 맞춰 잘쪘는지 신통해 죽겠네.응? (떡 먹는 남편에게)떡 맛있지요 여보.

지현부　어 맛있어 아주 맛있어. 현식에미 실수했어 너머 맛있어.

초희　소가 뒷발질하다 쥐잡았지요 머 호호호호

지현부　으흐흐흐흐 그래그래‥

지현　(떡 접시 랩으로 싸고 있으면서)아버지느은? (왜 말을 그렇게 해요)

지현부　으흐흐흐흐흐흐

현식　(뛰어 들어오며)엄마아.

초희　어떻게/ 찾아 왔네에?

현식　에이 엄마는 찾는다니까아?

지현모　요새 애들이 얼마나 영악한데/떡 먹어 응?에미한테 물수건 달래 손 닦구 먹어.

현식　네..(지현이 내주는 물수건 받으며)고모 드라마 나간다구 제가 우리 반 애들한테 막 선전했어요.

지현　호홋 그랬어?

현식　고모 드라마 시청률 조오을 거에요.

지현　어떡하면 좋아 얘 지금 시청률 소릴 다해요 언니.

초희　즈 아빠랑 내가 하는 소리 들었거든요…이혼까지 하구 내보내는 작품인데 시청률이라두 올려야 낯이 서는데 시청률 없으면 이혼한 보람두 없이

지현모　(오버랩)아 이혼 소리 빼면 말이 안돼? 원 그 소리 빼구두 얼마든지 얘기할 수 있구먼서두

한수　(주변 가게들에 떡 배달하고 들어오는 길/빈 광주리나 그런 것 들고 들어오면서 싱글벙글 오버랩)떡 맛있다구 난리에요 어머니.

지현모　박사장 잠깐 앉아서 쉬어라.한 광주리 채울려면 좀 기다려야 해.떡 맛있다 그러지?

한수　네. 정말 맛있대요.

지현모　그래서 우리 모두 니 형수가 실수했다 그러는 참이야.얘 진이야 박사장 고기랑 떡 좀 챙겨 줘.

진이　네 어머니.

지태　(들어온다)다 끝났죠?

현식　아빠아.(먹으며)

지현부　괜찮아 너 시간 댈 거 기대두 안했어.우리끼리 했어.

지태　한수 축하한다. (봉투 하나 주면서)열심히 일해 성공해서 아버지

어머니 기쁘게 해드려.

한수　네..와주셔서 고마워요 형님.

지현모　아 얼른 봉투 받아라 박사장.

초희　아으 어머닌 꼭 박사장박사장.

지현모　(오버랩)왜 뜯으냐? 우리 집에서두 회장님은 못나왔어두 사장님은 나와 좋아 그런다 왜.

지현부　뜯은 건 내가 뜯네. 회장님이 왜 안나왔어 양록협회 회장은 회장 아냐?

지현부　아이구 참 그러네.

　　　[다 같이 웃음 터져 웃는데.]

S# 강욱의 거실

강욱모　(현관문 열고)바람 오래 쐬구 들어오네?

강욱　(들어서며)네 저기요 엄마…(손에 쇼핑백)

강욱모　?…왜..

강욱　유진에미 왔어요…

강욱모　?…왜…뭣때문에..(감정 부릴 필요는 없고)

강욱　유진이 잠깐 보구 싶대서 데려 왔어요…

강욱모　….(사이 두었다가 투덜거리는)참 빨리두 보구 싶다. 한 십년 쯤 있다 보구 싶다 그러라지 왜.

강욱　아무 말씀 마세요…들어오라구…엄마가 해 주세요..

강욱모　아 들어 오라구 햐아…하면 될 거 아녀..(하며 자기 방으로)

강욱　…(잠깐 보고 현관 밖으로 몸 빼고)들어와…

민경　…..(멈칫멈칫 들어온다)

강욱　괜찮아 올라와….

민경 (올라오고)

강욱 엄마..민경이 왔어요..

강욱모 E 나가 나가..니 손님 왔다 나가 봐 어서..(방 안에서 아이 밖으로 내보내는/)

민경 ....(아이 보며).......

강욱 엄마야..인사해 안녕하세요 인사해 응?......

민경 (두 손 내민다).....

강욱 (건네주고)

민경 (받아 안고 소파로 가 안으며).....(아이 얼굴을 보는 게 아니라 머리 턱 밑으로 넣듯 하고 고개 옆으로 돌리고).......

강욱 ....(보며).....

민경 보지 말구 우리 둘이만 놔둬 줘....

강욱 ....(보다가 안방으로 아웃)

민경 ....(한동안 그대로 있다가 아이 떼어서 보며)..........(울지는 않으나 울음이 가득해서 아이 보는)................

S# 아파트 광장

     [출입구에서 나오는 두 사람....피차 말없이 민경의 자동차 있는 쪽으로.......]

     [자동차 키 열면서]

민경 이선생 혹시 아직 모르니?

강욱 ?....뭘...

민경 박지현하구 연락 없어? (하고 돌아보며)소식 몰라?

강욱 ...뭐가 무슨 소식을 알아야하는 건데....

민경 전화/ 이메일 안해?

강욱   아니…

민경   왜….왜 안하니? 너 이제 자윤데..

강욱   안 했어.

민경   정말?

강욱   정말야.

민경   느이둘 참 묘한 애들이다. 나하구 살 때는 내 심장을 푹푹 쑤시
       더니 왜 연락 안하구 가만 있지?

강욱   뭔데 그래.

민경   그래 너 정말 모르는 모양이다..걔…..두 주일 쯤 전에 이혼 기사
       났었어.

강욱   ?……

민경   이혼은 아마… 몇 달 전에 했나부더라…나중에 터졌나봐…….얘
       기해 주는 사람두 없었어?

강욱   누가…얘기해 줄 사람이 어딨어…

민경   내가 해 줄 걸 그랬지? 당연히 연락되는줄 알았지…오늘 너 보
       니까 모르구 있는 거 같드라구…….(쓰게 웃으며)왜 연락이 없지?
       걔 변했나?

강욱   …(안 보는 채 왜 연락이 없었을까)…

민경   작가일 본격적으루 시작하나 봐. 드라마 곧 나온다 그러면서
       스포츠 신문 마다 작품 소개 나오면서 작가 얘기도 꼭 한 두줄 씩
       은 나오더라…

강욱   …..(보는)…..

민경   소식 끊은 일년동안 딴 사람 생겼나? 연락 끊겼었다는 게 사실
       이라면 말야. 가께…

[민경 차에 타고….이내 부르릉 떠난다.]

강욱　　…….(황당하고 애매하고 기타 등등)…….

S#　어린이 놀이터든지 근처 공원이든지, 아니면 고수부지든지….(해 질 녘)

강욱　(담배 태우고 있는)……..

[시간 경과/경과/경과(어둠/마지막은)]

S#　승강기에서 내려 빠르게 현경의 작업실로 움직이는 지현. 씩씩한 걸음

S#　작업실

지현　(들어오면서)아아 무지 바빴다. (소지품 아무렇게나 처리하며)도
　　대체 몇껀 친 거니 오늘.방송국에 예식장에 한수 개업에 (냉장고로
　　움직이며)아직두 한 껀 더 남았어.(물병 꺼내며)

유자　(컴퓨터 앞에 앉아서 뿌우한 채)…..

지현　(물 잔 비우고 나서)뉴질랜드는 어떤 델까.

유자　무지 좋은 데라드라.

지현　우리 다같이 쉴 때 거기 한번 갔다 오자.

유자　……

지현　왜 그래?

유자　속상해 미치겠어.

지현　왜애.

유자　도대체 즈들이 뭘 안다구 남의 원고를 지 맘대루 누더기를 만드
　　냐 말야.

지현　어머 또 그랬어?

유자　(대본 두 개 지현 책상으로 던지면서)너 이것 좀 봐. 결정적인 씬
　　들 들어내구 지가 써넌 게 가관이야. 아니 내가 지금 무슨 억지 코
　　메디 쓰니?

430

지현 ....(보며 속상하겠다 얼굴)

유자 확 엎어버릴 수두 없구 그냥 갈수두 없구 진짜 돌아버리겠어.(일어나 지현이 마시고 내려논 물병 쪽으로)

지현 ...(보며)

유자 (물병째 들어 벌컥벌컥 마시고 쿵 내려놓는다)

지현 너 엎어. 엎어버리라니까 왜 안 엎구 그 속을 썩이는지 정말 모르겠더라.

유자 누군 뭐 엎을 줄 몰라서 안 엎니?

지현 근데 왜 참아. 왜 참으면서 그런 모욕을 당하냐구. 작가는 너야. 작품은 작가가 쓰는 거구 감독은 연출만 하면 되는 거야. 수정했으면/ 그런 데 있으면 작가하구 협의해서 /작가 동의하에 작가 손에 의해서 수정이 돼야지/ 즈들이 뭔데 남의 작품에 지맘대루 개칠을 하냔 말야. 자기 작품 사전협의 없이 감독이 지맘대루 뜯어고치는 거 그대루 당하구만 있는 작가들/제대루 얘기하자면 작가 아니야.

유자 그렇게 당하는 작가가 한둘아닌줄 알면서 너 너무 모질게 그러지 마. 방송은 나가구 있는데 어떻게 엎냐구 펑크나잖아.

지현 너 또 펑크걱정이니? 왜 펑크가 나. 그렇게 잘쓰면 감독이 써서 하라 그럼 돼. 너 그거 저작권 침해야. 왜 못 싸워?

유자 그럴 정도로 자기 작품에 자신 있는 작가가 몇이나 있는데. 너는 그렇게 한 글자두 고치면 안된다 주장할 만큼 니 작품에 자신 있어?

지현 얘 나는/ 감독 생각이 나보다 나면 기뻐하구 감사하면서 협의해서 수정해 줘. 그건 바보같은 감독이 바보같은 지 생각대루/ 멋대루 내 작품 건드리는 거 용인하는 거 하군 달라.

유자   ……(수긍하는/대답은 안 하지만)

지현   커피 뽑자.(움직이며)

유자   (변명처럼)그렇지만 감독이 주물러서 히트하는 거두 있잖어.

지현   (커피 준비하면서)그럼 그 작가는 작가 폐업하구 그 감독은 작
      가루 전업하면 돼. 어쨌든 내 이름 내 놓구 방송되는 드라만데 지가
      쓴 거 반 이상이 날라간 채 그게 내 작품이야?

유자   히트만 하면 되잖아 히트만.

지현   ?……(동작 멈추고 보다가)그럼 너는 히트만하면 뭐가 됐든 상관없
      다는 거니? 일본 꺼 갖다 베끼기해두 괜찮구 괜찮아? 너 작가 맞아?

유자   표절 얘기는 아니잖아 지금

지현   소위 잘 나간다는 감독 너/목표는 오직 하나 히트/일본 꺼 비
      디오루 떠다가 틀면서 표절 신나게 하잖아. 아니면 일본 만화 표절.
      그래서 히트하면 방송사에서 감독한테 상금 주면서 포상하잖니.

유자   그래애 우리 그런 세상에 살구 있어. 너 혼자 펄펄 뛰어봤자 달
      걀루 바위치기야. 대충 해둬.

지현   ……(보다가 그만두고 커피 앉히며)나는 너 이런 때 정말 마음에 안
      들어.

유자   (작업대로 움직이며)싸우구 엎어봤자 나만 손해구 성질 나쁘다
      구 찍히기만 했지 얻는 거 뭐 있는데.

지현   너는 지키잖어…

유자   (돌아보는)

지현   적어두 너 자신한테 부끄럽지는 않잖아.

유자   애..커피나 뽑아……불난데 부채질하지 말구….

지현   …(보다가 그만두고 물 붓고 제 노트북으로/전원 넣고 앉아서 문서

432

불러내면)

　　　[화면에 뜨는 시놉시스.]

　　　[제목-완전한 사랑.]

유자　너 시납 다 만들었잖아.

지현　프린팅할려구.(프린트 준비하는데)……

유자　(갑자기)어우 증말 이 자식을 어떻게 죽여버리지?교통사고나 확 나버려라.

지현　(보았다가 제 일 계속하면서)그러니까 원고에 손댄다구 소문난 감독하구는 일하는 거 아니라구 했잖아.

유자　설마 내 원고를 갖구 그럴 줄 누가 알았니.(터지듯)

지현　그짓하는 감독들 배냇병이야. 못 고친다니까?

S#　어느 카페

　　　[마주 앉아 있는 지현과 다른 젊은 감독(40대 전)…]

감독　(지현의 시놉시스 읽고 있다)

지현　……(지켜보고 앉아서)……(보다가 차 한 모금 마시고 내리는데)

감독　(시놉시스 덮으면서)좋은데요?

지현　그래요?

감독　좋아요 그런데…

지현　?…그런데요?

감독　기가 막힌 소재가 하나 있는데요 박지현씨.

지현　?….

감독　일본 유학가 있는 내 동생이 테입 만들어 보낸 게 있는데 그거 한 번 보고 우리 다시 얘기하지요.

지현　?…..

감독 그건 13부 짜린데

지현 (오버랩)그걸 내가 왜 봐요?

감독 ?…아니 한번 봐요. 물론 말을 모르니까 전달은 다 안되지만 대충 스토리하구 전개는 우리말루 요약해서 정리해 논 게 있으니까

지현 (오버랩/웃으면서)싫은데요.

감독 …(보는)

지현 그거 주세요··(손 내밀면서)

감독 …(애매하게 보는)

지현 (손 뻗어 감독이 들고 있는 시놉시스 빼내면서)나 그런 작업은 안할래요. 으으음…우리 없었던 일루 하죠.

감독 아니 박지현씨.

지현 (오버랩)사실은 좀 급한 느낌이었어요. 아직은 먼저 작품두 머리에서 다 비워지지 않았구 휴식이 필요해요. 여행두 하구 싶구 볼 책두 너무너무 많아요…

감독 아니 내가 그걸 베끼자는 게 아니라

지현 (오버랩)그런데 그걸 뭐하러 봐요··볼 이유가 없잖아요…(딱딱할 필요는 없음)

S# 운전하고 있는 지현…

    F 전화벨 가는 소리(핸즈프리)

유자 F 네에…(기운 없이)

지현 너 자?

유자 F 엉··부아나서 잠이나 잘려구 지금 막 수면제 먹었어.

지현 그거 왜 먹어 차라리 소주를 한두 잔 마시지.

유자 F 왜 전화했는데··

지현 엉 아까 좀 심했지 싶어서..

유자 F 말인즉슨 맞는 말인데 뭐…나두 비겁하구 다같이 비겁한 거
　　　야.니 말이 맞어..그런데 그렇게 일하는 작가들두 다 속은 무지 상
　　　하구…자신이 한심하구 그래애. 내가 당해 보니까 알겠어.

지현 그래 그러니까 너 앞으로는 원고에 손대는 감독하구는 절대
　　　일 안하는 걸루 결심해. 그 방법 밖에는 없어.

유자 F 알았어 그 결심은 이미 해 뒀어.나 잔다..끊어.

지현 응 잘자.

　　　E 전화 끊기는……

S# 지현의 오피스텔

지현 (들어와 불 켜고 소지품 처리하면서 이어지듯 옷 활활 벗어 침대에
　　　던지고 /동작이 느리지 않도록/생동감 있게/욕실로)

S# 욕실

지현 (샤워 맞고 있는)……….

S# 오피스텔

지현 (큰 타월 몸에 감고 머리 수건으로 감고 선 채 냉동 칸에서 피자 꺼내
　　　전자레인지에 넣고 스위치 넣고 옷 갈아입으면서 침대 쪽으로 가며 뒷모
　　　습에서 타월 벗어버리는)……

S# 강욱의 서재··

강욱 ……(테이블 의자에 앉은 채)……….(한참 동안 그러고 있다가 일어나
　　　나간다)

S# 거실

강욱 (나와서 전축에 음악 넣고 소파에 가 앉아서)……….(우두커니)……….
　　　E 방문 여닫히는 소리….

강욱 (돌아본다)···안 주무셨어요?···

강욱모 언제 들어온겨··깜박 잤나벼···

강욱 아까요··한참 됐어요···앉으세요··

강욱모 몇시나 된겨··

강욱 거의 열두시 가까울 걸요?(시계 쪽 돌아보며) 이십분 전이네요··

강욱모 ······(아들 보면서)····

강욱 엄마는 주무시다 깨면 다시 자기 어렵지 않아요?

강욱모 (오버랩의 기분)무신 얘기를 그렇게 길게 한겨···배웅하러 나
간 줄 알았더니 여엉 안들어오더라··

강욱 예에···

강욱모 ···뭐냐···유진이 보러 온 거 보니까···저두 잘한 일은 아니다
···그런 생각이 드는겨?

강욱 ?···그거 아니에요··

강욱모 그럼 갑자기 왜 애는 보러 와····떼어놓구 ··다른 에미같으면
환장해서 머리 풀어헤치구 미쳐 나갈 때두 독하게 굴던 애가··

강욱 그런 때 지났으니까 온 거 에요···

강욱모 ······(물끄러미 보다가 시선 내리면서)아부지하구 통화 했
어···통화했는데 아부지 생각두 그렇구 내 생각두 그려····개가··조
굼이라두 마음이 풀린 기미가 있으면··이거저거 다 접구 도루 합치
는 게 유진이 위해서 좋지 싶은데 니 생각은 어떤겨.

강욱 그거 안돼요 엄마.

강욱모 왜 안돼

강욱 유진 엄마 그럴 생각 없구··· 저두 없어요.

강욱모 ·····(보며)

436

강욱 (보며 괜히 쓰게 웃고 시선 내리면서)그냥 유진이 보러 잠깐 들렀던 거니까 딴 생각하지 마세요.

강욱모 너는 유진이를 계모 밑에서 크게 하구 싶냐?

강욱 ....

강욱모 물론 전실 자식 지 자식 모양 끼구 키우는 여자덜두 있기는 있는 거 알어.그렇지만 남의 자식 내 자식처럼 키우기 /쉬운 일 아녀…그런 훌륭한 여자덜 흔치 않어·· 꼭 훌륭한 여자 만난다는 보장/ 있는겨?…읎잖어…

강욱 없죠··

강욱모 그러니께 나나 늬 아부지 말은

강욱 (오버랩의 기분)그런 일은 안 생겨요 엄마…둘 다 지금이 얼마나 편하구 좋은데요.

강욱모 미운 정두 정인데…어이구우우우우 (한숨) 모르겄다아…그렇게 죽구 못살어 혼인을 하구서는 어째 그렇게 씻은 듯이 깨끗하게 그럴 수가 있는지이이

강욱 들어가 주무세요…내일 일찍 출발해야 해요··저 대구까지 열두 시 안에 대야 해요…

강욱모 (끄으응 일어나며)니 형이 톨게이트에 나와서 우리 실어간다구 했어.

강욱 (같이 일어나서)? 그래요?

강욱모 시간 없는 사람 복잡한 시내까지 뭐하러 들어왔다 도루 나가. (자기 방으로 가며)아부지가 형한테 시켰나벼.

강욱 잘됐네요 엄마…

강욱모 비행기 타구 가지 (돌아보며)뭐하러 대구꺼지 운전하냐구

뭐라시더라.

강욱　공항 나가 비행기 타는 거 번거로와요··자동차두 좀 달려 줘야 하구요···

강욱모　(들어간다)

강욱　안녕히 주무세요.

강욱모　E 그려 너두 어이 자. 천주학하구 있지 말구···

강욱　······(도로 소파에 앉으면서 담뱃갑 집어 드는데)

S#　**민경의 거실**··

서여사　(마감 뉴스 보고 있다. 증권)

이모　(같이 보고 있다가 터지는 하품)·····아직두 본전 안됐수?

서여사　······

이모　쯔쯔쯔쯔쯔····아 글쎄 잊어버리라니까아···애들한테 유산으루 준다아 완전히 잊어버리구 속이나 편하게 살라구.

민지　(주방에서 떡볶이 들고 나오면서)이모 떡볶이 생각없어요?

이모　느이 이모두 이제 늙어서 이 시간에 뭐 먹으면 부대껴 잠 못자. 많이 자셔.

민지　(소파에 앉으며)특별히 맛있게 됐는데.엄마두 싫어?

서여사　····

이모　엄마가 언제 떡볶이 먹대?

민경　(이 층에서 내려오며)출출한데 뭐 먹을 거 없어?

민지　떡볶이.

민경　(민지 옆으로 앉으며)그래 좀 먹자.(민지가 포크에 찍어주는 떡/포크째 받아서 먹으며)너 그걸 다 먹겠다는 거야?

민지　엉 하다보니까 좀 많아졌어. 언니가 거들어 줘.

438

민경 거드는데까지는 거들지만 너무 많다…

서여사 꺼라.(한숨처럼)

이모 (얼른 티브이 끄고 엄마 부축하려)

서여사 누가 들어간대?

이모 안 들어갈 거유?

서여사 처치 못해 죽어죽어…

이모 아 증권 마감 뉴스 끝나면 들어가잖우우….싫으면 말구.(도로 앉는데)

서여사 (일어난다)

이모 아이구 참…(하고 엄마 부축하는)….

    [두 여자 안방으로 들어가고…]

민경 (먹으며)홍식이 보구 암말 안하셨다면서.

민지 엉…별 말 안하더라구.

민경 엄마 진짜 변했다..

민지 변했어…

민경 홍식이는 잘하구 갔어?

민지 걘 어른들 앞에 태도 좋아…교수님이랑 선배들이 얼마나 이뻐 하는데..

민경 비전은 있는 거니?

민지 난 그런 건 계산 안해…밥 못 먹구 사는 사람 어딨어..

민경 뭐 한다는데.

민지 취직하지 뭐해. 샐러리맨…

민경 …형제 많구 넉넉하지 않다면서.

민지 응..

민경   살기 버겁겠다.

민지   홍식이 버는 건 자기 집 주구 우리는 내가 벌어서 살면 돼.

민경   너 뭐 할 건데.

민지   취직하지 뭐. 아무 데나. 언니 병원에 접수루 안 시켜줄래?

민경   참 편해서 좋다

이모   (나오며 오버랩)너 잠 못잘 거 같아 이러구 있는 거지.

민경   ?…아니에요.

이모   아니기는 떼어 놓구 온 지 새끼 일년 만에 보구 와 잠 푹푹 자면 그게 인간이니? 어디 보자 나두 두 개 만 먹자.(접시로 손 뻗는)

민지   유진이 봤어?

민경   …(휴지 뽑아 입 닦는)

민지   많이 컸지.

민경   (일어나며)컸드라.

이모   이서방인지 저서방인지는 그 기집애 이혼한 거 모르구 있더란다. 니 언니가 가르쳐 줬대요. 어이구 잘나기두 했어 진짜…둘이 붙는 꼴이 그렇게두 보구 싶니?

민경   (올라가며)주무세요.

이모   붙기만 해 봐 그냥 내가 펄펄 끓는 물에 고춧가루 풀어서 확 끼 얹어버릴테니까.

민경   (올라가다 돌아보며)이모가 무슨 권리루.

이모   이모 권리다 왜.

민경   이제 권리 없어요. 말두 안되는 엄포 놓지 마세요.(하고 올라가는)

이모   ….(민경 올라가는 것 보다가 얼른 민지 가까이 앉으며)얘 그런데 그 기집애 이강욱한테 맞 간 거 같아. 그 동안 전혀 연락이 없었댄

다? 이혼하구 몇 달인데 말야..(에서)

S# 지현의 오피스텔··

지현　·····(침대에 옆으로 누워 책 보는)········(하품 터지고 책 덮고 편안히 누워서 천장 보며)······(스탠드 끄고 어둠 속에서 눕는데)

　　E 전화벨

지현　(도로 스탠드 켜며 받는다)네에···오빠 무슨 일이에요?(혹시나 해서 일어나 앉는)

S# 지현네 마루

지태　(시내 나갔다가 방금 다시 들어온 차림 선 채로)아직 안잤어?···나 먼저 말 있었던 회사루 자리 옮긴다···그래 오늘 결정났어····내내 관리이사루·····그래 너한테 먼저 얘기하구 싶었어. 내일 나가서 얘기하구 옮길 거야·· 이제 너두 찜찜할 거 없어. 다 편하게 살아두 돼····그래 끊어.(끊고 방문 열고 내다보고 있는 아버지 보며)저 때문에 깨셨어요?

지현부　(앉은 채 내다보며)결정났어?

지태　네 다음 주부터 출근하기루 했어요. 최서방네 회사에 며칠 여유는 줘야하니까요.

지현부　잘됐다.잘했어.개운하다.

지태　예 주무세요··

지현부　그래··어이 씻구 자.늦었어.

지태　네.(움직이며)

S# 침실

지태　(들어와 상의 벗으며 보면)

초희　(물론 네 활개로 퍼져 자고 있고)····

지태 (옷 계속 벗으며 흘낏흘낏 둬 번 보다가 달려들어 하체 돌려놓고 엉
덩짝 냅다 갈긴다)

초희 (그러거나 말거나 아예 엎어지면서)어서 씻구 자요오오오오오
오…. (잠으로 빠져드는)

지태 (기막힐 따름)…..(그냥 와이셔츠 벗어 던지고 나가려다가 문득 돌
아보면서 냅다 침대로 뛰어올라 아내 안아 붙인다)

초희 아으으으으 (밀어내는 건 아니고 엎어졌던 것 뒤집으며)피곤해
죽겠어어어어어(하며 마주 안는다)

S# 지현의 방

지현 …..(앉아서)…….(문득 일어나 노트북으로/테이블 전등 켜고 전원
넣는)

[이메일 체크/선택된 메시지가 없습니다.]

지현 …..(보며)

S# 강욱의 컴퓨터 화면/선택된 메시지가 없습니다.

강욱 ……(화면 보며)……(컴퓨터 끈다)

S# 지현의 침대

지현 (스탠드 끄고 눕는)…

S# 강욱의 침대

강욱 (침대에서 스탠드 끄는)….

E 전화벨

강욱 (받는다)네에.

민경 F 아직 안잤지.

강욱 엉..이제 잘려구….

민경 F 연락 됐어?….박지현 말야..

강욱   아니.

S#   민경의 방

민경   (책상 의자에서)너 연락 안해 봤어?

강욱   F 아니..

민경   왜.....이상하다 왜애? 궁금하지 않아? 너때매 이혼 당한 걸텐데 미안하지 않아?

강욱   F 자신없어서…나하구 연결되는 거 원하지 않는 거 아닌가 하는 생각이 들어서..

민경   그 확신두 없으면서 내 속을 그렇게 뒤집어 놨던 거니?……너 죽는 날까지 갖구갈 불덩어리 아니었니?

강욱   F 그만 끊어… 잘자.(끊기는)

민경   ….(수화기 놓으면서)

S#   강욱의 침실

강욱   (어둠 속에서 담배 태우면서)…….

                                                    F.O

S#   성북동 마당(이른 아침)

S#   성북동 거실

종혁   (상당히 오르는/수저 놓으면서)죄송합니다 아버님.네.(작정하고) 어머니가 도와주시지 않았으면 그렇게 끝 안났어요. 이 말이 기어이 듣구 싶으세요? 맞아요 저/ 하기 싫은 이혼/했습니다. 아직두 그 여자 생각 많이 해요.그러니까 무리해서 다른 여자 강요하지 마세요. 할 때 되면 할테니까 제발 저한테 맡겨 주세요..

노여사   맡겨됐다가 부지하세월 될까봐 그래.

종혁   그래두 할 수 없습니다. 제 팔짜가 그럼 별수 없어요. 먼저 일어서겠습니다.

최회장　…..

종혁　(나가고)

노여사　아니 당신은 왜

최회장　(오버랩)애 좀 볶지 좀 마.뭘 그렇게 서둘러. 세월이 좀 먹어?

노여사　작은 집들두 난리에요.하루 빨리 새사람 들여서

최회장　(오버랩의 기분)상관하지 마. 지가 마음이 내켜야 하는 거지 억지 춘향으루 붙잡어 매 줬다가 무슨 꼴을 더 볼려구 그래‥자식 이혼 한번 봤으면 됐어.

노여사　…(불만이지만 그만두고)

S#　종혁의 방

종혁　(출근 옷 입으면서/답답하고 우울해서 죽겠다/넥타이 장에서 뽑아 내는 손이 거칠고)….

S#　지현의 오피스텔

지현　(토스트 먹으면서 편한 자세로 기대어 책 보면서)…..

S#　톨게이트에서 티켓 차례 기다리는 강욱

강욱　(뒷좌석 한 번 돌아보고)유진이 뭐해‥(움직여 티켓 받으며)수고 하세요.(하고 출발한다)….

S#　종혁의 회사 소회의실

종혁　(중역들만 앉혀놓고)그래서 우리가 타겟 삼는 기업이 그렇게 큰 기업들이 아니잖아/.그러니까 우리가 이걸 충분히 사들여도 된다 는 자신감만 있으면 전혀 문제가 없는 거에요. 보통 작전 한다는 사 람들/총 공급 백에 사들일수 있는 능력은 오십 밖에 안되면서 어떻 게 해볼려구 하니까 하다 힘이 딸려서 올라갈게 뻔한데두 별수없

이 팔게 되니까 그냥 와해돼 버리는 거라구. 또 하나 중요한 문제는 처음부터 가치있는 기업을 선택해야 하는 거/가치 있는 기업 선택해서 /만약 주가 올리기에 실패하더라두 계속 다 사버려서 엠엔에 이 때 청산시켜 버리거나 아니면 다른 데 팔아버리면 그때 실제 밸류가 나오는 거니까 /우선은 실패같지만 결과적으로는 성공이라구. 그러니까

S# 소래 어시장 풍경을 카메라에 계속 담고 있는 지현/(진 바지 차림)

S# 다른 재래시장 어슬렁거리면서 간간이 카메라에 담는 지현⋯

S# 시장 노점에 쭈그리고 앉아 국수 먹고 있는 지현/아주머니와 얘기 나누면서⋯

S# 서점

지현 (책 고르고 있다)⋯⋯

S# 영화 보고 있는 지현⋯⋯

S# 방송국 부조

정감독 (화면은 녹화 중단. 머리칼 벅벅벅 긁으면서)어어이 열받아 미치겠네⋯아 재 왜 저렇게 안되는 거야 대체. 라면 집 개두 삼년이면 라면 집 개업한다는데 재 탈랜트 된지 몇 년에 아니 저렇게 연기가 안되나?

기술스태프1 원래 뭐 연기할 줄 아는 배운가?

기술스태프2 그래두 인기만 최고잖아아아.

정감독 이건 비슷이나 해야 넘어가지 어디가 헤매는 거야 도대체 저 가시나. 어어어이(토크 백 열고)이 십분 쉬었다 갑니다⋯야 김애라!

김애라 F (스튜디오에서)네 감독님.(날아갈 듯)

정감독 너 어제 대본 안 보구 뭐했어. 밤새 춤추구 놀다 나온 거 아냐?

김애라 F 아니에요 감독님.너무 억을해요.

정감독 감정 좀 잡어라 감정 좀. 엉? 나 돌게 만들지 말구 좀 잘해 달라구우.(토크 백 끊고)어어어어이..(하고 의자 빠지며)재 저거 계속 저러면 곤란한데?

기술스태프1 너무 욕심부리지 마…비슷하면 넘어가자구.

정감독 (돌아보며)비슷두 안하잖아 비슷두.(하는데)

지현 (뭔가 박카스 같은 음료 박스 들고 문 열고 들여다본다)…

정감독 어 박작가 왔어요? 들어와요..들어와 인사합시다..이 작품 쓴 작가 박지현 씨.

지현 안녕하세요 안녕하세요. 잘 부탁드립니다.

정감독 대본 까다롭다구 플로어에서두 그러구 여기서두 그러구 아주 난리요.

지현 어머 어떡해. 죄송합니다. 잘 좀 봐 주세요..

S# 복도 자판기 앞

정감독 (깡통 두 개 뽑으면서)아직두 멀었어요. 어제두 날 밤 샜는데 오늘두 새게 생겼어요.

지현 ….(어떡하죠 하는 얼굴로 보는)

정감독 (깡통 하나 내밀면서 웃는)첫녹화 뭐 으레 그런거지만. 아니 그런데 박작가 다음 미니 안한다 그랬다면서요?

지현 어머나 어떻게 벌써 아세요?

정감독 그 녀석 전화했든데?

지현 웃긴다구요?

정감독 까불더라구.

446

지현 ?까불어요? 아니 까분다 그래요?

정감독 하하 아니 그렇게 얘기한 건 아니지만 한 마디루 정리하면 그런 거지 뭐 하하

지현 기막혀.

정감독 일하기 힘들어요. 적당히 타협해가면서

지현 (오버랩)그런 타협 나 못해요··남의 나라 드라마 카피하구 싶어 하는 감독하구 어떻게 일을 해요.

정감독 큰일야. 정말 큰 일입니다··(훌쩍 마시고 시계 보면서)이런 젠장··금방 저녁 시간이네 이거···날샜다 샜어.

S# 작업실

지현 (들어온다/키로 열고)

송기자 (현경 컴퓨터로 작업하다 돌아보며)어서 와요···주인은 없구 객이 방 지킵니다.

지현 어디 갔어요?

송기자 약속 있다구 한 삼십분 전에 나갔어요··

지현 (소지품 놓으며)뭐 해요?

송기자 간단한 기사··수다 떨 사람두 없구 한건 해 치우자구요. 두줄만 치면 돼요. 커피 그거 맛없더라 버리구 새루 좀 뽑아 줄래요? 유자씨는 커피두 맛 없드라.

지현 (웃으며 포트 쪽으로)

송기자 ··········

지현 (커피 버리고 헹구는데)

송기자 앗 참 현경이 전화왔었어요.

지현 ?그래요? 잘 도착했대요? 좋대요?

송기자 우리 아주 죽는 줄 알았어요. 도착하자마자 배철수씨 잠깐 조는 동안 단발 머리 만들어놨대요. 현경이 전화하는데 배철수씨 아악 아아아아아악 소리 다 들리는 거 있죠.

지현 어머나 쟤 좀 봐. 깔깔깔 너무 했다아. 아무리 그렇지만 어떻게 잠자는 동안에 그래애애애.

송기자 팬티 바람으로 쥐약 먹은 사람처럼 펄펄 뛴다구 중계 방송까지 했어요 깔깔‥화장실 들어갔다…나왔다….지금 발코니루 나갔어…뒤에서는 계속 아아아아아악 아아아아아아악.

지현 (별수 없이 깔깔깔깔 웃어버린다)‥‥‥

유자 (들어오며)뭐야 배철수 머리 사건 말구 또 뭔데.

송기자 깔깔 아냐 바루 그 사건이야.

유자 (소지품 처리하며)현경이 죽여 암튼‥기어이 일 저질렀더라구.

지현 글쎄 말야. 철수 씨 골 내면 어떡할려구.

유자 배철수 골내봤자야. 박지현 나 좀 잠깐 보자. 송기자 미안해.

송기자 어 상관없어.

유자 나와 (문으로)

지현 ?…

유자 나와 빨리.

S# 복도

지현 (나오고)

유자 (지현 손 잡고 구석으로)‥

지현 ?…왜 그러는 건데.

유자 나 한선희 선배 만나구 들어오는 길야…허민경씨 이혼한지가 만 일년이란다.

448

지현 ?..........(멍한)

유자 너 몰랐지…

지현 ....아니..

유자 연락 없었어?

지현 ..아니..

유자 이혼 원인 너래…결혼해서 줄곧 니 문제 때문에 편치 않았다 그드래. 그 남자 멍하게 구는 꼴 허민경씨 도저히 더는 못참겠다 그러구/그렇게 사는 동안 정떨어졌겠지 뭐.이혼 요구는 허민경씨가 했대.…

지현 …..(안 보는 채)

유자 그런데 이상하다…너 때문에 이혼 당할 정도였으면 이혼 뒤에 너한테 연락할 법 한데 왜 안하구 있는 걸까.…

지현 …(보는)….

유자 죽어두 못잊을 사랑이라 그러더래 허민경씨가.

지현 아마 나는 …잘 살구 있을 줄 알구

유자 그것두 말 안돼 얘…니 이혼기사 났잖어.

지현 못 봤을 수두 있지 뭐…

유자 …..그랬나?…

S# 대구 어느 성형외과 수술실

강욱 (수술하고 있다)……(옆에 동창 의사 같이)…….

S# 작업실 주차장

지현 (바닥 보면서 부지런히/마치 어딘가 급히 가야 할 곳이 있는 것처럼 빠른 걸음으로 나와 자동차 문 열고 던져지듯 자동차로)

S# 차 안

지현   ……(타고 멍하니 앞 보며/…차 문은 닫지도 않고)………

　　　[아주 한참 동안 그대로 있다가 시동 걸고 차 문 닫고 출발]

S# 시내를 달리는 차 안의 지현…

S# 지현의 오피스텔 안

지현   (들어오면서 빠른 걸음으로 핸드백은 어깨에 맨 채 침대로 가 퍽 걸터

　　　앉는)…………(한참 동안 그대로 있다가 전화 집어 들고 찍는다/핸드폰

　　　아니고/찍는 번호는 핸드폰 자릿수)……

　　　F 신호 가는 소리……

간호사   F 예에 이강욱 선생님 핸드폰인데예.(대구 사투리를 챙겨서

　　　정확하게)

지현   ?…여기 서울인데요 선생님과 통화할 수 없나요?

간호사   F 선생님 지금 막 수술 끝나고 씻으시는 중인데 잠깐만 기다

　　　려 보이소.

지현   ……(기다리다가 일어나는)………(조금 움직이면서 아주 한참 동안

　　　기다리는)…(이윽고)

강욱   F 네에.

지현   ……(가슴이 내려앉는)

강욱   F 여보세요?

지현   지현이에요.

S# 대구 어느 성형외과 진찰실

강욱   (상의 입다가)?(멈추며)……지현씨.

지현   F (오버랩)우리가…우리가 혹시…

강욱   ?……(다음 말 기다리는)

지현   F 만나면 안되는 이유가 있나요?

450

강욱 아뇨‥아뇨 그런 거 없어요‥없어요.

S# 지현의 오피스텔

지현 어디 계세요.어디루 나가면 되는 거에요.

강욱 F 여기 지금 대구에요‥넉넉잡구 네시간만 기다려요. 지금 출발할테니까 네시간 뒤

지현 (오버랩/터지듯)아니에요 그렇게 오래 기다릴 수 없어요.

S# 진찰실

지현 F 그렇게 오래 안 기다릴래요. 멍청하게 기다리구 있을 수 없어. 빨리 출발하세요 나 지금 출발해요.

   E 끊기는 전화

강욱 ‥(잠깐 멍했다가 후탁탁 뛰어나간다)

S# 병원 앞

친구 (뒤쫓아 나오면서)야야 너 저녁이라두 먹구

강욱 (오버랩/운전대에 타면서)아냐.시간 없어.나가.가야해.나중에 보자(문 냅다 닫으면서 벌써 출발)

S# 오피스텔 주차장에서 빠져나오고 있는 지현

S# 서울톨게이트

지현 (티켓 받고 출발하며/전화 열어놓고)지금 톨게이트 빠져요.

강욱 F 나는 아직 못 빠졌어요. 러시아워라 시내가 막혀요.

S# 하행선을 달리는 지현의 자동차

지현 E 엄마한테 약속했었어요⋯(감정 처지지 말고/쭉 그간의 이야기를 하는 중)다시는 연락 안하구 안 만난다구요. 잘 사는 사람들한테 나쁜 짓 안한다구요.

S# 상행선을 달리는 강욱의 자동차

강욱　E 나 혼자가 되니까 더 이상 연락할 수 없었어요. 그냥 아무 말 없는 거/잘 돼 가구 있나보다 생각했어요.

S# 지현의 자동차 안

지현　(전화 열어놓은 상태)나는 그쪽 상황 알 수 없지만 내 상황은 알 았을텐데 /…신문기사 나구는 매일 이메일 체크했었어요.

S# 강욱의 자동차 안/(핸즈프리)

강욱　일년 동안 일본 대학에 가 있었어요. 바로 어제 귀국해서 소식 알았어요…(역시 눈물이 돌아나면서)다시 일하게 돼 반가와요…일 한다는 소식/혼자됐다는 소식만큼 반갑구 좋았어요.

S# 지현의 자동차 안

지현　(줄줄 흐르는 눈물 웃는 듯 울면서)나를…사랑하나요?(다분히 외 치는 듯한)…사랑하나요?

강욱　F 과속하지 말아요…속도계 봐요…속도 떨어트려요.

지현　나를 사랑하나요?

S# 강욱의 차 안

강욱　다시는 안 놓칠 거요.…같이 죽는 한이 있어두 절대 다시는 안 놓 쳐요.

S# 달리는 강욱의 자동차

강욱　E 절대로.…다시는.…

S# 달리는 지현의 자동차··

지현　E (절규처럼)나를 사랑하나요?……

S# 마지막 엔딩 커트

〈끝〉

452

부록

TV 드라마

〈무지개〉
1972년, MBC, 주간 드라마.

〈상록수〉
1972년, TBC, 주간 연속극(문예물 각색).

〈새엄마〉
1972~1973년, MBC, 일일 연속극.
재혼한 여성이 대가족을 자신의 의지로 슬기롭게 끌고 나가는 이야기.
가족 중심 일일 연속극의 새 지평을 열다.

〈심판〉
1972년, KBS무대, 단막극.

〈강남가족〉
1974년, MBC, 일일 연속극.
고지식하면서도 정직하고 단란하게 살아가는 공무원 가정의 서민적 일
상생활 이야기.

〈수선화〉
1974년, MBC, 일일 연속극.
여성을 중심으로 지혜롭게 살아가는 가정살이 이야기, 세칭 '김수현표

드라마'로 평가받기 시작.

〈하얀 밤〉
1975년, KBS무대, 신년 특집극.

〈안녕〉
1975년, MBC, 일일 연속극.
가정과 부부 윤리의 변화를 그림.

〈신부일기〉
1975~1976년, MBC, 일일 연속극.
시골서 갓 시집온 영리하고 해맑은 새 며느리 중심의 부드럽고 화목한
가정 개혁.

〈아버지〉
1975년, TBC, 토요무대(단막극).

〈탄생〉
1976년, MBC, 신년 특집극.

〈여고 동창생〉
1976~1977년, MBC, 일일 연속극.
여고 시절 단짝이었던 다섯 명의 동창생들이 사회와 부딪치며 살아가는
이야기.

〈말희〉
1977년, KBS무대, 작가 스스로가 드라마 선집에 추천한 대표 단막극.

〈보통 여자〉
1977년, TBC, 단막극.

〈당신〉

1977~1978년, MBC, 일일 연속극.
새 며느리가 겪는 주변의 질투와 멸시 등의 어려움을 극복하고 부부애를
되찾는 홈드라마.

〈후회합니다〉

1977~1978년, MBC, 주말 연속극.
가족의 오해와 갈등 속에 인생을 살아가는 중년 여인 이야기.

〈청춘의 덫〉

1978년, MBC, 주말 연속극.
배신한 남자를 응징하는 애정 복수극. 1999년 SBS에서 리메이크되어
"당신 부숴버릴 거야"라는 유행어를 낳았다.

〈불행한 여자의 행복〉

1978년, TBC, 단막극.

〈행복을 팝니다〉

1978~1979년, MBC, 일일 연속극.
한 집안에 모여 사는 일곱 세대의 애환.

〈엄마, 아빠 좋아〉

1979년, MBC, 주말 드라마.

〈고독한 관계〉

1980년, TBC, 주말 드라마.

〈입춘대길〉

1980년, KBS, 신년 특집극.

〈잃어버린 겨울〉
1980년, TBC, 주말 드라마.

〈아롱이다롱이〉
1980년, TBC, 주간 드라마.

〈옛날 나 어릴 적에〉
1981년, KBS, 신년 특집극.
1993년 KBS 설날 특집극으로 리메이크.

〈첫 손님〉
1981년, MBC, 신춘 특집극.

〈안녕하세요〉
1981년, MBC, 주말 드라마.

〈사랑의 굴레〉
1981년, MBC, 〈사랑의 계절〉 100회 특집극.

〈불타는 다리〉
1981년, MBC, 육이오 특집극.

〈사랑합시다〉
1981~1982년, MBC, 일일 연속극.

〈야상곡〉
1981~1982년, MBC, 주말 드라마.
비교적 진한 애정극.

〈아버지〉
1982년, MBC, 신년 특집극.
중년 가장의 남자 이야기.

〈어제 그리고 내일〉
1982~1983년, MBC, 일일 연속극.

〈다녀왔습니다〉
1983년, MBC, 일일 연속극.
밝고 경쾌한 홈드라마.

〈딸의 미소〉
1984년, KBS, 신춘 특집극.

〈사랑과 진실〉
1984년, MBC, 주말 드라마.
대조적 성격과 엇갈린 운명의 자매 이야기.

〈사랑과 진실〉2부
1985년, MBC, 주말 드라마.
인기가 높아 속편, 즉 시즌 2가 나온 셈이다.

〈사랑과 야망〉
1987년, MBC, 주말 드라마.
2006년 SBS 주말 드라마로 리메이크. 시대적 배경과 함께 서로 다른 두
형제가 살아가는 이야기.

〈모래성〉
1988년, MBC, 미니시리즈.
자신의 원작 소설을 극화한 멜로드라마.

〈배반의 장미〉
1990년, MBC, 주말 드라마.
식물인간에서 깨어나는 남편과 아내 이야기.

〈**사랑이 뭐길래**〉
1991~1992년, MBC, 주말 연속극.
전통적인 가정과 비교적 개방적인 두 가정 사이의 문화적 갈등과 충돌
이야기로, 주인공 아들 '대발이 아버지'로도 유명.

〈**두 여자**〉
1992년, MBC, 미니시리즈.

〈**어디로 가나**〉
1992년, SBS, 창사 특집극.
병든 아버지와 자녀들 간의 갈등과 삶과 죽음 이야기.

〈**산다는 것은**〉
1993년, SBS, 주말 드라마.
미혼 여성이 가정을 책임지는 생활 전선 이야기.

〈**작별**〉
1994년, SBS, 주간 드라마.
시한부 인생의 의사와 그 가족의 슬픔.

〈**인생**〉
1995년, SBS, 창사 특집극.

〈**목욕탕집 남자들**〉
1995~1996년, KBS, 주말 연속극.
목욕탕을 하며 삼대가 함께 사는 서울 변두리 집안의 전통과 현대가 섞

인 이야기.

〈사랑하니까〉
1997~1998년, SBS와 HBS(케이블 현대방송) 동시 방송.
김수현 드라마 가운데 유일하게 우리 곁을 떠난 죽은 영혼이 드라마 속에 등장.

〈아들아 너는 아느냐〉
1999년, SBS, 창사 특집극.
뇌사자의 장기를 기증하면서 겪는 삶의 이야기.

〈불꽃〉
2000년, SBS, 주간 드라마.
프리랜서 커리어우먼의 생활과 애정 편력 드라마.

〈은사시나무〉
2000년, SBS, 창사 특집극.
현실 속의 부모 자식 간의 관계 다시 생각하기.

〈내 사랑 누굴까〉
2002년, KBS, 주말 연속극.
자녀들의 짝 찾기를 중심으로 펼치는 홈드라마.

〈완전한 사랑〉
2003년, SBS, 주말 드라마.
희귀병에 걸린 연상의 아내와의 애틋한 사랑.

〈혼수婚需〉
2003년, KBS-2TV, 추석 특집극.
결혼의 현실과 이상에 대하여.

〈부모님 전상서〉

2004~2005년, KBS, 주말 연속극.

경기도 여주를 배경으로 매일매일 살아가는 이야기를 돌아가신 부모님께 그날그날 보고하는 형식의 드라마.

〈홍소장의 가을〉

2004년, SBS, 창사 특집극.

경제 위기로 퇴직한 가장을 통해 가족의 아픔과 사회문제를 돌아본 드라마.

〈내 남자의 여자〉

2007년, SBS, 미니시리즈.

가까운 친구가 남편과 불륜에 빠진 이야기.

〈엄마가 뿔났다〉

2008년, KBS, 주말 연속극.

살림에 지친 주부가 휴가를 선언하는 홈드라마.

〈인생은 아름다워〉

2010년, SBS, 주말 드라마.

제주도 배경의 성소수자를 포함한 가족 이야기.

〈천일의 약속〉

2011년, SBS, 미니시리즈.

알츠하이머에 걸린 아내를 보살피는 순정극.

〈아버지가 미안하다〉

2012년, TV조선, 개국 특집극.

환경미화원 가장이 겪는 애환.

〈무자식 상팔자〉
2012~2013년, JTBC, 주말 연속극.
한 집안 삼대의 세대별 우여곡절.

〈세 번 결혼하는 여자〉
2013~2014년, SBS, 주말 연속극.
결혼의 의미를 되새겨 보는 젊은 층의 풍속도.

〈그래, 그런 거야〉
2016년, SBS, 주말 연속극.
아버지와 아들 세 형제가 살아가는 이야기.

라디오 드라마

〈저 눈밭에 사슴이〉
1968, MBC라디오 공모 당선 연속극.

〈약속은 없었지만〉
1968, MBC라디오 연속극.

〈지금은 어디서〉
1968, MBC라디오 연속극.

영화 시나리오

〈잊혀진 여인〉(1969), 〈아빠와 함께 춤을〉(1970), 〈필녀〉(1970), 〈미워도 다시 한번〉 3편(1970), 〈미워도 다시 한번〉 4편(1971), 〈보통 여자〉(1976), 〈불행한 여자의 행복〉(1979), 〈어미〉(1985)

소설

『상처』,『겨울로 가는 마차』,『안개의 성』,『포옹』,『유혹』,『청춘의 덫』,『여자 마흔 다섯』,『겨울새』,『결혼』,『모래성』,『그늘과 장미』,『망각의 강』,『눈꽃』(이 가운데 일부는 다른 작가의 각색으로 TV 드라마로 방송됨)

산문집

『미안해, 미안해』(1979),『生의 한 가운데』(1979)

영화화 된 원작들

『눈꽃』,『유혹』,『겨울로 가는 마차』,『마지막 밀회』,『내가 버린 남자』,『청춘의 덫』,『상처』,『약속은 없었지만』,『죄 많은 여인』,『욕망의 늪』,『버려진 청춘』,『너는 내 운명』,『나는 고백한다』,『이 밤이여 영원히』

1943   3월 충북 청주에서 출생.

청주여자고등학교, 고려대학교 국문학과 졸업.

잡지사 기자로 잠시 활동.

1968   MBC 문화방송 개국 기념 라디오 연속극 공모에 「그해 겨울의 우화」(〈저 눈밭에 사슴이〉)가 당선. 방송 드라마 작가로 공식 등단 이후 두어 편의 라디오드라마를 더 집필.

1969   〈잊혀진 여인〉 1970년 〈미워도 다시 한번〉(3, 4편) 등 10편 안팎의 영화 시나리오를 직접 썼고, 이 가운데 '필녀'는 1971년 제8회 청룡영화상 시나리오 각본상을 받았다. 이밖에 〈눈꽃〉 등 원작만을 가져가 영화화한 작품도 10여 편 더 있다.

1972   MBC-TV 주간극 〈무지개〉 집필 도중 일일 연속극 작가로 전격 발탁. 그 해 8월 말에 시작한 일일극 〈새엄마〉가 폭발적인 인기로 무려 411회나 방송되어 당시로서는 최장수 드라마의 기록을 남겼다. 이는 곧 현실적 일상생활을 바탕으로 하는 일일극 패턴의 시작을 알림과 동시에 일일극 중흥을 예고하는 '김수현 드라마'의 화려한 등장이었다. 〈새엄마〉는 1973년 한국 방송 사상 최초로 제1회 한국방송대상 극본상 수상. 1974년 〈강남가족〉, 〈수선화〉 등 쓰는 연속극마다 시청률 1위는 계속되었고, 앞서 〈새엄마〉 때부터 1980년대 초까지 약 10년 동안 거의 하루도 쉬지 않고 쓰는 실로 초능력의 작가가 되었다. 매일 또는 주간 연속극이라는 특징도 있지만 단순히 집필량으로만 치자면 아마도 이 지구상에서 가장 많은 원고를 쓴 작가로 기록될 것이다.

1975   〈신부일기〉 때부터는 '시청률 제조기'라는 별명과 함께 명실

공히 TV 드라마 일인자 자리를 굳혔다. 덕분에 MBC는 그때부터 한동안 '드라마 왕국'이라는 소리를 듣기도 했다. "김수현 드라마라면 죽은 시체도 벌떡 일어난다"는 말도 이때 나왔다. 실제로 김수현 드라마가 방송되는 저녁 시간에는 거리가 한산했고, 그 시각 설거지를 미루고 TV 앞에 앉는 주부들 때문에 전국의 수돗물 사용량이 줄어든다는 말까지 나왔다. 〈신부일기〉는 제3회 한국방송대상 최우수 작품상을 받았고, 1980년 TBC-TV를 통해 방송한 주말극 〈고독한 관계〉는 제16회 백상예술대상 극본상을 받았다.

1977   월간 여성 잡지 연재소설 「상처」를 시작으로 1990년까지 드라마와 별개로 무려 13편 이상의 소설을 발표. 단행본으로 출간된 이들 소설들은 단번에 베스트셀러 반열에 올랐다. 소설 『겨울로 가는 마차』, 『여자 마흔 다섯』 등이 모두 이 시기에 나왔다.

1980   컬러 TV 방송 시대가 열린 후 2000년대까지, 긴 연속극에 비해 상대적으로 작품성이 뛰어난 각 방송사의 명품 단막극 또는 순도 높은 2, 3부작의 특집극을 사실상 도맡아 집필하며 TV 드라마의 또 다른 진수를 보여주었다. 모두가 인간의 본질을 끊임없이 추구하는 내용들로, 3부작을 하룻밤에 연속 방송하는 집중 편성을 통해 더 많은 시청자들에게 전율에 가까운 충격과 감동을 안겨주었다. 이들 특집극 가운데 〈옛날 나 어릴 적에〉는 1981년 또다시 제17회 백상예술대상 극본상을, 〈어디로 가나〉는 제20회 한국방송대상 TV 드라마 부문 작품상과 그해 한국방송작가상을 받았고, 〈은사시나무〉는 다시 한번 제37회 백상예술대상 TV 부문 극본상을 수상했다.

1984   5월부터 11월까지 방송된 〈사랑과 진실〉은 최고 시청률을 76%까지 끌어 올리며 김수현 드라마 '사랑 시리즈'의 신호탄이 되기도 했다. 이 무렵부터 일일극에서 빠져나와 TV 드라마의 흐름을 주간 연속극 위주로 바꿔놓았고, 1987년에는 '사랑 시리즈' 제2탄이라 할 수 있는 〈사랑과 야망〉을 써서 또 한 번 최고 시청률 70% 이상이라는 선풍적인 인기를 안방에 몰고 왔다. 1988년

제24회 백상예술대상에선 TV 부문 대상을 차지했고, 2006년 SBS
에서 리메이크되어 또다시 폭발적인 인기를 얻었다.

1988   사단법인 한국방송작가협회의 이사장직을 맡아 이후 8년여
동안 방송 작가들의 권리 찾기에 앞장서 투쟁과 헌신으로 저작권
확보를 완성했다. 후진 양성을 위한 '방송작가 교육원'도 개설해
향후 이곳 출신 작가들 대다수가 방송 프로그램을 거의 장악해 방
송 콘텐츠 향상을 주도함으로써 드라마를 비롯한 방송 발전에 크
게 공헌하였다.

1990   11월부터 1992년 5월까지 방송된 주말극 〈사랑이 뭐길래〉는
코믹 홈드라마라는 새로운 장르를 개척함과 동시에 TV 드라마의
수준과 흥미를 한 단계 높였다는 평가를 받았다. 기왕의 수식어인
'언어의 연금술사'에 이어 TV 드라마에 관해 드디어 '신神의 경
지'에 이르렀다는 극찬을 세상 사람들과 언론으로부터 들었다.

1992   〈사랑이 뭐길래〉는 한국 방송 사상 처음으로 중국에 진출, 한
류의 원조 또는 효시로 최초의 수출 드라마가 되었다. 당시 〈사랑
이 뭐길래〉가 방송되는 주말 저녁 8시 시간대에 남의 집에 전화하
는 일은 크게 실례라고 할 정도로 온 국민이 이 드라마에 빠져드
는 일종의 '김수현 신드롬'을 낳았다. 중국 역시 그 반응이 엄청나
당시 10억이 넘는 인구의 온 대륙이 들썩였다는 중국 CCTV 관계
자의 증언이 있었다. 국내 최고 시청률 64.9% 또한 결코 그저 그
냥 넘길 만한 수치가 아니었다.

1993   〈산다는 것은〉과 〈작별〉과 같은, 주로 삶과 죽음에 대해 진지
하게 접근하는 작품들을 SBS 주간 드라마를 통해 선보였다. 번뜩
이는 재치와 시청자의 말문을 트이게 하는 생생하고 맛깔스런 대
사, 언어 문학의 상승 효과, 빠른 전개와 충만한 리얼리티, 인물들
의 다양한 캐릭터와 상황 반전에 지치지 않는 서사 구조를 거침없
이 쏟아냈다.

1995   KBS 주말 연속극 〈목욕탕집 남자들〉은 수많은 '김수현표 가
족 드라마' 가운데 또 하나의 전범을 보여준 경우다. 이 드라마 한

편으로 그때까지 상대적으로 다소 열세에 있던 KBS 드라마들을 단 한 방에 강세로 돌려놓는 마법을 보여주었다. 1995년 당시 한 유력 월간지가 해방 후 '한국을 바꾼 100인' 가운데 방송계에서는 유일하게 드라마 작가 김수현을 선정 발표했다. 가령 시청률 30%면 대략 1천만 명, 70% 안팎이면 아무리 깎아도 2천만 명 이상이 한꺼번에 동시 시청한다는 계산이다. 게다가 이와 같은 특정 작가 드라마에 대한 꾸준하고 열광적인 시청 행태는 1970년대 초 김수현의 드라마가 처음 등장한 때부터 2010년대 초까지 약 40여 년간 견고하게 유지됐다. 그간의 '김수현 드라마'가 한국인의 생활 양식이나 의식과 문화, 대중적 가치와 정서에 미친 긍정적인 영향을 올바르게 평가한 결론으로 볼 수 있는 일이었다.

2000   SBS 주간 드라마 〈불꽃〉을 시작으로 〈완전한 사랑〉(2003), 〈내 남자의 여자〉(2007)까지 시대의 변화와 함께하는 〈청춘의 덫〉 리메이크를 비롯해 새로운 감각의 멜로드라마를 모색해 동시대의 사회 윤리적 문제와 정서적 도덕 방향을 정리해보기도 했다. 2004년 KBS 주말 연속극 〈부모님 전상서〉는 두 번째로 한국 방송작가상을 받았고, 〈엄마가 뿔났다〉(2008), 제주도를 무대로 한 〈인생은 아름다워〉(2010)와 JTBC의 주말 연속극 〈무자식 상팔자〉(2012)까지 2000년대에 들어 괄목할 만한 '가족 드라마 4종 세트'를 내놓으며 역시 김수현 드라마의 기본 단위는 '가족'이라는 점을 상기시켰다. 계속된 여러 편의 '국민 드라마'로 여전히 많은 시청자의 공감을 이끌어내는 데 성공했다.

2008   한국방송협회 주관 '서울 드라마 어워드'에서 '올해의 대한민국 대표 작가'로 선정됐다.

2012   대한민국 대중문화예술상 은관문화훈장을 수여받았다.

김수현 드라마 전집 7
불꽃 3

1판 1쇄 인쇄	2021년 1월 4일
1판 1쇄 발행	2021년 1월 11일

지은이	김수현
펴낸이	임양묵
펴낸곳	솔출판사

책임편집	임우기
편집장	윤진희
편집	최찬미, 윤정빈
디자인	오주희
마케팅	이원지
제작관리	박정윤

주소	서울시 마포구 와우산로29가길 80(서교동)
전화	02-332-1526
팩시밀리	02-332-1529
홈페이지	www.solbook.co.kr
이메일	solbook@solbook.co.kr
출판등록	1990년 9월 15일 제10-420호

ISBN	979-11-6020-127-7	04680
	979-11-6020-120-8	세트

· 이 도서의 국립중앙도서관 출판예정도서목록(CIP)은 서지정보유통지원시스템
  홈페이지(http://seoji.nl.go.kr)와 국가자료종합목록 구축시스템(http://kolis-net.nl.go.kr)에서
  이용하실 수 있습니다. (CIP제어번호:CIP2020005400)
· 잘못된 책은 구입한 곳에서 바꿔드립니다.
· 책값은 뒤표지에 표시되어 있습니다.